Letzte Worte, letzte Augenblicke ... und wenn es soweit ist, haben wir es, zwischen dem Schlag der Uhren, immer schon übersehen, überhört, überlesen – verpaßt. Das Zuendegehen des Lebens, sogar noch des eigenen, läßt sich darstellen bis zuletzt, nicht aber, was zuletzt kommt: das Ende selbst, geschweige das eigene. Der Tod ist kein Inhalt, aber die stärkste Herausforderung der ästhetischen Vernunft, das unmögliche Kunststück des Grenzübergangs, kunstvoll und trickreich immer wieder, immer wieder anders zu versuchen. Kein Ende ist das allerletzte, sondern nur Konstrukt seiner scheiternden Darstellung. Jede Darstellung der Grenze gerät an ihre eigene und muß doch, um sie überhaupt ziehen zu können, darüber hinaus, ob's geht oder nicht.

Christiaan L. Hart Nibbrig unternimmt einen solchen Grenzgang, sinnlich packend wie nachdenklich, im Blick auf Malerei, Literatur und Musik, prismatisiert in farbenreichen Facetten.

Die literarischen Beispiele ordnen sich zu einem Totentanz: Kafka, Poe, Baudelaire, Flaubert, Proust, Rilke, Broch, Thomas Mann, Handke, Thomas Bernhard und Karl May.

Aus der Geschichte der Malerei, die es am schwersten hat mit dem kleinsten Schritt, der doch der größte ist, werden Beispiele beleuchtet von Poussin, Breughel, Bosch über Goya, David, Hodler, Munch bis zu Andy Warhol, Arnulf Rainer und Gian Pedretti.

insel taschenbuch 1697

Christiaan L. Hart Nibbrig

Ästhetik des Todes

Christiaan L. Hart Nibbrig

Ästhetik des Todes

Mit zahlreichen Abbildungen

Insel Verlag

Umschlagabbildung: Georges de La Tour.
Die hl. Magdalena mit dem Nachtlicht.
Musée du Louvre, Paris.
Foto Lauros – Girandon, Vanves

insel taschenbuch 1697
Erste Auflage 1995
Insel Verlag Frankfurt am Main und Leipzig

Vertrieb durch den Suhrkamp Taschenbuch Verlag
Umschlag nach Entwürfen von Willy Fleckhaus
Druck: Nomos Verlagsgesellschaft, Baden-Baden
Printed in Germany

1 2 3 4 5 6 – 00 99 98 97 96 95

»... zieh lieber mit uns fort [...] etwas Besseres als den Tod findest du überall [...]

(Die Bremer Stadtmusikanten)

»Ce n'est pas contre la mort que nous nous préparons, c'est chose trop momentanée [...] nous nous préparons contre les préparations de la mort.«

(Montaigne, ›Essais‹)

»This is the first day of the rest of your life!«

(Amerikanische Lebensversicherungs-Reklame)

I

I.

Aus. Ende. Tot und weg und auf und davon. Punkt. Schluß. Nur: daß der Schlußpunkt nach dem Schluß steht, der ohne ihn kein Schluß ist und mit ihm auch nicht. Kein Ende ist das Allerletzte, sondern Konstrukt und Funktion seiner – scheiternden – Darstellung. Das Sterben als zu Ende gehen des Lebens läßt sich darstellen, nicht der Tod als das Ende selbst. Tod ist kein Inhalt: blackout. Obwohl er früher oder später alle erwischt, ist er nicht allgemeinheitsfähig, ein partikulares Ereignis vielmehr, je und je, erwartbar und doch unvorhersagbar, kontingent und unwiederholbar, ein Anakoluth, das die Textur eines Menschenlebens ebenso zerreißt wie alle ästhetischen Totalisierungsversuche, die daraus einen Text machen wollen. Die Fiktion des Endes ist auch das Ende der Fiktion. Indem es die Grenze darzustellen versucht, gerät das Darstellen an seine eigene, an der es sich produktiv abrackert und die es, um sie überhaupt ziehen zu können, schon wieder überschritten haben muß. Selbstüberschreitungsversuch der Darstellung also und somit Mimesis des Lebens, als ob es weiter ginge im allgemeinen, aus Trotz dagegen, daß es stockt im besonderen. Der Grenzwert läßt sich tröstlich oder makaber supponieren in Sinnbildern, auf gut Glück und à fonds perdu erraten, mythisch, religiös, ideologisch. Er interessiert mich indessen im folgenden, während die Totenglocke mitzählt rund um die innere Uhr dieses Essays, heitererweise und ganz diesseitig nur als Darstellungsproblem: die Nichtdarstellbarkeit des Endes als stärkste Herausforderung an die ästhetische Vernunft, Verlockung, das unmögliche Kunststück des

Sterbenlassens kunstvoll und trickreich immer wieder zu versuchen.

II.

Den letzten Moment in literarischer Inszenierung festschreiben zu wollen – vergeblich. Den entscheidenden Moment, uneinholbar durch Darstellung, es sei denn ausgespart im futurum exactum, haben wir immer schon verpaßt und überlesen. Noch war jemand da, schon ist er weg, und in seinem Wegsein da, ganz, wie sonst nie. Der Tod ist der Meißel der Totalität. Der Schein einer zur Rundung sich krümmenden Deadline – nicht kappend, quer zur Lebenslinie, sondern eins damit – blendet weg, daß der Film gerissen, Zukunft aufgebraucht und bis auf den letzten Tropfen vergangen ist, als ließe das Leben sich nur vom Ende her ganz machen: Sinngebung, noch einmal, als Darstellungsproblem. Die Schwierigkeit also, den Schlußstrich zu ziehen. Was aber steht darunter und wer soll die Rechnung dessen bezahlen, der weg ist?

Leopold Bloom, den Joyce im *Ulysses* die Zeitungskolumne mit den Todesanzeigen lesen läßt, nimmt die Namen der Verstorbenen wahr als »inked characters«: als tote Buchstaben nurmehr überlebende Charaktere, ex-tinct, »sehr bald schon verblassend auf dem abgegriffenen brüchigen Papier«. Vertextung des Lebens als dessen Mortifikation und Wiedervergegenwärtigung. Deshalb heißt Sich-selber-Schreiben und Lesbarmachen nicht: den Doppelgänger sehen und sterben, sondern: den Doppelgänger sterben sehen und überleben. »Wenn man seine eigene Todesanzeige liest, heißt es«, denkt Bloom, »lebt man länger. Läßt einen noch mal zu Atem kommen. Neues Leben in die Lungen«. Möglich, daß der Tod, letzter Verhinderungsgrund sowohl wie Ermöglichungsgrund des Erfindens, die menschlichste Fiktion ist, ohne die wir nichts wüßten vom Leben. Er lauert in den weißen Abgründen zwischen den Lettern, Wörtern, Sätzen, über die sich Schreiben und Lesen, fortzu vom Absturz bedroht, in Sprüngen hinwegsetzen. Schwebend, wie im Märchen, zwischen Sein und Nicht-Sein, überleben, zwischen schwarz und weiß, die Geschöpfe solcher Fiktionen. Und wenn sie nicht gestorben sind, so leben sie heute noch.

III.

»Der Tod ist kein Ereignis des Lebens«, dekretiert Wittgenstein im *Tractatus logico-philosophicus*: »Den Tod erlebt man nicht. Wenn man unter Ewigkeit nicht unendliche Zeitdauer, sondern Unzeitlichkeit versteht, dann lebt der ewig, der in der Gegenwart lebt.« Im Zwischenraum zwischen dem Tick und Tack der Uhren, die solches nunc stans allemal mit Verspätung als verflossen anzeigen und verfehlen, wenn sie mitticken, seit die Sekunden abschuppen und wir von Geburt an langsam aufhören zu leben, bis der Sand individueller Zukunft spurlos aufgebraucht und in Vergangenheit hinübergerieselt ist. Indessen hört das Aufhören mitten drin auf, erwartbar zwar und doch unvorhersehbar, und das Ende, wenn's soweit ist, ist nichts weniger als Voll-endung aus sich heraus, als liefe man dort in den Hafen eines selbst gesetzten, das Leben final strukturierenden Ziels ein, von dem aus es im nachhinein und schon vorweg vom Ende her in allen seinen Phasen überschaubar gemacht werden könnte. Das geht nur narrativ, auf dem Papier. Und auch da nur zum Schein. Ganz machen und vollenden läßt sich durch Vollendung immer nur das Leben des anderen, dem man, als hätte man's hinter sich, sprachlich den Totenschein ausstellt.

IV.

Alles abschliessen schließt den aus, der es durch Darstellung vollzieht; also braucht das Vollenden den Standpunkt außerhalb, der ihm dann doch wieder fehlt, um fertig und ganz zu sein.

Der Versuch, das tödliche Ende darzustellen, ist der Versuch, es zu überleben und zu transzendieren und zu integrieren in ein Darstellungsfeld, das ihm das Endgültige nehmen und zugleich erst geben soll und das von ihm doch wieder durchlöchert, ja gesprengt wird. Als Grenzwert der Darstellung entzieht sich der Tod infinitesimal als deren Gegenstand, der gegen Null strebt. Eine Größe, mit der wir rechnen wie mit der Null, ohne ihrer habhaft zu werden, ohne je drauftreten zu können: Schwelle, die man erst bemerkt, wenn sie überschritten ist. Der kleinste Schritt ist der größte. Wie groß die Streuung im Kontinuum rationaler Zahlen zwischen Null und Eins, wie klein $\frac{1}{n}$ auch sein mag und wie nahe an 0 liegend auch immer – es gibt immer noch kleinere, die näher liegen : $\frac{1}{n+1}$. Unendlich viel Platz also im kleinsten Raum dazwischen. »Nulla figura« hieß die leere Spalte, das fehlende Zeichen auf dem Rechentisch der Römer. ›Nullus‹ freilich kommt von ›unnullus‹: Einserchen, in unendlicher Verkleinerung. Die Bremswirkung des sich in rasender Eile vergrößernden Zwischenraums beim Zielen auf End- und Grenzpunkte so, daß sich der Weg verstopft beim ungeduldigen Drängen, dort endlich anzukommen, läßt sich an jenem

Vexierbild erproben, das einen Jäger zeigt, zwischen dessen Beinen der versteckte Hase erst deutlich sichtbar wird, wenn die formgebende Begrenzung übersehen und weggedacht wird im umspringenden Blick auf die unerwartet neue Figur, die sich dem Zwischenraum widersetzt, indem sie ihn füllt und vergessen macht. Nicht das Ende ›nichtet‹, sondern das letale Nichts in bezug darauf. Schneller als Achill, als alle Hasen und Jägerkugeln nähert sich Zenons uralte Schildkröte dem Ziel, weil sie sich Zeit lassen darf.

V.

Der Begriff der Grenze, so lernt man bei Kant, ist selbst ein Grenzbegriff. Er bestimmt die Grenze, ohne daß die Bestimmung irgend etwas inhaltlich über das, was jenseits der Grenze liegt, aussagt. Er ist da, heißt es in der *Kritik der reinen Vernunft*, »um die Anmaßung der Sinnlichkeit einzuschränken, und also nur von negativem Gebrauche. Er hängt mit der Einschränkung der Sinnlichkeit zusammen, ohne doch etwas Positives außer dem Umfange derselben setzen zu können«. Die Frage, ob es die Grenze selber gibt, wie es gibt, was in der Welt so der Fall ist, mißversteht den Begriff der Grenze, wie er hier weiterhin benutzt werden soll, insofern die Bedeutung von Grenze nur operationell ist, Funktion, Ordnungsverfahren, welches die Glieder einer endlichen Kette ordnet. Der Tod als das schwächste, wo sie reißt, gehört dazu und gehört nicht dazu. Wie die Horizontlinie zum Gesichtsfeld, das sie begrenzt, ohne innerhalb desselben sichtbar zu sein. Der Tod ist nicht von dieser Welt und doch noch ein Ereignis des Lebens. Weil er nichts kostet, nur das Leben, das er von ihm selbst substrahiert, ist alles, was man von ihm wiederum als unmeßbar unendlich letzter Größe abzieht, und sei's das Leben, null und nichtig.

VI.

Den letzten Atemzug bestimmten Ärzte mit Hilfe von Vogelfeder und Spiegel, bevor das Stethoskop das Aussetzen des Herzschlags hörbar machte. Heute mißt das Elektroenzephalogramm den Hirntod, wenn die Lebensmaschine im Zusammenspiel ihrer Teile aufhört zu funktionieren. Auch wenn er vom Subjekt und seinem Todeskampf wegverschoben, ins klinisch Unmerkliche abgeschoben wird, wo bleibt er dann, der Grenzübertritt? Ein hüpfend piepsender Lichtpunkt auf dem Bildschirm, der kometenhaft schließlich abstürzt und erlischt? Um zu wissen, wann's genug ist, müßte man wissen, was mehr als genug ist. Falls sich da, nach traditioneller Auffassung, Geist und Körper dissoziieren, so ist die Sterbeszene bis zum bittern Ende nur darstellbar von einem Standpunkt aus, der weder dem einen noch dem andern allein zugehört, sondern in der Lücke dazwischen angesiedelt ist. Weil der eintretende Tod die Lücke ebenso öffnet wie er sie füllt, ist er paradoxerweise, wie immer die Lebenden ihn sich denken – als völlige Auflösung, Durchgang, Übergang –, ein undurchdringliches Loch. Hier erst erweist sich die Stelle, die jemand im Leben unter anderen einnimmt, als unvertretbar, unersetzbar. Sie war, wie der Eingang in Kafkas Türhüterlegende, nur für ihn bestimmt: »Ich gehe jetzt und schließe ihn.« Wenn jemand stirbt, schließt sich, jedesmal, in dieser Welt eine Pore.

VII.

Der Eintritt des Todes fällt – eine Unstetigkeitsstelle – in ein Loch des Raumzeitkontinuums. Ein schwarzes Loch, in das wir hineinzufallen fürchten, ohne aufzuwachen wie aus dem Traum, mit klopfendem Herzen, vor dem Aufprall auf dem Grund, im freien Fall, verdorrend in Ewigkeit. Das könnte lang werden, vor allem gegen Ende. Der Limes gehört in seiner tödlichen Schärfe als letztes und schwächstes Glied des Lebens noch zu des Daseins endlicher Kette und ist doch zugleich und denknotwendig der Anfang schon einer fürs Denken verrammelten, wie immer auch imaginativ austapezierten jenseitigen Dunkelkammer. Damit's ihn gibt, müssen wir hinüber mit der Vorstellung, ob's geht oder nicht. Im Drübernachdenken freilich weitet sich die Grenzlinie zum Niemandsland, weiß und rauschend von der Überfülle der sich gegenseitig löschenden Sinngebungsversuche, die es ansaugt, wie das Weiß des Papiers, auf dem Schrift, schwarz auf weiß, die Komplexität einer Erfahrung reduziert, die von hier und vom sicheren Ufer aus nicht zu machen ist: beim Ablegen des Körpers nicht den Geist aufzugeben. Wir sterben, sagte der Physiker Alkmäon – und hatte dafür die Zustimmung des Aristoteles –, weil wir Anfang und Ende nicht zusammenbringen. Das eine ist ohne das andere nicht zu haben und beides nur als Effekt der Darstellung. Und so versuchen wir denn mit jedem Satz aufs neue, was Hegel »die Furie des Verschwindens« nannte, durch ›Gestalt‹ und ›Zusammenhang‹ zum Verschwinden zu bringen und zu bannen, allem Abschied voran und allem Anfang hinterher, durch dehnbar-unzerreißbare, hin- und hergewobene sprachliche Textur, zwischen und in den Sätzen, die wir, rittlings auf dem Sprachschlitten, gegenläufig schreiben und lesen, wenn es gilt, ihnen Sinntropfen abzupressen, von hinten nach vorn im vermeintlichen Vorangehen. »Sinn« ist dann nur die Fiktion seines gestoppten Entgleitens, als wäre Schrift seine dauerhafte Spur – gestaute Zeitlichkeit, ein stehendes Gewässer, scheinbar, für die Dauer von Sätzen.

VIII.

Der Tod, sagte Jean Paul, sei ein Pfeil, der im Augenblick der Geburt abgeschossen wurde und uns am Ende trifft. Was aber, wenn man ihn lebenslänglich sirren hört? Das Problem des Todes ist zunächst und vor allem das Problem, das die Überlebenden damit haben. Sein Stachel liegt, sei's produktiv, sei's lähmend, in der Paradoxie, daß wir nicht den Tod fürchten, insofern er das Leben beendet – eher noch fürchten wir ein Leben, das den Tod ängstlich von sich ausschließt –, sondern daß wir ihn fürchten, »weil wir, wenn wir sterben, das Leben *und* den Tod verlassen« (Emmanuel Lévinas, *De l'existence à l'existant*). So mochte Ludwig Feuerbach wohl recht gehabt haben in seinen *Todesgedanken* (1830): »Nur vor dem Tode, aber nicht im Tod ist der Tod Tod und schmerzlich; der Tod ist so ein gespenstisches Wesen, daß er nur ist, wenn er nicht ist, und nicht ist, wenn er ist.« Genau so hatte Hegel in der *Enzyklopädie* das pure »Jetzt« definiert und im Zusammenhang damit das »Ich = Ich des reinen Selbstbewußtseins«. Es stimmt heiter, daß beide recht gehabt haben könnten in bezug auf die zusammenschließende Triangulation dieser drei Einsilber, die sich zu beißen scheinen.

IX.

UNTERLAUFEN, was nicht zu übersteigen ist. Die spekulativen Kniffe sind bekannt. Der beste stammt von Schopenhauer: wir hätten ja den Übergang von Dasein und Nichtsein schon einmal, in der Gegenrichtung, bei der Geburt überlebt. Doch das bleibt allemal »transgression qui ne transgresse rien« (Blanchot, *Le pas-au-delà*). Nichts Wörtliches, wörtlich: Nichts. Keiner lebt, bis er stirbt: es kommt etwas dazwischen: der Tod, zwischen Tot- und Lebendigsein. Das macht seine distinguierte Exklusivität: Absonderung von allem Übrigen, tot und lebendig, reine Distinktion, die, von allem abgekoppelt, demgegenüber sie distinkt wäre, absolut gesetzt, sich selber aufhebt. Henry James soll bei dem Schlaganfall vor seinem Tod gesagt haben, als er fiel: »So here it has come at last – the distinguished thing.« Letzte Worte ...

Das unmittelbar Hereinbrechende ist, wenn es gilt, es darzustellen, das durch und durch Vermittelte, der natürliche Tod das Künstlichste. Die Fallbeispiele, die zu dem ästhetischen Totentanz im folgenden aufgeboten werden, geben alle, und jedes auf seine Weise, zu bedenken, daß das dargestellte Ende aus Menschenhand nicht ganz ist und nicht ganz macht, und sie halten alle, jedes auf seine Weise, die Möglichkeit offen – Möglichkeit, die bis zuletzt und darüber hinaus abzuwarten ist –, daß am Ende alles vielleicht dann doch noch einmal ganz anders ist.

X.

Das Ängstigende der Leiche: ihr Mensch- und Dingsein zugleich, ihr stummer Spott gegenüber dem Bennschen »kommt, reden wir zusammen, wer redet, ist nicht tot« und allem Totenpalaver. Wir sprechen vom Tod anders, als wir von ihm wissen, so, als ob wir mehr wüßten als nichts.
Als letztes Indiz für die Nichtbeherrschbarkeit von Natur ist auch der sogenannte ›natürliche‹ Tod ein Störenfried, Grund gesellschaftlich zusammenzurücken, Anlaß auch, ihn in der Berufung auf ihn als Instrument sozialer Kontrolle zu mißbrauchen, als Jedermann-Syndrom: als Stabilisator von Lebensunterschieden. Er hobelt am Ende ja doch alle gleich. Und doch ist zu fragen, ob das lautstarke kritische Reden über das Totschweigen des Todes heute nicht Gefahr läuft, ihn erst recht in einer sublimiert potenzierten Form zu verdrängen. Dann kehrt er wieder, wild, wie ihn Philippe Ariès charakterisiert, und wilder. Der Todesbegriff ist leer, mit Kant zu sprechen, und ohne Anschauung. Die Anschauung des Toten ist begrifflos und blind. Über Tod zu reden – die größte, über-menschliche Übertragungsleistung. Wir übersetzen ihn metaphorisch, ohne ihn zu kennen, es sei denn als Widerlager im Imaginären. »Man denkt nicht den Tod, die Leere, das Nicht-Seiende, das Nichts; sondern deren unzählbare Metaphern: eine Art und Weise, das Ungedachte zu umreißen« (Edmond Jabès, *Das Buch der Fragen*). Die Metaphern, die der Tod erzwingt, sind auf die äußerste Probe gespannt. Sie haben einen Erfahrungsbereich zu erschließen, der nur zugänglich ist wie die imaginären Zahlen, ohne Rekurs zunächst auf eine teilbar-mitteilbare gemeinsame Wirklichkeit zwischen Text, Leser und Autor. Auf der ästhetischen Spritztour ins out zählen nur die Darstellungs-

mittel. Ungewiß, ob sie gedeckt sind durchs Darzustellende oder nicht.

XI.

Am schnellsten verwest das Personalpronomen. Er ist auf dem Heimweg zusammengebrochen – noch geht's. Jetzt liegt »er«, aufgebahrt unter Blumen, zu Haus – schon geht's nicht mehr. Dann fällt der Name vom Fleisch: Hier ruht –. Das bedeutsam Nichtssagende der Namen toter Freunde vor tauben Telefonnummern und entleerten Adressen, die Scheu, sie zu streichen. Mit dem Verlust der Ansprechbarkeit des anderen habe *ich* die Fähigkeit zu benennen verloren. Benennung freilich pflanzt Grabsteine schon im Leben:
»Gewiß, meine Sprache tötet niemanden. Und doch, wenn ich ›diese Frau‹ sage, wartet und kündigt sich in meiner Sprache die Wirklichkeit des Todes an. Meine Sprache besagt, daß diese Person, die da jetzt ist, von sich selbst geschieden, ihres Daseins und ihrer Anwesenheit beraubt und unversehens in ein Nichts an Existenz und Anwesenheit versenkt werden kann [...] wenn diese Frau nicht wirklich die Fähigkeit zu sterben besäße, wenn sie nicht in jedem Augenblick ihres Lebens vom Tode bedroht, mit diesem durch ein Wesensband verbunden und vereint wäre, könnte ich jene ideelle Negation, jenen aufgeschobenen Mord, der meine Sprache ist, nicht vollbringen [...]. Wenn ich mich nenne, trage ich gleichsam meinen Totengesang vor: ich trenne mich von mir selbst, ich bin nicht länger meine Anwesenheit oder meine Wirklichkeit, sondern eine objektive, unpersönliche Anwesenheit, die meines Namens, der mich überragt und dessen versteinerte Starrnis für mich aufs genaueste die

Funktion eines Grabsteins erfüllt [...]« (Maurice Blanchot, *La littérature et le droit à la mort*).
Daß jedes Graphem »seinem Wesen nach testamentarisch« sei, hat Jacques Derrida in seiner *Grammatologie* erläutert. Darüber hinaus und über alle Übersetzungsskrupel hinweg, kann man es wagen, die alte Horazische Devise – »mors ultima linea rerum« – für den ästhetischen Bedarf versuchsweise umzudrehen und von der Tödlichkeit der letzten Linie aus zu lesen, mit der wir in Schrift und Bild den Dingen nach dem Leben trachten: durch nichts als Re-präsentation. Was aber widerfährt der literarischen Darstellung, wenn sie Leben nicht einfach totschreibt und eben dadurch erst recht verfehlt, daß sie ihm die Flucht abschneidet, sondern dieses Flüchtigste sich zum Widerstand, die Flucht selbst in Form des Todes sich zum unmöglichen Thema macht?
Thanatologie – eine Wissenschaft ohne Objekt. Ihre Methode? more aesthetico. Aus solcher Bodenlosigkeit erwachsen ihr Flügel. Sie beschwingt auch diesen halsbrecherischen ›Versuch‹. Flugkraft ist ihm zu wünschen und – Standvermögen.
Auch wenn der Tod nicht darstellbar ist, bringt die Angst vor ihm doch halluzinatorische Darstellungen hervor, die so gegenstandslos sind wie die Angst. Sie ist unnennbar, Angst vor dem Namenlosen. Anhand von Freuds analytischem Bericht über die Pferdephobie des ›kleinen Hans‹ (*Fünf Psychoanalysen*, 1909), und im Anschluß an Lacans Erörterung der kindlichen Mutterbeziehung als einer Objektbeziehung, die selber immer schon ein Instrument war, um ihren Grund, der Angst ist, zu maskieren (*Séminaire* 1956/7) – Angst, daß dem Jungen genommen wird, was dem Wunschobjekt fehlt –, hat Julia Kristéva die genetische Struktur der Angstmetaphorik erläutert (*Pouvoirs de l'horreur, essai sur l'abjection*, 1980). Hänschens Pferdephobie ist ein metapho-

risches Angstkonglomerat: Biß, Kastration, der Verkehr auf der Straße, mit den Leuten, zwischen den Eltern, mit Vater und Mutter. »Il désigne par le signifiant de l'objet phobique, le ›cheval‹, une économie pulsionelle en manque d'objets.« So steht das scheinbare Angstobjekt, das es so nicht gibt, immer an Stelle anderer, nicht gegenständlich faßbarer Triebobjekte, Halluzination von nichts: »une métaphore qui est l'anaphore de rien.« Eine Metapher also, die nicht nur die Folgen eines Mangels darzustellen und zu tragen hat, sondern schließlich auch den Mangel selbst. Übertragung also aus dem Jenseits dessen, was wir uns in lebendigem Bezug gegenständlich zu vergegenwärtigen in der Lage sind.

Der nichtdarstellbare, durch Darstellung nicht aufhebbare ›Mangel an Sein‹ ist der Triebstoff für die unabschließbare Verkettung seiner Substitutionen; aufscheinend im Verschwinden; Übergänglichkeit, Durchgänglichkeit, Vergänglichkeit. Todverwandt.

Im Blick auf Rousseaus Bekenntnis, »bis ans Ende seines Lebens ein altes Kind« zu bleiben in seiner schuldgeplagten Neigung, erotisch Hand an sich zu legen – um in imaginären Repräsentationen alles auf einmal zu haben, was die Wirklichkeit immer nur einzeln, wenn schon, und nach langem Triebaufschub hergibt –, pointiert Derrida die Logik des Supplements, das als ängstigende Bedrohung einer ersatzweise anwesenden Abwesenden und deshalb zugleich abwesenden Anwesenden selbst der erste und beste Schutz ist gegen solche Bedrohung:

Der Ersatz ist nicht nur die Macht, eine abwesende Anwesenheit durch ihr eigenes Bild hindurch zu *verschaffen*: indem er uns diese durch Besorgung von Zeichen verschafft, hält er die Anwesenheit auf Distanz und beherrscht sie. Denn diese Anwesenheit wird ebenso stark herbeigesehnt wie gefürchtet. Das Supplement überschreitet und respektiert zugleich die Versagung [...]. Der Genuß *selbst*, ohne Symbol und ohne Zutat, der uns die reine Präsenz selbst verschaffen (uns mit ihr in Einklang bringen würde), wenn etwas Derartiges überhaupt möglich wäre, wäre nur ein anderer Name für den Tod. *(Grammatologie)*

Früh krümmt sich, wer mit dieser Möbiusschen Todesschlaufe substitutioneller Repräsentation auf Pump leben will. Wer's nicht lernen will, spielt lebenslänglich ›Hänschen Klein‹, das Lied vom Tode.

XII.

Wenn es zwölf schlägt, zweimal täglich, fällt, wer mitzählt, zwischen Zwölf und Null durch eine Masche des Raumzeitkontinuums. Der Zeiger springt, vorwärts und rückwärts, rundet den alten Stundenkreislauf auf, indem er ihn wegräumt für den neuen. Zwischen Anfang und Ende: Nichts. Alles. Gelegenheit zur harmlosen Einübung ins Sterben, mindestens zweimal täglich, zur infinitesimalen Beschleunigung erlebbarer Vergänglichkeit bis hin zum strömend stehenden Jetzt? Mag sein, daß ich darauf angewiesen bin, wenn der Tod dereinst anklopft, ohne mir Zeit zu geben, um ›herein‹ zu rufen, und fragt, wie es steht mit uns beiden. Wir sterben und wir leben zwischen Tick und Tack, und so hat die letzte Stunde immer schon geschlagen. Da und Fort und Fort-Da, wie jene Holzspule des spielenden Kindes, von dem Freud berichtet, das die Mutter in ihrer Abwesenheit sprachlich präsent zu machen lernt – der Tod am Bindfaden der Darstellung, wenn sie ihr lebendiges Spielzeug hopsgehen läßt. Kein Zeichen gibt den Grenzübertritt an. Eben deshalb ist der Tod nur ein Zeichen seiner scheiternden Darstellung, unter allen Zeichen jedoch eines, das seiner Referentialisierbarkeit widersteht, indem es sie durchstreicht. Es *gibt* ihn nicht; es sei denn als den toten Punkt, um den sich das Sinngebungskarussell ästhetischer Darstellung seit jeher dreht, Achse des Lebens, und so weiter und so fort.

2

Poussin. ›Et in Arcadia ego‹ (Abb. 1)

I.

Vom ›Fort-Da‹ des Darstellens ist in Nicolas Poussins bekanntem Bild ›Et in Arcadia ego‹ malerisch die Rede.
Es ist die Fassung, die im Louvre hängt. Eine frühere zeigt auf dem Sarkophag, wie bei Guercino, einen Totenschädel. Panowskys These: daß in der Veränderung von einer Version zur anderen eine Veränderung der Todesauffassung, epochal wohl gar, sich abbildet: vom aufschreckenden memento mori zum einsichtsvoll gelassenen Hinnehmen der eigenen Sterblichkeit auch und gerade in pastoraler Idylle. Müßig im Augenblick die Frage, ob auf der Grabinschrift ein Toter oder der Tod selber spricht. Es wird nicht gesprochen, sondern gelesen. Und Lektüre, die vom entziffernden legein des knienden Hirten in strenger bildimmanenter Blickregie unter Ausschluß des Betrachters zum intellegere der aufrecht

sinnenden weiblichen Gestalt führt, Lektüre ist das Thema des Bildes, Schrift sein geometrisch zentriertes Hauptelement. Schrift, auf die der Schatten des Arms als Blatt einer Sense fällt, bezeugt den Tod als Lebensspur. Ihre Lektüre vermittelt Erfahrung im futurum exactum, das Bewußtsein zukünftigen Vergangenseins, jetzt. Das unterstützt die Baumgruppe mit ihrem dürren und ihrem grünen Teil. Auch das Arkadien auf dem Bild des 17. Jahrhunderts ist nur, wie das »ego« der Schrift, in seinem Fernsein präsent, re-präsentiert als Bild davon. Aber, im Gegensatz zur lesend je und je besetzbaren Leerstelle dort – nicht umsonst fehlt das finite Zeitwort –, in der ganzen Fülle malerischer Figuration. Zu lesen: wie Schrift. Andrerseits entpuppt sich die gemalte Schrift im Bild als Lesefalle, die zuschnappt, wenn man dechiffrierend sich darauf einläßt, wie jene Kindergraffitti von der Art: wer dies liest, ist doof. Wer Aufklärung erwartet über das Bild von der Schrift im Bild, wird enttäuscht. Lesen, alles andere hier als Lichtquelle, schattet ab, verdunkelt den Bildsinn, der durch Lektüre nicht auf Schriftsinn zu reduzieren ist. Sehen oder Lesen. Tertium non datur. Es sei denn, man läse, nicht was geschrieben steht im Bild, sondern das Bild als wär es Schrift, in der der Maler um den Preis seiner Abwesenheit seine Spur hinterläßt. So repräsentiert das Bild am Ende auch das ›ego‹, das sich in der Schrift abwesend zu Wort meldet, auch das des Betrachters vor dem Bild, der sich nur in der Fort-Da-Struktur malerischer Repräsentation in Arkadien weiß.

Brueghel. Landschaft mit dem Sturz des Ikarus (Abb. 2)

II.

Die Malerei, sagte Lessing in der *Laokoon*-Schrift, »kann in ihren koexistierenden Kompositionen nur einen einzigen Augenblick der Handlung nutzen, und muß daher den prägnantesten wählen, aus welchem das Vorhergehende und das Folgende am begreiflichsten wird«. Wie aber, wenn es um den letzten geht, aus dem nichts anderes mehr folgt als das Totsein? Für Lessing kein Problem, weil es dann doch nur in dem Sinne, »wie die alten den Tod gebildet«, um die Nachbildung des Schlafes zu gehen hätte. Aber für andere wohl. Zum Beispiel für Pieter Brueghel hier.

Keineswegs ist das Historienbild ein photographischer Schnappschuß als Annäherung an den Grenzfall ›Todeszeitpunkt‹, als »Schnitt durch die Sehpyramide«, wie Alberti in seinem ›Trattato sulla pittura‹ das zentralperspektivische Bild definierte und damit, insofern es erzählt, als Schnitt auch durch die Zeitachse bei senkrechter Projektionsebene. Leonardo da Vinci, in seinem philosophischen Tagebuch, sieht das schärfer: »Lo instante non ha tempo. El tempo si fa col moto dello instante, e l'instanti son termine del tempo. Il punto non ha parte. La linea è il transito del punto; e punti son termine della linea.« Der ausdehnungslose Zeitpunkt ist im perspektivischen Raumzeituniversum imaginär, eine Wahrnehmungslücke zwischen Rück- und Vorausschau. Hier gibt sie Breughel als Zusammenfall von Fall und Lebensende zu bedenken: rechts unten, der Aufmerksamkeit entrückt, zum Überlesen wie gemacht, obwohl von diesem doppelten Ende aus das Bild einzig zu lesen ist. Rückwärts, vom Zeitpunkt tödlichen Aufschlagens in die Dauer des Sturzes hinein, welche die jetzt sinkende Sonne verdeutlicht. So bringt das Bild naturzyklischen und mythisch-finalen Zeitverlauf zu einmaligem Schnitt, ohne daß der Augenblick, den er festhält, eine Sache für die Augen wäre; er wird bedeutsam nur für den kundigen Betrachter, der das Seine dazugeben muß, um die auffallende Beiläufigkeit des mythischen Bildsujets als dessen Thema zu erkennen: vor dem Ertrinkenden sticht das Schiff – fragwürdige Allegorie der Lebensfahrt hier – mit geblähten Segeln in See, der Hirte starrt, mit dem Rücken zum Wasser in den Himmel, der Bauer beendet, die letzten Sonnenstrahlen nutzend, nichtsahnend sein kreisendes Tagewerk, während unten der Fischer seinerseits von alledem nichts weiß und einer Welt den Rücken zukehrt, die ohne historisches Bewußtsein von der hereinbrechenden Einmaligkeit, dem Ereignischarakter abrupt beendeter Geschehensabläufe ihren Trott vor sich hingeht, als ob so das Leben endlos weiterginge. Mag sein, daß das Bild vor anderem warnt als der Hybris des Ikarus und daß die eigentliche Katastrophe als eine des Bewußtseins sich auf der von der fallenden Diagonale abgetrennten Erdhälfte des Bildes unbewußt abspielt, diesseits der Sphäre von Wasser, Licht und Luft.

III.

Anders zittert das Bild des ›ermordeten Marat‹ von Jacques-Louis David auf Messers Schneide zwischen Leben und Tod.

David. Der Tod des Marat (Abb. 3)

Die Schrift des Malers widmet das Gemälde, das einen Sterbenden zeigt, einem Toten. Malerei staut Zeit, von der Mortifikationskraft der Schrift gestoppt, noch einmal zurück und stellt den Moment des Sterbens als den letzten des Lebens auf Dauer. In der Schwebe hält sich auch die intendierte Wirkung des Gedenkbildes, kippend zwischen Mitleid und Empörung. Auch der Gesichtsausdruck ist Übergang: Todesschmerz noch und Linderung schon, letzte Züge, gerade noch lebendiges Porträt und auch schon nature morte. Noch hält er den Bittbrief der jungen Mörderin, die aus dem Kloster zu ihm kam – Judith halb und halb Jeanne d'Arc –, noch die Feder, mit der er eben an eine verwitwete Mutter von fünf Kindern einen Wechsel ausgestellt hat. Gleich wird beides seinen Händen entfallen. Über die ikonographische Anleihe an die Bildgeschichte der Kreuzabnahme wird Marat zum Märtyrer der Revolution: säkulare Pietà, deren Darsteller nach vorn stirbt, in die Arme einer empört teilnehmenden Betrachteröffentlichkeit. Als aufreizende Identifikationsfigur für Mitleid – man zuckt zusammen, wenn man die bös klaffende Stichwunde entdeckt – ist Marat noch lebendig, als demonstratives Objekt mißhandelter Wehrlosigkeit und Anlaß zu politischer Empörung ist er schon so tot wie das gemeißelte Steinbild, dem er gleicht. So erscheint der Held dieses Sterbens doppelt angeleuchtet vom Betrachterblick: kalt und warm. In dem Maße, wie der Hintergrund – sichtbar herunterfallende Stille – trotz der flimmernden Lichtreflexe Transzendenz undurchlässig grünlich abdeckt, wird der entseelte, in seiner Materialität von aller inneren Aufrichtekraft verlassene, der Erdschwere nachgebende Körper hervorgetrieben. Der Auftrieb malerischer Idealisierung wird am verdrängten Umraum bemeßbar. Nicht dort hinein entweicht der Rest von Leben, sondern aus dem Bild heraus nach vorn ins offene Auge des Betrachters, der umsonst auf den letzten Atemzug wartet. Ein Wimpernschlag indes, und der Mann im Bild ist hinüber.

IV.

Die Visualisierung erstarrter Plötzlichkeit hat Goya in dem Bild von der ›Erschießung der Aufständischen‹ durch ein französisches Detachement am 3. Mai 1808 in Madrid erprobt.

Im nächsten Augenblick knallt's tödlich. Das bevorstehende Resultat ist vorne schon zu sehen. Zum Voyeur ist der Betrachter bestellt gegenüber denen, die vor Schreck ihr Gesicht verdecken, zu sehen gezwungen, was die in der Morgenfrühe angetretenen Füsiliere nur blicklos anonym ins

Goya. Die Erschießung der Aufständischen (Abb. 4)

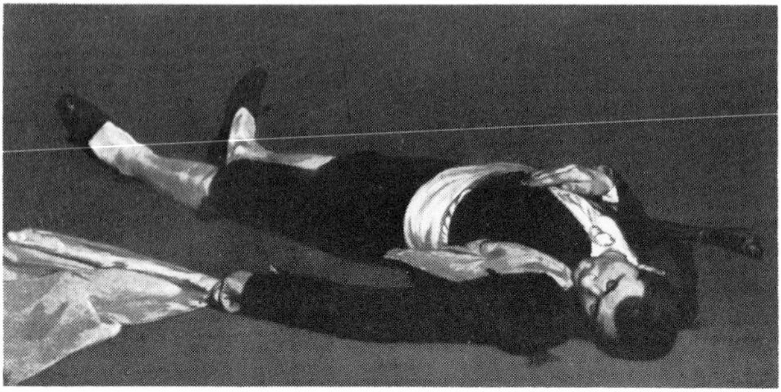

Manet. Der tote Torero (Abb. 5)

Visier nehmen. Gegen die Todesmaschinerie behaupten die Todgeweihten, indem sie dem Tod ins Angesicht sehen, ihre Freiheit sowohl wie sie ihre Angst und Ohnmacht bekunden. Das ist konkret: der letzte Augen-Blick. Bekannt aus der Tauromachie als »Augenblick der Wahrheit«, den Goya auch zeichnerisch häufig studiert.

In eben dieser Haltung, wenn auch mit geschlossenen Augen, kippt Manet seinen ›toten Torero‹ in die Horizontale. Aus einem großen Arenabild, das, im Salon 1864 ausgestellt, härteste Kritik erntete, hat er die Figur herausgeschnitten und – umgelegt.

Nur die kleine Blutlache an der Schulter legt nahe, daß er aufruht auf dem nach vorne aufgehellten, abstrakten Bildfonds, auf dem der tote Körper zu schwimmen scheint.

V.

Horizontalität ist es, die bei Hodler dann zum sichtbaren Zeichen des Todes wird. »Alle Gegenstände«, sagte er, »haben eine Tendenz zum Horizontalen, sich auf der Erde auszubreiten wie das Wasser, das sich immer mehr ausdehnt. Selbst die Berge werden niedriger und durch die Jahrhunderte abgetragen, bis sie flach sind wie die Oberfläche des Wassers. Das Wasser fließt der Mitte der Erde zu, wie alle Körper.« In den Zeichnungen und Ölskizzen, die das langsame Ableben der Lebensgefährtin Valentine Godé-Darel in rücksichtslos schonungsloser Teilnahme visuell begleiten, fällt der schwindende Rest, den die Sterbende vom Tod noch trennt, an dem Widerstand ins Auge, den der von Schmerzen gezeichnete, zur Schmerzlandschaft ausgedörrte Kopf, von wattig weißen Kissen eher gerahmt als gebettet, ohne Stütze von unten der horizontalen Ruhestellung trotz der angedeuteten Gravitation fallender Linien noch immer entgegenstemmt. (Abb. 6)

In dem Bild vom Vortag ihres Todes schließlich (24. 1. 1915) schiebt sich irden eine stützende Horizontale ins Bild. Das Deckweiß des wellenförmig nach oben wandernden Bettzeuggebirges macht den Sterbensakt zu einem endlich nur noch auf den scharf ausgegrenzten Kopf reduzierten Geschehen körperlichen Gelöschtwerdens, das bei den Füßen beginnt, als stürbe sich's nach rückwärts, aus dem Kopf hinaus und über ihn hinweg. (Abb. 7)

Erst der Körper der Toten liegt abgedeckt, seitenverkehrt, horizontal als ganzer sichtbar da, eingebettet nunmehr in einem farblich geschichteten Umraum sedimentierter Phasen, scheint es, der Naturgeschichte, so, als wäre der Leichnam nur die Negativform des Bildraums. (Abb. 8)

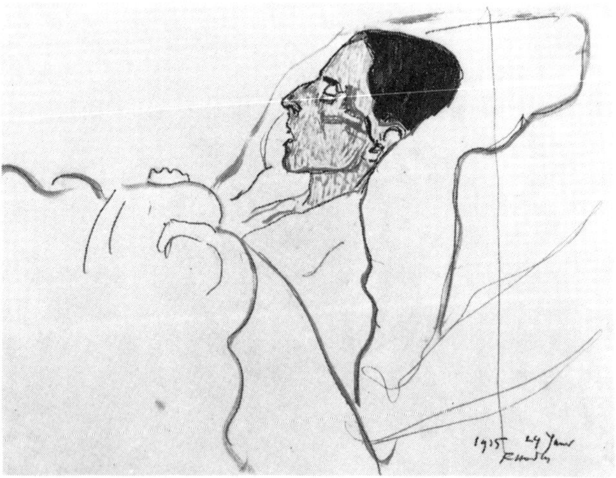

Hodler. Die sterbende Valentine Godé-Darel (Abb. 6)

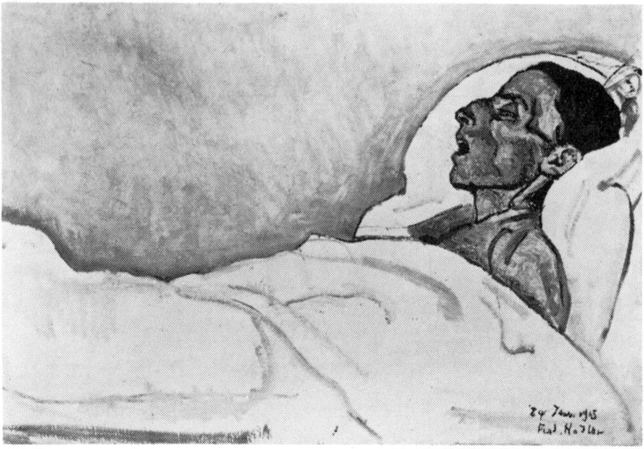

Hodler. Die sterbende Valentine Godé-Darel (Abb. 7)

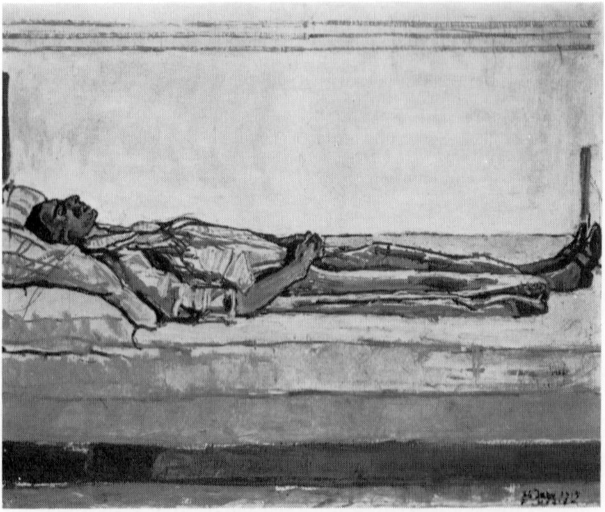

Hodler. Die tote Valentine Godé-Darel (Abb. 8)

Hodler. Sonnenuntergang am Genfersee (Abb. 9)

Wie schon in dem früheren Bild der toten Augustine Dupin, erscheinen auch hier wieder die drei parallelen, blauen Pinselstriche: Ikon der Entseelung wohl weniger als Index des horizontalisierenden Darstellungsprinzips letztendlicher Entleibung, im Vertrauen, wer weiß, aufs Wiederzusammenkommen des Sich-Zerlegenden, Sich-Zersetzenden am Ende der Zeit. Daß dabei individuelle Lebens- und Erlebniszeit gekappt ist, verdeutlicht jene aus dem Bild der Sterbenden entnommene verdoppelte und quergestellte braune Linie, das Totenbett begrenzend als einen Zeitschlitten. Am Todestag hat Hodler Valentine nicht gemalt. Statt dessen die Aussicht aus dem Sterbezimmer im Licht der untergehenden Sonne. Gemalt auf dem Weiß, das sie mitnimmt. (Abb. 9)

Parallelismen auch hier. Nichts weniger als trivial-letale Sonnenuntergangssymbolik. Ein die farbige Stratifizierung hierarchisierendes Zentrum ist fort und da nur im Lichteffekt, der den Horizont, wörtlich, herunterspielt und ins Farbliche hinein überschreitet. In das – fast möchte man sagen: beglückende – Farbspiel zwischen vertikalem Fallen und horizontalem Ruhen ist Valentine eingegangen. So feiert Hodler die Auflösung ihrer leiblichen Reste.

VI.

In den Desasterserien Andy Warhols, im krassen Gegensatz zum phasenweise festgehaltenen Verenden und zur malerischen Konstruktion eines individuellen Todes, löst sich das Ende auf als tautologische Reihung der selben Momentaufnahme zu scheinbaren Phasenbildern eines Filmstreifens; Rasanz im Stillstand. Man liest in Fahrtrichtung. Der Tod

Warhol. 5 deaths 11 times in orange (Abb. 10)

wird zum alltäglich verschlissenen, anonymen und billigen Allerweltsereignis und Massenartikel desindividualisiert. Umgekehrt proportional zur Minimalisierung der Inhaltlichkeit des Abgebildeten, als wäre der tödliche Sachverhalt selbst nur noch in den Reproduktionen der Massenmedien als Simulacrum vorhanden oder, wie hier: als Verschwinden des Verschwindens ins Orange hinein, das im Siebdruckverfahren über und unter die Schwarzweißvorlage gezogen wird. Ins Schliddern gebracht wird hier das Aus-dem-Leben-hinaus-Schliddern. Mit Schleifspuren am Bild. Und weil es buchstäblich ›grenzenlos‹ ist, hat dieses Sterben kein Subjekt.

Im Gegensatz dazu hatte sich Hodler noch mit dem Pinsel auf den Tod als auf einen endlich aufgebrauchten Lebens- und Zeitrest hingearbeitet, auf eine Grenze zu, die festsetzt, wo das Begrenzte und das sich in der Begrenzung herausindividualisierende Leben von sich aus zu Ende ist. Solche Grenzen nannte Kant, im Gegensatz zum Grenzbegriff, »Negationen, welche die größere mögliche Hinzutuung ausschließen.« Ein Pinselstrich mehr, und der Maler hätte sein Modell vor der Zeit in den Tod geschickt. Jede weitere Reproduktion der Reproduktion in Warhols Serie, anstatt sich ins Orange zu verlieren, und die Unfalltoten hätten, statt des Lebens, noch nicht einmal ihr Bild zu verlieren.

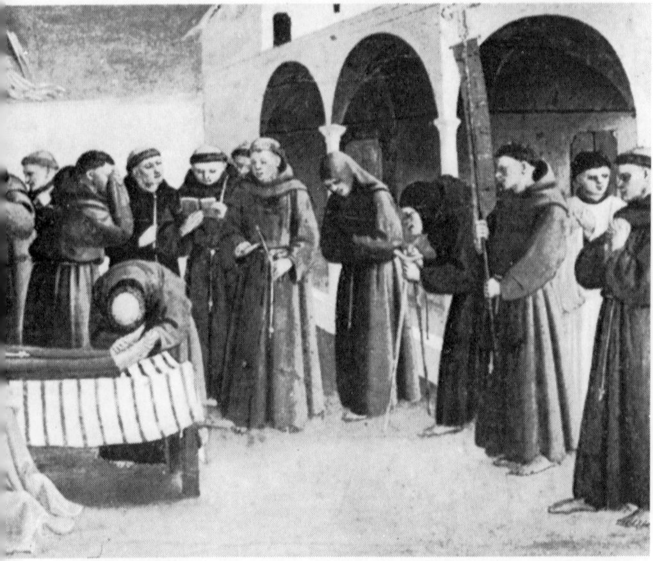

Fra Angelico. Der Tod des Heiligen Franziskus (Abb. 11)

VII.

»WIE SOLL ICH DIESES LETZTE AUSSPRECHEN?« fragt sich Wittgenstein in einer nachgelassenen Notiz: »Aber dieses Letzte soll ich eben nicht aussprechen, sondern das ist das Ende, an das wir kommen, die Mauer, an die wir stoßen.« Darauf lassen sich freilich Glaubensinhalte als Veduten malen. In der Fra Angelico zugeschriebenen Darstellung des gestorbenen Heiligen Franziskus erscheint, hinter und jenseits der Klostermauer der vom Tode Auferstandene leiblich, als wäre er immer noch vom selben Stoff wie die Trauernden oder in die Schrift versenkten, allesamt von der Vision abgewandten Ordensbrüder, als gehörte er, auch drüben, zu ihrer Welt, hochgetragen von den Engeln in einen farblich

Bosch. Erscheinungen aus dem Jenseits (Abb. 12)

wiederum zugemauerten Himmel: begrenzende Projektionsfläche einer geschlossenen Glaubenswelt.

Weiter, ins Offene hinein, verfolgt Hieronymus Bosch malerisch die Gestorbenen, indem er sie, zickzack, mit zunehmender Schwerelosigkeit bei ihrem ›Aufstieg ins Empyreum‹ hochschweben läßt, hineingesogen in einen kosmischen Lichttunnel: Auf-Sturz in den Abgrund eines blendenden Lichtlochs.

Segantini. Glaubenstrost (Abb. 13)

Blake. Die Seele schwebt über dem Körper (Abb. 14)

Im Gegensatz dazu mag der ›Glaubenstrost‹, den Segantinis Todesbild dick aufträgt, manchem ästhetisch den Magen umdrehen. Abgerückt vom Pathos alter Leere unten, wird das verstorbene Kind oben im Über-Himmel renaturalisierend wieder zurückgeholt. Die Lünette, deren rahmende Überdachung das Holzkreuz wiederaufnimmt, erklärt, ornamental mit einer vergoldeten Wolke, die Erlösung vom Irdischen als dessen Verklärung. Dann lieber unkitschig vermodern, unten. (Abb. 13)
Die Peinlichkeit, die Exkorporation im Horizont sichtbarer Körper sichtbar zu machen, wird bei William Blake noch visionär überspielt. (Abb. 14)
Widerlich patschhändig läßt Bottero die Hilfe von oben aus Popowolken kommen bei der Himmelfahrt, deren immaterialisierende Umsetzung malerisch verweigert wird durch die pralle, puppenhaft ausgestopfte Körperlichkeit. Poppig, pappig und doch schwerelos. Ein tödlicher Jux.

Botero. Der Tod von Luis Chalmeta (Abb. 15)

Lichtenstein. Whaam! (Abb. 16)

VIII.

Wenn Augen töten könnten, wäre die Welt ein Comic strip. Im gezeigt-kommentierten Sterben erreicht die herausgekitzelte Aggression ihr Triebziel nicht, das blutleer bleibt, und verlangt nach mehr, und an den weiter blätternden Fingern hat der Leser immer nur Papierblut geleckt. Dabei profitiert das Unterhaltungsmedium von der Illusion einer fraglosen Übertragbarkeit von Bild und Wort über die Grenzen ihrer jeweiligen Ausdrucksmöglichkeiten hinweg und schneller als man denkt, wenn man entziffert. Als Mittel der

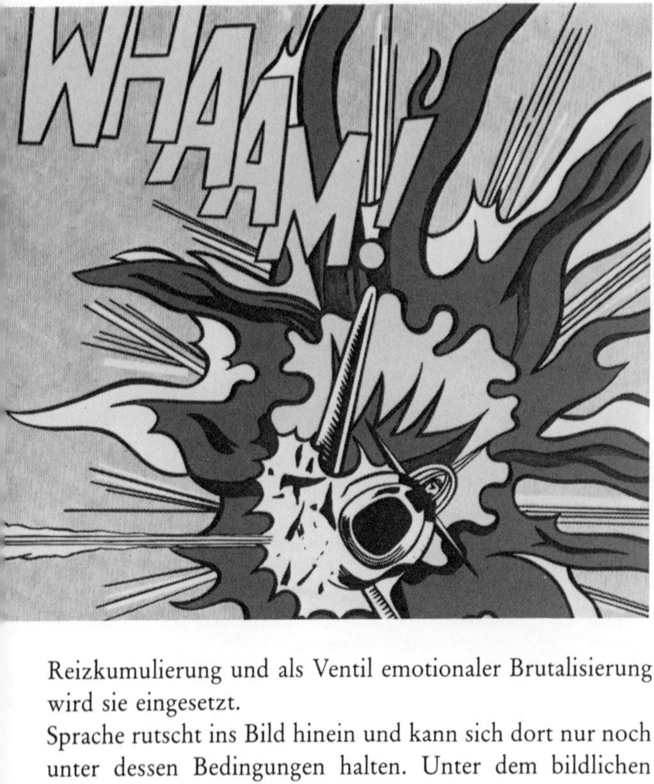

Reizkumulierung und als Ventil emotionaler Brutalisierung wird sie eingesetzt.

Sprache rutscht ins Bild hinein und kann sich dort nur noch unter dessen Bedingungen halten. Unter dem bildlichen Aggressionsdruck verkrüppelt sie zum expressiven Lautzeichen, mit dem der Bildeindruck in Sprache zurückgeholt, zum Sprechen gebracht werden soll. Was sich so artikuliert, ist die intendierte Reaktion des Betrachters, der als Mitkämpfer – gegen das verdrängte alter ego wohl auch – einbezogen wird. Die kalkulierte Steuerung des glotzenden Weiterlesens über Abgründe zwischen Bild und Wort hinweg hat ihren Motor im Versprechen, daß sich Bild und Wort durch wechselseitiges Dekantieren zur Neige entleeren. Die Flasche

Tardi. Faucheux dans le trou (Abb. 17)

freilich bleibt voll beim Stürzen vom einen ins andre. Indem er's ausschneidet aus der Fortsetzungsgeschichte und gerahmt sistiert, gibt Roy Lichtenstein den trocknen Rausch zu bedenken und daß man am eigenen Tötungstrieb, hin und her vertröstet, verdursten könnte, weil sich der Tod so weder aussagen noch sichtbar machen läßt. »Worte sind zu schwach«, heißt es in einem mörderischen Antikriegsstrip von Tardi. Und die Bilder auch, je stärker, desto schwächer.

IX.

Sichtbar machen läßt sich indessen, daß der Tod kein Faktum, sondern ein Zeichen, also ein immer schon interpretiertes Faktum, also banalerweise nicht sichtbar ist, einfach so. Daran hat sich Wilhelm Buschs kreative Schadenfreude entzündet. Gestorben wird zwar als Pointe schwarzer Pädagogik, als Strafe für bübischen Lustgewinn und Ausbruch aus der Enge bürgerlicher Domestikation, aber als schmerzlose Transsubstantiation in Materie. »Materie = Hartnäckigkeit der kleinsten Lebewesen.« Ein Lieblingsgedanke Buschs. So überlebt denn wohl auch Peter eine Weile gemeinsam mit Mikroben im Einmachglas auf dem Regal, zum späteren Nutzen der Eltern, die sein »traurig Ebenbild« pietätvoll eingekocht haben, nachdem »der ganze Kerl«, ein Eisklotz, weil er nicht hören wollte und Schlittschuh lief, aufgetaut am Ofen »zu Brei« gerann.

Auch Max und Moritz sind »noch zu erblicken«, nachdem sie Meister Müller, »Rickeracke! Rickeracke!« und »mit Geknacke«, in den Trichter geworfen hat: »fein geschroten und in Stücken«. Die Ablenkung vom Tod aufs Sichtbare,

Jaja! In diesem Topf von Stein,
Da machte man den Peter ein,
Der, nachdem er anfangs hart,
Später weich wie Butter ward.

Busch. Der Eispeter (Abb. 18)

materiell Umgesetzte erspart Mitleid und speist jene von Freud entdeckte Quelle »humoristischer Lust«. Daß des Müllers Federvieh das körnige Menschenbild schließlich wegpickt, macht das Maß voll. Kindern stockt das Blut spätestens hier, bei einer Vergeltung spielerischer Normverstöße, deren innere Tödlichkeit sich äußerlich an ihrem Futterwert bemißt.

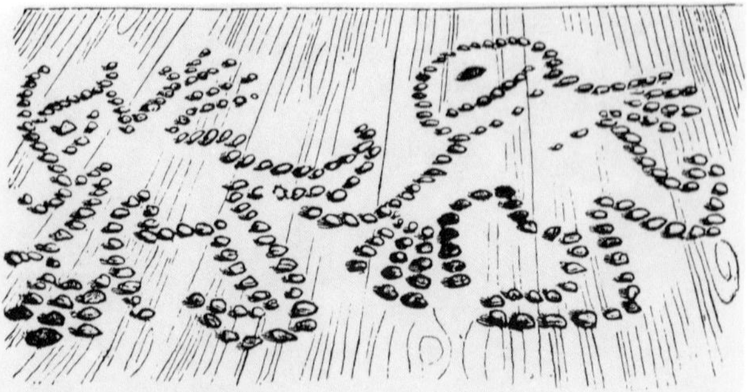

Hier kann man sie noch erblicken,
Fein geschroten und in Stücken.

Doch sogleich verzehret sie
Meister Müllers Federvieh.

Busch. Max und Moritz (Abb. 19)

Manuel. Der Tod und die Jungfrau (Abb. 20a)

X.

Als »Der Sünde Sold« (Römer 6) darf der bildlich personifizierte Tod als Sexkiller erscheinen. Und geil zugleich. Schon früh spielt die Kunst um den Punkt, wo die Todesstrafe, die über alle Sinnenlust verhängt ist, umschlägt

Kollwitz. Der Tod packt eine Frau (Abb. 20b)

in Todeslust, wo der Widerstand des schwachen Fleisches in ein geradezu erotisches Nachgeben hinüberkippt auf dem Weg allen Fleisches. Ohne Umstände geht er ran, der Knochenmann.

Reize zum Abgewöhnen, warnende Einladung zum Allerletzten: Sich-gehen-lassen im Verzicht auf den Verzicht.

Munch. Der Tod und das Mädchen (Abb. 20c)

Ansteckende Tödlichkeit des Begehrens – fucking death. Man brauchte nicht lange zu warten, bis sie auftauchten: die nekrophilen Aids-Kritzeleien verklemmter Moralisten auf den Wänden öffentlicher Bedürfnisanstalten. Für kichernde

Ungerer. Siesta (Abb. 21)

Kurzentspannung dagegen hält Tomi Ungerer einen kleinen Schreck bereit unterm Slip. Bruder Hain kichert mit.

Brueghel. Der Triumph des Todes (Abb. 22a)

XI.

Das Gerippe, das auf schlotternd allegorischen Beinen abstrakt nur steht für das, was es selber nicht ist in sichtbarer Gestalt – Negation von Leben, die es, wie dürr auch immer, lebend darstellen soll –, hat seit den spätmittelalterlichen Totentänzen in bildender Kunst die undankbare Aufgabe, was es darstellt, noch einmal zu bewirken, indem es das Lebensende in personifizierender Anbiederung als dessen Ursache unterstellt. So ist es in Breughels ›Der Triumph des Todes‹ in multiplizierter Form am immer gleichen Werk der Gleichmacherei. Nicht minder bei Ensor oder Klinger.

An Edvard Munchs ›Totenbett‹-Serie läßt sich schrittweise beobachten, wie die schale Ausdruckskraft des klappernden Emblems durch andere Gestaltungsmittel überboten und dieses, in seiner zeichnerischen Verhärtung, gelöscht und in

Ensor. Der Triumph des Todes (Abb. 22 b)

die größere Rhythmik der Strichführung umgesetzt wird. Was hier geschieht im Sterbezimmer der Maler-Schwester, gerinnt nicht mehr in der sinnbildlichen Zusammenfassung des Todeszeichens, das vorher hinter der aus dem Bild heraus und vom Ort des Geschehens wegblickenden Frauengestalt erschien. Dort klafft statt des dem Tode preisgegebenen

Klinger. Dritte Zukunft (Abb. 22c)

Munch. Am Sterbebett (Abb. 23)

Körpers weiß der Bildhintergrund. Im wäßrig-luftigen Medium hinten – von dem in anderen Fassungen das Bett wie eine schwimmende Wanne getragen wird – bilden sich die ersten Erinnerungsbilder an die Sterbende, die sich mit deren letzten Ahnungen mischen mögen, Bilder, die nunmehr ohne ihren Körper werden auskommen müssen. Bilder, die aus dem Hintergrund ebenso heraustreten, wie sie in ihn verschwinden. Schwarz auf Weiß und Weiß auf Schwarz. Umspringend fürs Auge. Sterben als Darstellungsspiel, mit Tusche und Bleistift, über den kompakten Ausdruck von Trennungsschmerz, über alle symbolistische Inhaltlichkeit hinaus, die an der Tapete hinten ablesbar wäre: ein dialektisches ›Stirb und Werde‹ der Formbildung und Auflösung, Begrenzung in der Entgrenzung und umgekehrt.

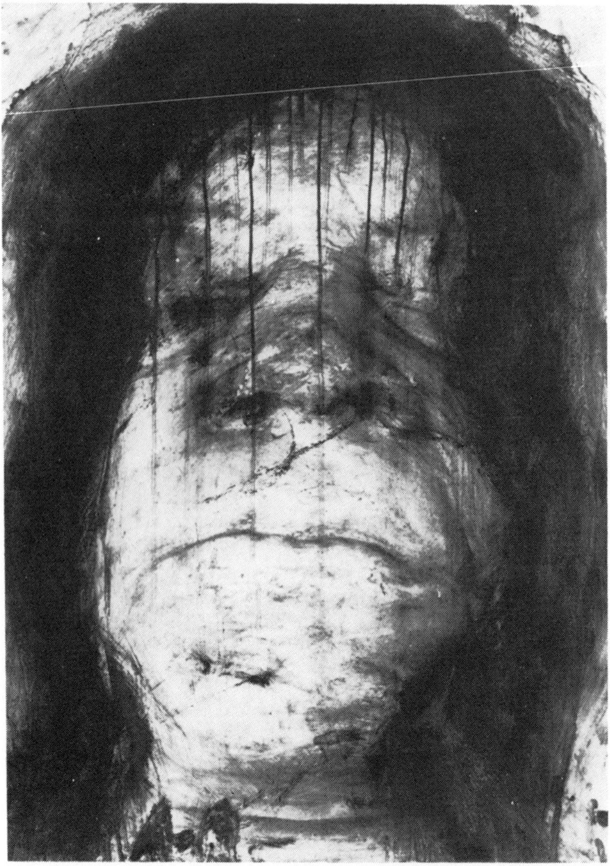

Rainer. Totenmaske (Abb. 24)

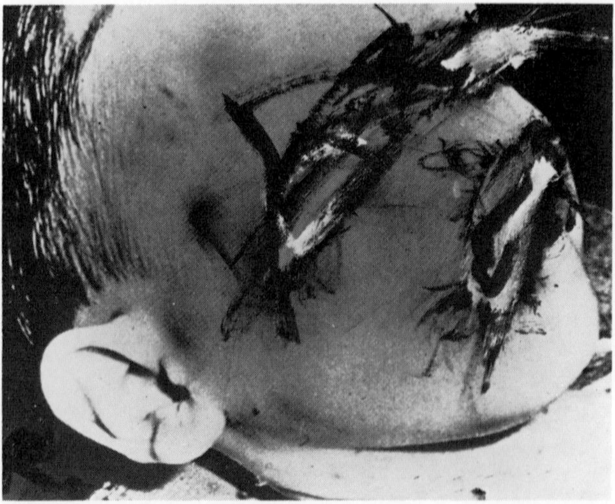

Rainer. Totengesicht (Abb. 25)

XII.

Am Tabu eines in Totenmasken glorifizierten Todes vergreift sich Arnulf Rainer mit den Händen, indem er deren photographische Abbildung übermalt, überzeichnet, verschmiert, zerkratzt. Was ihn zu diesem ästhetischen Gewaltakt provoziert, ist die »Sprache dieser Gesichter: Das Hinübergeglittene und Gelittene, das Interesse- und Affektlose im Ausdruck. Gleichgültigkeit, als wäre es Formgültigkeit, als wäre es Endgültigkeit.« Die Überarbeitung potenziert die verstörend erstarrte Expressivität, indem sie sie zerstört und zugleich doch wieder ästhetisch sublimiert und die Zerstörungskräfte wieder freisetzt, die in der Maske, abgenommen noch vor der Starre und einsetzenden Verwesung, durch den harmonisierenden Schein unterdrückt werden, es spräche aus

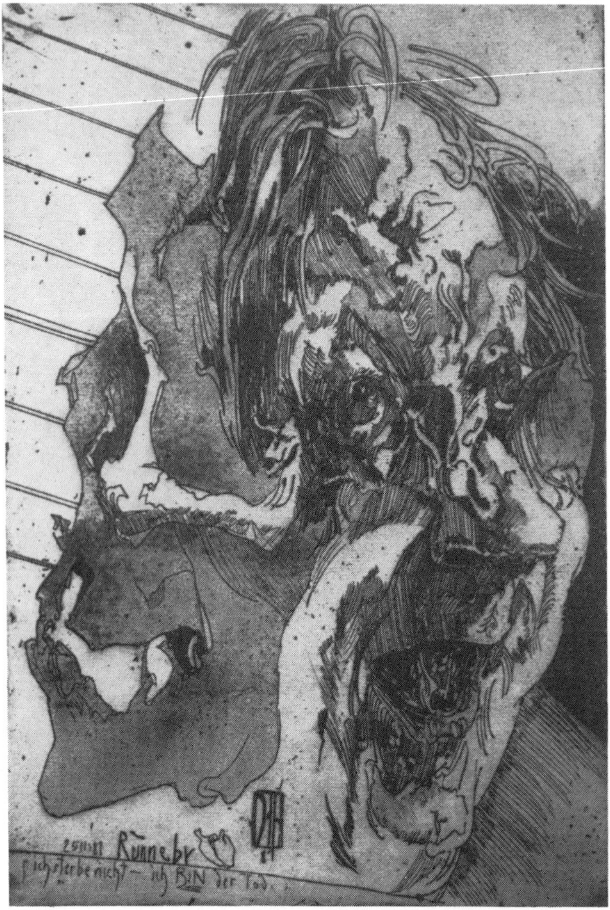

Janssen. Ich sterbe nicht – ich bin der Tod (Abb. 26)

dem ›ewigen Antlitz‹ unüberhörbar die Stimme des Lebens. Das ästhetisch veranstaltete Grauen dieser Bilder, das sich über die Sterbegesichter bis zur Hiroshima-Reihe noch stei-

gert, protestiert gegen die Ästhetisierung des Grauens, die es selbst betreibt. Darin darf sich, schrecklich schön, unter der Maske vitaler Selbstbehauptung, der Todestrieb austoben.
Das explosive Gemisch – das erst im Betrachter zündet – zwischen sich wehrender Abscheu vor den Kräften des Todes und erregter Hingabe treibt Horst Janssen in dem folgenden Blatt bis zur Selbstidentifikation mit dem Tod. Darauf steht, kommentierend: »Ich sterbe nicht – ich bin der Tod.« Lappig, faserig, knochig und fleischig bildet sich das eigene Gesicht aus den Elementen seiner Zersetzung.
Mit einer Konsequenz auf Leben und Tod hat Gian Pedretti das Motiv des Schädels von Bild zu Bild fortentwickelt: Als Abdruck von Leben und zugleich Ausdruck davon. Daß der Schädel als Landschaft lesbar wird, deren Gebirgsstrukturen dem genauen Hinsehen aber auch immer wieder zum Schädel erstarren, bewirkt ein beunruhigendes Oszillieren zwischen dem Tod als Natur und der ›nature morte‹. Dazu kommt, in den topographischen Vermessungen innerer Landschaften mit ihren Höhenzügen und Schattenhängen, ein vegetabilisches Element: der Handabdruck mit seinem Linienwerk, eine Nervenblume. Auch die Schädel haben etwas Blühendes. Und erlegte Tierkadaver verjüngen sich fötal. Simultan, auf einen Blick, verlebendigt sich Totes und erscheint Lebendes schon als Relikt seiner selbst. Im Selbstporträt trachtet der Künstler mit Stift und Pinsel sich selbst nach dem Leben. Dabei wird, wie hier zum Beispiel, sichtbar, was mit Hilfe des nicht sichtbaren Hintergrunds, der formgebend in die Zwischenräume dringt, der Reduktion aufs Letzte widersteht. So würde der Tod vielleicht, wenn er könnte, das Leben malen.
In einer Bieler Ausstellung schlug eine jugendliche Faust in den schweigenden Mund eines Totengesichts. Die Delle gehört dazu. Auch jene rot über ein Bild geschmierten Worte:

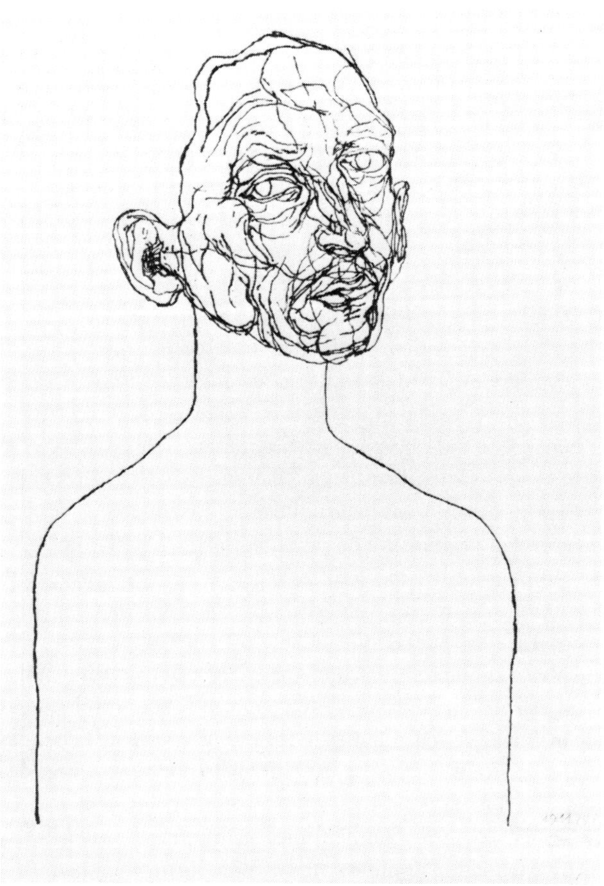

Pedretti. Ohne Titel (Abb. 27)

»L'art est mort – nous voulons vivre!« Der aggressive Reflex hat seine Richtigkeit. Von den Bildern, die dem Tod den versperrten Zutritt zum Bewußtsein eröffnen, ist er intendiert.

3

I.

Franz Kafka läßt in einem kurzen, aus dem »Prozeß«-Zusammenhang abgetriebenen Text mit dem Titel »Ein Traum« Josef K. sein eigenes Sterben träumen, bis hin zum äußersten Punkt, wo er aufwacht und – überlebt. Eigentlich wollte er nur spazierengehen. Doch das Wunschvehikel, statt der Beine, führt ihn unversehens auf einen Friedhof, und auf den Wegen dort, von denen er schließlich wie von einem rasenden Fließband abspringt, zu einem »frisch aufgeworfenen Grabhügel«, »fast eine Verlockung«. Zwei Männer halten dahinter einen hohen Grabstein, ein dritter, ein »Künstler«, beginnt zu schreiben:

> Durch eine besonders geschickte Hantierung gelang es ihm, mit dem gewöhnlichen Bleistift Goldbuchstaben zu erzielen; er schrieb: »Hier ruht –.« Jeder Buchstabe erschien rein und schön, tief geritzt und in vollkommenem Gold. Als er die zwei Worte geschrieben hatte, sah er nach K. zurück; K., der sehr begierig auf das Fortschreiten der Inschrift war, kümmerte sich kaum um den Mann, sondern blickte nur auf den Stein.

Gebannt in der Erwartung, sich dort zu lesen, sieht er sich vom Schreibenden in diesem Todeswunsch nicht gesehen und bestätigt. Nicht umsonst bringt »ein häßliches Mißverständnis« – »sie wechselten hilflose Blicke« – die Schrift, die jenen erfüllen könnte, ins Stocken. In Wahrheit aber schiebt sie ihn nur auf und bringt den, der sich im Lesen seiner Grabschrift tot wissen möchte, in die paradoxe Situation, sich von sich getrennt, sich bei lebendigem Leibe begraben zu fühlen. Der Gedankenstrich – »Hier ruht –« – als inhaltloses Schriftzeichen, als Textloch, ist das Grab, in das er sich zur Ruhe legen möchte, ein Loch auch im Kopf des Lesers, der die unbesetzbare Leerstelle des noch ungeschriebenen Namens als Vorgeschmack des Totseins aushalten muß. Josef K. ist von seinen Gefühlen durch Schrift wie durch eine Grabplatte getrennt. »Untröstlich« ist er über den andern, und er »schluchzte lange«, als müßte das Schreiben das Sterben ersetzen, der eigene Name, den ein anderer schreibt, den eigenen Tod, der ihm in dem Maße abhanden zu kommen scheint, wie ihm ein eigenes Leben fehlt, das zu verlieren wäre. Wer so lebt, kann nicht leben und – wie der »Jäger Gracchus« – auch nicht sterben. Schließlich beginnt Josef K. zu verstehen, was das Traumszenario für ihn programmiert:

Der Künstler wartete, bis K. sich beruhigt hatte, und entschloß sich dann, da er keinen andern Ausweg fand, dennoch zum Weiterschreiben. Der erste kleine Strich, den er machte, war für K. eine Erlösung, der Künstler brachte ihn aber offenbar nur mit dem äußersten Widerstreben zustande; die Schrift war auch nicht mehr so schön, vor allem schien es an Gold zu fehlen, blaß und unsicher zog sich der Strich hin, nur sehr groß wurde der Buchstabe. Es war ein J. Fast war es schon beendet, da stampfte der Künstler wütend mit einem Fuß in den Grabhügel hinein, daß die Erde ringsum in die Höhe flog. Endlich verstand ihn K.; ihn abzubitten war keine Zeit mehr; mit allen Fingern grub er in die Erde, die fast keinen Widerstand leistete; alles schien vorbereitet; nur zum Schein war eine dünne Erdkruste aufgerichtet; gleich hinter ihr öffnete sich mit abschüssigen Wänden ein großes Loch, in das K., von einer sanften Strömung auf den Rücken gedreht, versank. Während er aber unten, den Kopf im Genick noch aufgerichtet, schon von der undurchdringlichen Tiefe aufgenommen wurde, jagte oben sein Name mit mächtigen Zieraten über den Stein. Entzückt über diesen Anblick erwachte er.

Er erwacht an der ritzenden Schnittkante zwischen Todeswunsch und Todesangst: Aufwachen, statt das Bewußtsein zu verlieren und abzugeben an Schrift. Durch die Synchronisierung von Sterben und Schreiben wird das eine zur Metapher des andern. Es »ist leider kein Tod«, vermerkt eine Tagebuchnotiz vom August 1914, »aber die ewigen Qualen des Sterbens«. Über sein Schreiben im double-bind, das sein Leben ebenso erhält wie zerstört, äußert sich Kafka in einem Brief an Max Brod aus dem Jahr 1922:

›Nötig zum Leben ist nur, auf Selbstgenuß zu verzichten; einziehn in das Haus, statt es zu bewundern und zu bekränzen [...] Ich selbst aber kann nicht weiterleben [sc. nach dem Tode], da ich ja nicht gelebt habe, ich bin Lehm geblieben, den Funken habe ich nicht zum Feuer gemacht, sondern nur zur Illuminierung meines Leichnams benützt.‹ Es wird ein eigentümliches Begräbnis werden, der Schriftsteller, also etwas nicht Bestehendes übergibt den alten Leichnam, den Leichnam seit jeher, dem Grab. Ich bin genug Schriftsteller, um das in völliger Selbstvergessenheit – nicht Wachheit, Selbstvergessenheit ist erste Voraussetzung des Schriftstellertums – mit allen Sinnen genießen oder, was dasselbe ist, erzählen zu wollen, aber das wird nicht mehr geschehn. Aber warum rede ich nur vom wirklichen Sterben. Im Leben ist es ja das Gleiche [...] Mit welchem Recht erschrecke ich, der ich nicht zu Hause war, daß das Haus plötzlich zusammenbricht; weiß ich denn, was dem Zusammenbruch vorhergegangen ist, bin ich nicht ausgewandert und habe das Haus allen bösen Mächten überlassen?

Wenn Schreiben dem Ausziehn entspricht aus dem Haus, statt es zu bewohnen – »nur das Schreiben wohnt nicht in sich selber«, heißt es im Tagebuch (6. Dezember 1921) –, dann ist es die Metapher der traditionellen Vorstellung vom Sterben als dem Ablegen einer leer zurückbleibenden Körperhülle. Dann entspricht aber auch die glückspendende Traumvision vom buchstäblich-schriftlichen Sterben dem Gegenteil, das im zu Ende gehen des Textes aufblitzt, um zu erlöschen, im Übergang in den andern Aggregatzustand der Wachheit: sich hineinlegen ins leere Grab, Metapher der Körperhülle, »einziehn in das Haus«, im Sterben anfangen zu leben und im Aufhören zu schreiben. Immer schon zu spät. Dem Weiß des Papiers teilt die abbrechende Traumschrift solche Hoffnung mit, die es löscht, und ihre Vergeblichkeit. Tödlich ist am Ende nicht die Schrift, sondern die metaphorische Übertragbarkeit von Schreiben und Sterben. Wenn Kafka seine Krankheit als Kampf zweier Fechter beschreibt, die sich in seiner Lunge blutig bekämpfen, dann wird man wohl sagen dürfen, er sei, als er sich schließlich zu Tode gehustet hatte, an dieser Metapher gestorben.

II.

Als anatomische Studie, als Resultat eines kalten Schreibens war *Madame Bovary* von Flaubert geplant. Mit dem gewetzten Stil der Gefühlschirurgie geht er nicht zuletzt auch gegen sich selber vor – »La Bovary, c'est moi!« –, geht der Text sich selbst ans Lebendige. Vor allem, wenn's ans Sterben geht. Die Choreographie ist präzise um den Tod als leeres Zentrum herum arrangiert, um jenes »schwarze Loch«, mit dem der Mund der Leiche schließlich verglichen wird. Von dort aus spricht der Erzähler und läßt den Körper der Sterbenden und erst recht den der Toten sich aufbäumen gegen den Text, den er um eben dieses Loch herum spinnt, gegen alle Sinngebungsbemühungen der Herumstehenden auch, gegen alle herbeibemühten Legitimationsinstanzen, die den Tod totalisierend aufzuheben, das Loch zu füllen und zum Verschwinden zu bringen beanspruchen. Am lebendigsten ist die Sterbende. Und noch die Tote, Verkörperung der Darstellung, ist durch Darstellung nicht wegzukriegen. »La Bovary«, wahrlich, »c'est moi!« Zur Statue erstarrt steht

Charles am Fußende des Bettes, tränenlos. Gegen die Zerstückelung, die Emmas vergifteter Körper von oben nach unten durch die Segnungen des Priesters erfährt, inszeniert sie selbst ihr eigenes Sterberitual. Sie selbst liefert die Tränen, die den andern fehlen; im Spiegel, den sie erbittet, im Blick der andern also, nimmt sie Abschied von sich: »Alors elle se renversa la tête en poussant un soupir et retomba sur l'oreiller.« In Anspielung auf Johannes: »Es ist vollbracht [...] und neigte das Haupt und verschied.« Aber noch ist sie nicht verschieden. Mit taktloser Neugier geht die Kamera des Erzählers ran an den Todeskampf. Doch durch die Großaufnahme geht ein Riß. Man muß zweistimmig lesen: in doppeltem Diskurs ist vom sterbenden Körper die Rede im traditionellen Bild der im Tod ausgehauchten, entschwindenden Seele, was freilich nicht mehr greift und, im Als-ob, im Leeren hängenbleibt:

Sa poitrine aussitôt se mit à haleter rapidement. La langue toute entière lui sortit hors de la bouche; ses yeux, en roulant, pâlissaient comme deux globes de lampe qui s'éteignent à la croire déjà morte, sans l'effrayante accélération de ses côtes, secouées par un souffle furieux, comme si l'âme eût fait des bonds pour se détacher.

Und dann, von der Straße her, das düster-laszive Sichelliebesliedchen des Blinden. Noch einmal leistet Emma vitalen Widerstand, indem sie sich aufrichtet wie ein galvanisierter Froschschenkel, in ihrem Lachen, ihren letzten Krämpfen, gegen die Optik derer, die zu sehen erwarten, daß sie endlich Ruhe gibt. Sie entzieht sich ihrem Blick, indem der Erzähler ihr Sehen im Blinden zum Erlöschen bringt: Mimesis des Sterbens, begleitet vom Lied, das in einem Windstoß das Miniröckchen des Mädchens davonfliegen läßt, ganz im Ton daneben und deshalb ganz richtig getroffen auch; hier entfleucht keine Seele:

›L'Aveugle!‹ s'écria-t-elle.
Et Emma se mit à rire d'un rire atroce, frénétique, désespéré, croyant voir la face hideuse du misérable, qui se dressait dans les ténèbres éternelles comme un épouvantement.

Il souffla bien fort ce jour-là,
Et le jupon court s'envola!

Une convulsion la rabbatit sur le matelas. Tous s'approchèrent. Elle n'existait plus.

Der Tod, den die Zurückbleibenden erst feststellen können, nachdem er eingetreten ist, fällt ungreifbar zwischen den letzten und vorletzten Satz, in den Tempuswechsel zwischen passé défini und imparfait, welches das Totsein dauerhaft macht. Ein Schulbeispiel, das, für den Anfängerunterricht in Französisch. Der Kapitelwechsel doppelt nach, als wär's zu Ende. Nichts weniger als das. Das Schlimmste kommt erst jetzt: der Widerstand des toten Körpers gegen die Darstellung, die ihn durch die Weise, wie sie's versucht, erst recht nicht loswerden kann. Befreiend, wenn die Deckel der drei Särge schließlich zugehämmert werden, zugeschrieben. Auf Velours gebettet, mit einem Krönchen auf dem gelösten Haar, im Hochzeitskleid mit weißen Schuhen lag sie da, ein lebloser Anstoß. Aus dem »schwarzen Loch« des halbgeöffneten Mundes trat, als man ihren Kopf ein wenig drehte, »ein Auswurf schwarzer Flüssigkeit, wie Erbrochenes«. Sollte es Tinte sein?

III.

Die Sterbenskranke, schmerzgeplagte Großmutter bringt Proust im zweiten Teil der *Welt der Guermantes* über eine längere Textstrecke in Schüben ins Bild, indem er dazwischen immer wieder lindernd abblendet. Die ärztliche Hilfe zappelt in einer Beziehungsfalle: das Morphium verkürzt der Sterbenden das Leben, das es ihr erträglich macht. Um das Maß ihres Schmerzes, der tief in ihr drin sitzt wie ihr Leben, ist sie vom Tod noch entfernt. Ohne ihn läßt sich »dem grausamen Leiden, dem wir so gern ein Ende gemacht hätten«, kein Ende bereiten. Die schmerzlindernden Spritzen berühren es »nur an der Oberfläche«. Unter dem Druck eiserner Haltung bis zuletzt und vornehmer Affektkontrolle verpanzert sich ihr »Leib« als »vorgehaltener Schild«, nach außen wie nach innen, »ohne daß sie ihr Leiden in mehr als einem schwachen Stöhnen äußerte«. Dafür wird der Erzähler zum Wortführer des Schmerzes, als hätte er dessen Ausdruck gepachtet, den die Sterbende sich verweigert. Sie redet ihn weg:

Wenn meine Großmutter nun derart litt, rann der Schweiß von ihrer breiten, nunmehr ins Violett spielenden Stirn herunter und verklebte ihre weißen Haarsträhnen, und wenn sie glaubte wir seien nicht im Zimmer, stieß sie Schreie aus wie: ›Ach! es ist zu furchtbar!‹, wenn sie aber meine Mutter sah, wendete sie sofort all ihre Energie daran, auf ihrem Gesicht die Spuren des Schmerzes auszulöschen, oder wiederholte zwar einerseits die gleichen klagenden Ausrufe, aber von Erklärungen begleitet, die ihnen nachträglich, sobald nämlich meine Mutter sie gehört hatte, einen anderen Sinn unterlegten [...]. Aber die Qual in ihrem Blick, den Schweiß auf ihrer Stirn, das krampfhafte, gleich wieder unterdrückte Aufbäumen ihrer Glieder konnte sie dennoch nicht verleugnen.

Ihre Gesichtszüge scheinen sich, als würden sie vom Tod gemeißelt, »wie bei den Modellsitzungen in einem Bildhaueratelier in einseitiger und ausschließlicher Bemühung einer Vorlage anzupassen, die uns unbekannt ist«. Die entstehende Repräsentation also macht das lebendige Original zusehends entbehrlich und träte ultimativ im Grenzwert der Verwechselbarkeit auf Dauer an seine Stelle: »Diese Modelliertätigkeit [...] ging ihrem Ende zu.« Aber trotz der ästhetischen Petrifikation – eine Art umgekehrter Schöpfungsakt –, die der Erzählerblick bewirkt, ist »das Werk [...] nicht fertig geworden«. Noch leistet sie Widerstand aus jenem Lebensrest heraus, der sie noch vom Tod trennt und den die Sprache nicht ausmißt, als Hüterin ihres eigenen Grabes, in das versenkt zu werden ihr doch bevorsteht. Gerade das, was diesem Gesicht – »verhärtet«, von »Adern« durchzogen, »nicht wie die Äderung in einem Marmorblock, sondern in einer rauheren Gesteinsart« – zur ästhetischen Vollendung *fehlt*, gibt ihm die Widerstandskraft gegen die tödliche Annäherung, die die »Modelliertätigkeit« anstrebt. Es allegorisiert deshalb die folgende Passage das Erzählen des Sterbens, das durch antizipierendes Überspringen im futurum exactum einen Abstand schafft, in dem sich das Zuendegehen erzählen läßt gegen den beschriebenen Annäherungsprozeß ans Ende:

Der bessern Atmung wegen immer vornübergeneigt, gleichzeitig vor Ermüdung ganz in sich zusammengesunken, schien ihr verwischtes, zusammengeschrumpftes, erschreckend ausdrucksvolles Gesicht das aus einer primitiven, fast prähistorischen Epoche der Bildhauerkunst entstammende, runzlige, rotviolette, fanatische einer wilden Grabhüterin zu sein. Aber das Werk war nicht fertig geworden. Es würde doch wieder zerschlagen und in jenes Grab, das es so mühsam und in so harter Verkrampfung zu bewachen schien, selbst hinabgesenkt werden.

Am Ende des Kapitels dann, am Ende des über viele Seiten hinweg auseinandergeschriebenen Sterbens wird das »Werk« schließlich »fertig« sein: »Auf dies letzte Lager hatte der Tod sie wie ein Bildhauer des Mittelalters mit den Zügen des jungen Mädchens hingestreckt, das sie einst gewesen war.« Rückläufige »Modelliertätigkeit« des Todes also, narrativ noch einmal und endgültig vollendet. Die Widerlichkeit der an Großmutters Kopf angesetzten Blutegel wird als Schubkraft genutzt für eine vergeistigende Verschiebung des gepeinigten Körpers auf die Augen, die von »Geist erfüllt« sind. Metonymische Sublimation dessen, was ihr leiblich widerfährt:

Als ich ein paar Stunden später zu meiner Großmutter kam, wanden sich medusenhaft an ihrem Nacken, ihren Schläfen und Ohren kleine schwarze Schlangen in ihrem blutigen Haar. Doch in ihrem bleichen, befriedeten, völlig regungslosen Gesicht sah ich weitoffen, in strahlender Ruhe ihre schönen Augen von einst (vielleicht noch mehr von Geist erfüllt, als sie vor ihrer Krankheit waren, weil sie, unfähig zu sprechen oder sich zu bewegen, nur ihren Augen ihr Denken anvertrauen konnte, das heißt jenen Vorgang, der bald einen ungeheuren Raum in uns einnimmt und uns ungeahnte Schätze bietet, bald in ein Nichts zu zerrinnen scheint, um dann wie durch Urzeugung aus der Schöpfung von ein paar Tropfen Blut wieder von neuem zu entstehen), ihre Augen, weich und schimmernd wie Öl, in denen das neu entzündete Licht mit seinem Schein der Kranken ein wiedergewonnenes Universum erhellte.

Das aber bleibt Erzählerrede, die Licht spendet, und die Augen, in denen sich das Blut, sang pour cent, umsetzt zu geistigem Sehvermögen, sieht nicht den, der ihre Leere durch seine Rede füllt. Noch in der Agonie, als der Enkel, nachdem man ihn die Tränen zu trocknen hieß, mit einem Kuß von der Sterbenden Abschied nehmen soll – »Man kann nie wissen«, sagt der Arzt, »ob sie's noch sieht« –, wird wechselseitige Sichtbarkeit gesperrt, als ob das Erblicken des Zurückblikkens das Gehenlassen verhindert. Während die Zuschauer des Sterbens sich gegenseitig beobachten, ob der Schmerz, den sie bekunden, echt ist, wird die Reduktion der Todkranken aufs kreatürliche Vegetieren – in einem Sterbensszenario des 18. und 19. Jahrhunderts, das nur noch als zwischenmenschlicher Hohlraum inszeniert und als standesgemäße Kulisse aufgezogen wird – dadurch betont, daß sie nicht mehr sieht: »Ihr unruhiges Erregtsein richtete sich nicht an uns, die sie nicht sah und nicht kannte. Aber wenn wir nun ein tierhaftes Lebewesen vor uns hatten, wo war meine Großmutter dann?« Ein letztes Mal schlägt sie »weit die Augen auf«. Der Erzähler indessen berichtet von sich, wie er sich auf das schluchzende Dienstmädchen wirft, »um ihre Tränen zu verbergen«, während die Eltern »zu der Kranken sprachen«, die sich noch einmal halb aufrichtet in heftiger Bewegung, »wie jemand, der sein Leben verteidigen will«. Der Eintritt des Todes wird erzählerisch ins Unsichtbare verlegt. Akustisch, negativ, indem das Geräusch des Sauerstoffapparates aufhört, wird der Tod markiert: »Das Geräusch des Sauerstoffs hatte aufgehört, der Arzt trat von dem Bett zurück. Meine Großmutter war tot«. Physisch, als ob der technische Ersatzkörper, der den lebensunfähigen wirklichen künstlich am Leben hielt, diesen ersetzt. Metaphorisch. Darüber hinaus aber wird die Metaphorik selbst als Apparat angesetzt. Durch eine Musikalisierung der Technik wird die Sterbende ästhetisch beatmet: »zu der Begleitung eines gedämpften Surrens schien meine Großmutter an uns einen langen, seligen Sang zu richten, der das Zimmer rasch mit seiner Musik durchwob.« Es ist der Erzähler, der ihr *seinen* Gesang zuschreibt, wenn er ihren bewußtlosen Schwanengesang beschreibt; ein waberndes sprachliches Luftkissen über dem Boden der schrecklichen Realität:

Vielleicht mischten sich unter ihren Hauch, der so unmerklich wie der Wind in einer Rohrflöte war, in diesem Gesang ein paar menschlichere Seufzer, die, beim Nahen des Todes sich lösten, wie Regungen von Leiden oder Glück eines Wesens wirken, das schon nicht mehr fühlt, und fügten, ohne in einen andern Rhythmus überzugehen, einen melodischeren Klang zu dem langausgesponnenen Thema hinzu, das immer höher anstieg, dann wieder herunter sank, um gleich darauf aus der von Sauerstoff leicht gewordenen Brust von neuem hervorzuquellen. Dann, wenn er ganz hoch oben angelangt war und mit Macht die hohe Note hielt, schien der Gesang, mit einem wie in höchster Lust flehentlichen Flüstern vermischt, für Augenblicke überhaupt zu vergehen, so wie eine Quelle versiegt.

Im Gegensatz zu Flaubert, wo die Seelenvorstellung in bezug aufs Sterben metaphorisch technisiert wird, wird Technik hier beseelt und rearchaisiert zur Metapher eines in Klang übersetzten Versiegens der Lebensquelle. In diesem Diskurs der metaphorischen Übertragung wird der sprachlose und nur von außen physiognomisch ablesbare Ausdruck körperlichen Leidens – »qui ne s'adressait pas à nous«, wie es vorher hieß – zur »Mitteilsamkeit«:

Wer weiß, ob nicht, sogar meiner Großmutter unbewußt, zahllose glückliche und zärtliche Regungen, die durch das Leiden so lange hintangehalten waren, jetzt sich aus ihr lösten wie jene leichteren Gase, die sich vor dem unter Druck eingeschlossenen befanden? Man hätte meinen können, daß alles, was sie uns zu sagen hatte, jetzt aus ihr herausströmte, als sie sich mit diesem beredten Eifer, dieser Mitteilsamkeit an uns wendete.

Im fließenden Tönen, das der Erzähler als nunmehr beredten Ausdruck von im Körper verpanzerter Innerlichkeit in Gang setzt, läßt er jede Spaltung von Innen und Außen, die das Sterben sonst bewirkt, zurück und transponiert, ein anderes Sterben als das Aus-der-Hülle-Schlüpfen implizierend, die Sterbende in einen andern Aggregatzustand, in dem sie in tönender Ausdehnung ohne Zentrum verklingt. Solche Erzählweise ist die Antwort auf die bange Frage: Wenn sie nur noch als körperliche Schale dalag, »wo war meine Großmutter dann?«

IV.

»In der Nacht zum Samstag«, so zitiert Peter Handke am Anfang seiner Erzählung *Wunschloses Unglück* (1972) aus der Rubrik »vermischtes« in der Sonntagsausgabe der Kärtner ›Volkszeitung‹, »verübte eine 51jährige Hausfrau aus A. (Gemeinde G.) Selbstmord durch Einnehmen einer Überdosis von Schlaftabletten«. Es ist seine Mutter. Ausgelöscht als Person noch einmal durch Rubrizierung, wegschubladisiert ihr Lebensproblem, das im Tod geplatzt ist. Dagegen wird ein Gegentext gestellt. Nicht ohne Schwierigkeiten, die mitthematisiert werden in zunehmendem Maß, bis das Thema als ein schreibend nicht lösbares Beziehungsproblem, als Problem einer schreibend nicht auflösbaren Beziehung darin aufgeht: der Tod der Mutter bleibt eine Leerstelle, die sich schon zu Beginn auf der semantischen Ebene in den Text frißt und ihn in Form von defizitären ›Losigkeiten‹ porös macht: »Sprachlosigkeit«, »kopfloses Dösen«, »fühllos«, »widerstandslos«, »gegenstandslos«, »sinnlos«, »schmerzlos«. Die Beziehung zur Mutter beginnt erst nach ihrem Tod im Medium des Schreibens. Ihr Ort: der Text. Diese »Geschichte hat es nun wirklich mit Namenlosem zu tun«. Weil der Erzähler unter Wiederholungszwang steht und weil er sich weigert, den Tod als sinnvolles Ende eines sinnlos gewordenen Lebens zu akzeptieren, kann er nicht enden und muß er immer wieder neu anfangen:

[...] ich entferne mich nicht, wie es sonst in der Regel passiert, von Satz zu Satz mehr aus dem Innenleben der beschriebenen Gestalten und betrachte sie am Ende befreit und in heiterer Feierstimmung von außen, als endlich eingekapselte Insekten – sondern versuche mich mit gleichbleibendem Ernst an jemanden heranzuschreiben, den ich doch mit keinem Satz ganz fassen kann, so daß ich immer wieder neu anfangen muß und nicht zu der üblichen Vogelperspektive komme [...] Nur von mir kann ich mich distanzieren, meine Mutter wird und wird nicht, wie ich sonst mir selber, zu einer beschwingten und in sich schwingenden, mehr und mehr heiteren Kunstfigur. Sie läßt sich nicht einkapseln, bleibt unfaßlich, die Sätze stürzen in etwas Dunklem ab und liegen durcheinander auf dem Papier.

Die Unfaßbarkeit dieser Nichtbeziehung schlägt sich schon in der Schwierigkeit anzufangen nieder. Doppelt wird die schreibende Auseinandersetzung mit dem Tod der Mutter begründet: als Bedürfnis und als Willensanstrengung, als mitteilendes Teilbarmachen einer unmittelbaren Betroffenheit, die ohne sprachliche Vermittlung in »stumpfsinniger Sprachlosigkeit« verbliebe:

Ja, an die Arbeit machen: denn das Bedürfnis, etwas über meine Mutter zu schreiben, so unvermittelt es sich auch manchmal noch einstellt, ist andrerseits wieder so unbestimmt, daß eine Arbeitsanstrengung nötig sein wird, damit ich nicht einfach, wie es mir gerade entsprechen würde, mit der Schreibmaschine immer den gleichen Buchstaben auf das Papier klopfe.

Textlose Textmaschine, blockiert zwischen »äußerstem Mitteilungsbedürfnis« und »äußerster Sprachlosigkeit«. Daraus ergibt sich, schon am Anfang, die Nachträglichkeit bestimmter Betroffenheit, das durch Erinnerungsarbeit Vermittelte des angeblich Spontanen – nichts weniger als das Erste, alles andere als der unmittelbare Ausdruck ungefilterter Subjektivität. »Indem ich schreibe«, heißt es, »fange ich schon an mich zu erinnern«. Schreiben ist der Generator von Erinnerung, nicht umgekehrt, in Sätzen freilich, »die das Abstandnehmen nur behaupten«. »Ich beschäftige mich literarisch, wie auch sonst, veräußerlicht und versachlicht zu einer Erinnerungs- und Formuliermaschine.« Im Versuch, aus dem Sterbenslauf der Mutter »einen Fall« zu machen, der übers private Interesse des Sohnes daran hinausgeht, entdeckt das Erzählen die Gefahr, sich sprachlich durch den Rekurs auf anachronistische Lebenslaufschemata in eben dem Boden zu fundieren wie das Beschriebene. »Sie war, sie wurde; sie wurde nichts« – das ist das rasch erzählte Raster. Oder mit Hilfe der »Stationen eines Kinderspiels, das in der Gegend von Mädchen viel gespielt wurde: Müde/Matt/Krank/Schwerkrank/Tot«. Zum zweitenmal setzt die Erzählung von vorn und zugleich vom Ende her so ein: »Es begann also damit, daß meine Mutter vor über fünfzig Jahren im gleichen Ort geboren wurde, in dem sie dann auch gestorben ist.« Dort hatte »es« längst begonnen: »Praktisch herrschten noch die Zustände von vor 1948.« Wenn »es« für die Mutter dort beginnt, ist »es« auch der Ort einer verhinderten Ichwerdung, einer gesellschaftlichen Negation von Wünschen als einem sukzessiven Abtötungsprozeß: »Selten wunschlos und irgendwie glücklich, meistens wunschlos und ein bißchen unglücklich.« Fürs Erzählen ist der Punkt, wo »es« eigentlich begann, das Ende im Freitod. Wenn »Ich«, mit Lacan zu sprechen, anzukommen scheint, wo es immer schon war. Letzter Schritt, der den Sohn, der Folgerichtigkeit sowohl als der Freiheit nachfragend, mit Wut, Trauer, Scham, Trotz, aber auch gelegentlich mit Stolz erfüllt. Weil die Mutter ein erstes und letztes Mal etwas für sich selbst und aus sich selbst heraus tut. »Ich will mich nicht mehr zusammennehmen«, zitiert der Erzähler, und deutet dann, mit einer Reverenz an Grillparzer: »In ihrem Bewußtsein ereignete sich der GROSSE FALL (Franz Grillparzer).« In Grillparzers »Selbstbiographie« indessen wird der Selbstmord als »großer Fall« vertuscht durch die erschreckend ausführliche Beschreibung – fast möchte man sagen – des äußeren Gegenteils:

Nach Mitternacht gegen Morgen wurde ich durch ein Klopfen an meine Tür aufgeweckt. Es war die Magd, die, neben der Köchin, eigens zur Pflege der Kranken aufgekommen war. Sie bat mich um Gotteswillen hinüber zu kommen, da die gnädige Frau durchaus nicht ins Bette zurückgehen wolle. Ich eilte ins Zimmer meiner Mutter und fand diese halb angekleidet an der Wand zu Häupten ihres Bettes stehend. Ich beschwor sie, sich keiner Verkältung auszusetzen und sich wieder niederzulegen, erhielt aber keine Antwort. Ich faßte sie an, um allenfalls ihrer Schwäche nachzuhelfen, da, bei dem Scheine des von der Magd gehaltenen Lichtes, sehe ich ihre Züge starr und leblos. Ich hielt meine Mutter tot in meinen Armen. Wahrscheinlich war ihr während der Nacht der Gedanke wiedergekommen in die Kirche zur Kommunion zu gehen. Während sie sich ankleiden wollte, traf sie ein Schlagfluß, wobei ihr Rücken gegen die Mauer lehnte, während ihre Kniee sich gegen den vor ihr stehenden Nachttisch lehnten, so daß sie aufrecht im Tode dastand.

Ein amtliches Protokoll zum Tod der Mutter in der Nacht vom 24. Januar 1819 erläutert deren letztes Erscheinungsbild trocken: »Frau Marianne Grillparzer, Advokatens-Witwe, hier gebürtig in Nr. 436 Stadt, welche in ihrer Wohnung tot gefunden, und im allgemeinen Krankenhause *gerichtlich* beschaut. Alt 51. J. NB. Hat sich erhängt.«
Es entspricht der vernichtenden Verinnerlichung der gesellschaftlichen Außenwelt, das der Erzähler, der das vergeblich wieder herausstülpen möchte, auf den Umstülpungsvorgängen von innen nach außen und außen nach innen insistiert: »Regen – Sonne, draußen – drinnen: die weiblichen Gefühle wurden sehr wetterabhängig, weil ›Draußen‹ fast immer nur der Hof sein durfte und ›Drinnen‹ ausnahmslos das eigene Haus ohne eigenes Zimmer.« Dabei wurden gerade »die hellichten Tage [...] gespenstisch, und die Umwelt, im lebenslangen täglichen Umgang aus den Kinderalbträumen nach außen geschwitzt und damit vertraut gemacht«.

Beim Bücherlesen, mit dem sie spät beginnt – »Ich fühle mich noch einmal jung dabei« –, lernt die Mutter fiktiv aus sich herauszugehen: »Sie las jedes Buch als Beschreibung des eigenen Lebens, lebte dabei auf; rückte mit dem Lesen zum ersten Mal mit sich selber heraus; lernte, von *sich* zu reden [...]« Aber sie identifiziert sich dabei – sublimierter Abtötungsvorgang auch dies – mit sich nur als einer vergangenen Figur gesperrter Möglichkeit, abgeschnürt gegen Zukunft. Immerhin scheint in der gemeinsamen Lektüre zwischen Mutter und Sohn ansatzweise eine Beziehung zu entstehen. Radikaler noch wird Schrift in der folgenden Stelle zum Schauplatz einer Beziehung, einer über Text vermittelten Identifikation:

> Als ich letzten Sommer bei ihr war, fand ich sie einmal auf ihrem Bett liegen, mit einem so trostlosen Ausdruck, daß ich ihr nicht mehr näher zu treten wagte. Wie in einem Zoo lag da die fleischgewordene, animalische Verlassenheit. Es war eine Pein zu sehen, wie schamlos sie sich nach außen gestülpt hatte; alles an ihr war verrenkt, zersplittert, offen, entzündet, eine Gedärmeverschlingung. Und sie schaute von weitem zu mir her, mit einem Blick, als sei ich wie Karl Rossmann für den sonst von allen erniedrigten Heizer in Kafkas Geschichte, ihr GESCHUNDENES HERZ. Erschreckt und verärgert bin ich sofort aus dem Zimmer gegangen.
> Seit dieser Zeit erst nahm ich meine Mutter richtig wahr [...] Jetzt drängte sie sich mir leibhaftig auf, sie wurde fleischlich und lebendig, und ihr Zustand war so handgreiflich erfahrbar, daß ich in manchen Augenblicken ganz daran teilnahm.

Was sich abspielt, ist recht eigentlich eine Blickverschlingung. Aus doppelter Distanz, räumlich und zeitlich, wird der Körper der Mutter dem Auge des Erzählers zum »Ausdruck« dessen, was er sprachlich aus ihr herauszustülpen versuchte, nicht ohne sich gleichzeitig in sie hineinzuversetzen. Und doch bleibt er abgeschnitten vom Innern der Mutter. Was hier im körperlichsten Sinne aus-gedrückt wird und doch materialisierte Metapher eines Nichtkörperlichen bleibt – »Verlassenheit« –, ist das Resultat einer phantasmatischen Entzifferung durch den entsetzten Blick des Erzählers ex post. Der Blick der Mutter, der ans »Herz« geht, und in dem sich der Sehende gesehen fühlt, verdankt sich einer weiteren Übertragung. Sie funktioniert über die Relaisstation eines Fremdtextes im eigenen. Was aber von Kafkas Wortlaut bleibt unter dem instrumentalisierenden Druck, den sichtbaren Ausdruck eines phantasmatischen Körpers sprachlich übersetzen, in den Textkörper hinübersetzen zu müssen, ist nicht mehr als die grammatische Funktion der Verschiebung: »als sei.« Im *Amerika*-Roman steht an entsprechender Stelle: »Der Heizer sah nach dieser Antwort zu Karl hinunter, als sei dieser sein Herz, dem er stumm seinen Jammer klage.« Ihrem Blick wird die Fähigkeit zugesprochen, was der Erzähler in den Blick zu nehmen versucht, ihr »geschundenes Herz«, mit Hilfe einer Übersetzungsleistung vom Erzähler repräsentiert sein zu lassen. Das gelingt durch Text im Text. Durch seine Blickweise hat sich der Erzähler die Mutter einverleibt, die sich fortan erst recht als Objekt seines Erzählens entzieht. »Noch der tote Körper« kommt ihm »entsetzlich verlassen und liebebedürftig vor.« Deshalb wird er sie auch nicht sein lassen, auch nicht einfach tot sein lassen können. Das Gespenst ihres momentweise literarisch verdrängten Körpers kehrt wieder in den Träumen vom Verwesen des eigenen:

> Noch immer wache ich in der Nacht manchmal schlagartig auf, wie von innen her mit einem ganz leichten Antupfen aus dem Schlaf gestoßen, und erlebe, wie ich bei angehaltenem Atem vor Grausen von einer Sekunde zur andern leibhaftig verfaule [...] In diesen Angststürmen wird man magnetisch wie ein verwesendes Vieh [...]

Das Gegenteil von therapeutischer Trauerarbeit leistet der

Text, der die Wunden dieser Trennung mit Absicht offen hält. »Es stimmt nicht, daß mir das Schreiben geholfen hat.« Es ist nicht zu Ende zu bringen, folgerichtig, weil es das Ende, genauer: die Bedingungen verwirft, die es soweit haben kommen lassen und die durch jeden Abschluß des schreibenden Damit-Fertigwerdens rückwirkend wieder in Kraft gesetzt würden. Indem der Text fragmentarisch und anekdotisch ausstottert – im kritischen Bewußtsein des Erzählers, daß die »Geschichte nicht zu sehr sich selber erzählt«, wie in Klammern vermerkt wird –, beginnt der Textkörper, in den er sich mehrfach selbst eingeschrieben hat, den verlorenen, zerstückelten Körper der Mutter zu repräsentieren: »verrenkt, zersplittert, offen, entzündet.« Wenn man will, eine »Gedärmeverschlingung« auch, insofern der schreibende Stoffwechsel mit dem Thema, naturgemäß, hier identifikatorische Einverleibung sowohl wie ausscheidendes Verwerfen ist. Da kann das Ende, über das Ende hinaus, nur in der Fortsetzung versprochen werden, ein endgültiger Abschied vielleicht, verschoben wiederum auf Text: »Später werde ich über das alles Genaueres schreiben.«

Bei Flaubert ist es der Körper der Bovary, der einsteht für einen Text, der ihn nicht loslassen kann. Handke läßt den Text einstehen für den Körper der Mutter, den er nicht loslassen mag. In würgender Sachlichkeit wird sie erzählerisch noch einmal eingepackt, wenn nacherzählt wird, wie sie sich zur letzten Ruhe gelegt hat:

Sie nahm alle Schmerztabletten, mischte ihre sämtlichen Antidepressiva darunter. Sie zog ihre Menstruationshose an, in die sie noch Windeln einlegte, zusätzlich zwei weitere Hosen, band sich mit einem Kopftuch das Kinn fest und legte sich, ohne die Heizmatte einzuschalten, in einem knöchellangen Nachthemd zu Bett. Sie streckte sich aus und legte die Hände übereinander. In dem Brief, der sonst nur Bestimmungen für ihre Bestattung enthielt, schrieb sie mir am Schluß, sie sei ganz ruhig und glücklich, endlich in Frieden einzuschlafen. Aber ich bin sicher, daß das nicht stimmt.

Statt der Darstellung des Sterbens: letzte Worte. Verschiebung auf Text, auch hier, der die vorher strikt verweigerte Innensicht nachträgt, Text, der die Lücke, die der Tod aufreißt, nicht füllen, als Leichentuch behelfsmäßig nur verdecken kann.

V.

Tod und Krankheit muß es geben, und sei's als Erfindung, damit die Entscheidung zu leben getroffen werden kann. So predigt's Thomas Bernhard, im dritten Teil seiner mehrbändigen Autobiographie – *Der Atem. Eine Entscheidung* –, wo erzählt wird, wie der Achtzehnjährige, auf den Tod erkrankt, sich fürs Leben entscheidet, als läge das in seiner Hand. Mit dem Pascal-Motto wird ein ironisches Vorzeichen gesetzt: »Da die Menschen unfähig waren, Tod, Elend, Unwissenheit zu überwinden, sind sie, um glücklich zu sein, übereingekommen, nicht daran zu denken.« Bernhard hat sich, im Gegenteil, in schreibender Erinnerungsarbeit hinein verbohrt. »Glücklich« wird er nicht dabei, aber selbstbewußt und frei, wie er behauptet, seine Zukunft zu wollen, sein Leben »in die Hand (und vor allem in den Kopf)« zu nehmen: »Die Initiative war längst von *meinem* Kopf ausgegangen.« Die Kraft, weiterzuatmen, preßt er der Erfahrung der Todesnähe ab. Im nachhinein noch einmal durch kreisend insistierende Vertextung der Erinnerung. Auch und gerade weil der Text an seiner inhaltlichen Oberfläche das Gegenteil behauptet:

Hier notiere ich, was im Kopf des Jünglings vorgegangen ist, der ich damals gewesen bin, nichts weiter. Später mag alles in einem anderen Licht erschienen sein, damals nicht. Damals hatte ich diese Gefühle, nicht die heutigen, damals hatte ich diese Existenz, nicht die heutige.

Es trügt das Programm, den heute Schreibenden vom damals Erlebenden abzuziehen, »im Vertrauen auf sein Gedächtnis und seinen Verstand« das Erlebte, als wär's in einem Behälter gespeichert, »mit dem Willen zu Wahrheit und Klarheit« zu präsentieren, wobei sich das Dargestellte, das »aus Tausenden und Abertausenden von Möglichkeitsfetzen von Erinnerung zusammengesetzt« ist, unter der Herrschaft des Darstellens zentralisiert, zerebralisiert, totalisiert. Davon wird abgelenkt, wenn mitgeteilt wird, es würden »hier« nur »Bruchstücke mitgeteilt, aus welchen sich, wenn der Leser will, ohne Weiteres ein Ganzes zusammensetzen läßt«. An den Kopf des Lesers wird übertragen und weitergegeben, was der eigene damals und in der angeblich unfiltrierten Aufschreibearbeit heute, fiktiv abgelöst von der erzählten Lebenszeit des Autors leistet: Herrschaft des Kopfs über den Körper und dessen Hinfälligkeit. »Der Körper gehorche dem Geist und nicht umgekehrt«, hatte ihn der geliebte Großvater gelehrt. Und er macht sich diese für ihn lebensrettende Maxime zu eigen. Schon bald, nachdem man ihn aus dem Badezimmer, wohin nur die Sterbenden abgeschoben werden, zurück ins überfüllte »Sterbezimmer«, diesen »Schauplatz des Schrekkens«, diese »pausenlos und intensiv und rücksichtslos arbeitende Todesproduktionsstätte, die ununterbrochen neuen Rohstoff zugewiesen und verarbeitet hat«, verlegt hatte, nachdem er die Letzte Ölung schon hinter sich hatte, »in die tiefste Tiefe der menschlichen Existenz gestürzt«, ist er »schon wieder auf dem Beobachterposten«. »Ich hatte schon wieder meine Pläne im Kopf«. Sein »kritischer Verstand«

beginnt wieder zu arbeiten, erlaubt ihm, die »Vorgänge im Sterbezimmer unverletzt zu betrachten und zu beobachten«. Und hier vollführt der Text vor den Augen des Lesers seinen ersten ›salto mortale‹, insofern er, auf der Ebene seines Inhalts zunächst, aus der Not eine fragwürdige Tugend, aus dem überfüllten düstern Ort zwischenmenschlicher Leere und Kälte, mit seinem Klima seelenlosen Verendens, verklärend einen »Denkbezirk« macht: »In diesem Denkbezirk erreichen wir, was wir außerhalb niemals erreichen können, das Selbstbewußtsein und das Bewußtsein alles dessen, das ist.« Und gerade der Künstler, lehrt der Großvater, müsse von Zeit zu Zeit in diesen zu »lebenswichtigen und existenzentscheidenden Gedanken geradezu herausfordernden Leidensbezirk«, Krankenhaus oder Gefängnis oder Kloster, hinein, und »hineinzwingende Krankheiten in uns« müßten wir »erst finden oder erfinden oder gar künstlich erzeugen«, wobei ohnehin nicht sicher sei, »ob nicht alle Krankheiten erfundene Krankheiten seien, weil die Krankheit an sich eine Erfindung sei«. Und hier dreht sich's ein zweites Mal, insofern – ›salto mortale‹ von der Ebene des Dargestellten in die Dimension des Darstellens – der »Heilungsprozeß« durchs voyeuristische Sichhinausreflektieren aus dem Sterben, kreisend drum herum, der Erzählhaltung entspricht, die das Sterben, das der Jüngling zunächst nur hörend aus den Atmungsgeräuschen erschließt und dann auch sieht und beobachten lernt, dem Leser aufdrängt und zu sehen gibt. »Ich hatte«, heißt es »mein Vergnügen am Denken und also am Zerlegen und Zersetzen und Auflösen der von mir angeschauten Gegenstände wiederentdeckt.« Und später, bezogen auf die Heilungsgeschichte, aber übertragbar auch auf die Haltung des Schriftstellers, der das alles auf-, sich also auf sich zuschreibt, während er doch von sich weg nach rückwärts zu schreiben vorgibt:

Die Anwendung meiner Methode war gelungen, die Zusammenhänge waren hergestellt, der Zeitablauf funktionierte, ich hatte die Fäden im Kopf. Es handelte sich in den klarsten Momenten, zweifellos um eine nicht nur *an* sich, sondern noch viel mehr *in* sich logische Entwicklung, die in dem Badezimmer, in welches ich in dem wahrscheinlich lebensgefährlichsten Augenblick meiner Krankheit hineingeschoben worden war, zum Abschluß gekommen war und die ich in demselben Augenblick, in welchem ich zu einem zweiten Leben, zu einer zweiten Existenz entschlossen gewesen war, mit meiner Entscheidung, nicht aufzugeben, um meine Zukunft erweitert hatte.

Zukunft, die als Lebenszeit beim Schreiben jetzt schon aufgebraucht ist und durch ein Anschließen der Schreibhaltung an jene Haltung der »Entscheidung« erneuert werden soll. So literarisiert sich das Leben in dem Maße, wie sich Bernhard von seinem kranken Körper wegschreibt und sich im »Geist«, angeblich auf dem Wege zu sich, einkapselt. Dem entspricht die »Entdeckung«, die er in dem Erholungsheim für »Atmungserkrankungen« schließlich macht, »daß die Literatur die mathematische Lösung des Lebens und in jedem Augenblick auch der eigenen Existenz bewirken kann, wenn sie als Mathematik in Gang gesetzt und betrieben wird, also mit der Zeit als eine *höhere*, schließlich die *höchste mathematische Kunst*, die wir erst dann, wenn wir sie ganz beherrschen, als *Lesen* bezeichnen können [...]«. Da ist er wieder, der Gesichtspunkt der Beherrschung, der von der Autorseite auf die Leserseite hinübergespiegelt wird. Dabei kommt ein dritter ›salto mortale‹ zutage, ein Sprung über einen tödlichen Spalt in der Logik naturgemäßer Folgerichtigkeit hinweg, die das Leben in der Literatur, im Text, zu dem es wird, kulminieren läßt und die im Text, der sie erfindet und erzeugt, des Lesers als eines Garanten bedarf und als einer Kontrollinstanz. Nur dort, wo er sich zwanghaft solchermaßen öffnet, atmet der Text, der sonst zum Ersticken wäre. Dort zumal, wo er sich in repetitiven Beteuerungen von der Peristaltik der thematischen Verarbeitung einschnürt. So sind denn auch die durchlöcherten Soll-Bruchstellen des Textes dort zu vermuten, wo er leiernd von der erinnerten Erfahrung der Todesnähe zentrifugiert wird, entgegen der Behauptung, sich davon zu lösen. Gerade der Diskurs des Willens zum Leben vom Kopf aus ist im Bund mit dem Tod. Er ist der Motor des Ganzen, der noch den Lebenswillen, den er generiert, beherrscht und überholt:

Wir sterben von dem Augenblick an, in welchem wir geboren werden, aber wir sagen erst, wir sterben, wenn wir am Ende dieses Prozesses angekommen sind [...]. Nichts als die Hoffnungslosigkeit ist uns am Ende offen. Das Resultat ist das Sterbezimmer, in welchem gestorben wird, endgültig. Alles ist nichts als Betrug gewesen. Unser ganzes Leben, wenn wir es genau nehmen, nichts als ein schäbiger, schließlich vollkommen abgerissener Veranstaltungskalender.

Das sind die All-Sätze, in deren verzweifelter und hilflos-aggressiver Globalität Bernhards Prosa, gerade wenn er's »genau nehmen» will, zur Unheilslehre degeneriert.
Durch das Konzept des ›naturgemäß Folgerichtigen‹ – von entsprechenden Vokabeln wimmelt es – geht ein Riß immer dort, wo der Text sie als ein »an sich« folgerichtig Vorgefundenes unter der Hand, der Schreibhand, durch ein »in sich« folgerichtig Erfundenes zu ersetzen versucht.
Besagter Riß trennt das, was daran »Geist« und was »Natur« ist, das heißt: er bestätigt und befördert das Sterben, insofern es in der Optik dieser Dissoziation gesehen und als unmenschlich kritisiert wird. Fast schlimmer noch: dieser Riß, auf den das wiederholende Nichtloskommen wie behelfsmäßige Reißverschlüsse aufmerksam macht, trennt

den »Geist« von sich selbst, insofern der dem Sterben entgegengesetzte Prozeß der Genesung und Erstarkung derselben dissoziativen Optik unterliegt. Der Tod ist ›naturgemäß‹ und ›folgerichtig‹. Und was folgerichtig verläuft, stirbt. Ob auf seiten der Natur und des Körpers oder des Geistes. So ist es, heißt es am Anfang, »nichts als nur folgerichtig, daß ich selbst erkrankte, als mein Großvater plötzlich erkrankt war«. Beweis einer seelischen, mehr noch geistigen Beziehung zu dem »einzigen wirklich geliebten Menschen« und Beweis dagegen durch deren Somatisierung. Übers Kreuz verschnitten verhalten sich auch in folgender Stelle »Geist« und »Natur« zueinander:

[...] ich hatte mir vorgenommen, alles in diesem Sterbezimmer, also auch alles mir noch Bevorstehende, auszuhalten, um aus diesem Sterbezimmer wieder herauszukommen, und so hatte ich mit der Zeit einen mich ganz einfach von einem bestimmten Zeitpunkt an nicht mehr schädigenden, sondern belehrenden Mechanismus der Wahrnehmung in dem Sterbezimmer entwickelt. Ich durfte mich von den Objekten meiner Betrachtungen und Beobachtungen nicht mehr verletzen lassen. Ich mußte in meinen Betrachtungen und Beobachtungen davon ausgehen, daß auch das Fürchterlichste und das Entsetzlichste und das Abstoßendste und das Häßlichste das Selbstverständliche ist, wodurch ich überhaupt diesen Zustand hatte ertragen können. Daß, was ich hier zu sehen bekommen hatte, nichts anderes als ein natürlicher Ablauf als Zustand war. Diese Ereignisse und Geschehnisse, rücksichtslos und erbarmungslos wie keine andern in meinem bisherigen Leben, waren auch, wie alles andere, die logische Konsequenz der von dem menschlichen Geist allerdings immer fahrlässig und gemein und heuchlerisch abgedrängten und schließlich vollkommen *ver*drängten Natur gewesen. Ich durfte hier, in diesem Sterbezimmer nicht verzweifeln, ich mußte ganz einfach die hier wie möglicherweise an keinem anderen Ort ganz brutal offengelegte Natur auf mich wirken lassen. Unter Einsetzung des Verstandes, zu welchem ich plötzlich, nach ein paar

Tagen, wieder befähigt gewesen war, hatte ich die Selbstverletzung durch Beobachtung auf ein Minimum einschränken können.

Der Widerspruch zwischen der Abwehrhaltung und dem Geschehenlassen wird in der Haltung des unverletzlichen Beobachters aufgehoben gegenüber der Brutalität des Offengelegten, die eine verschleierte Funktion des offenlegenden Darstellens ist und seiner nicht minder brutalen Zumutung, sich alledem lesend noch einmal auszusetzen. Was Thomas Bernhard, indem er die »Leidens- und Qualmaschine« noch einmal erzählend in Gang setzt – die er erst nachträglich, vom Beobachterposten aus, wertend dazu macht –, dem Vorstellungsvermögen des Lesers auch aufdrängt, indem er's sprachlich sichtbar macht – der Tod selbst entzieht sich der Beobachtung. Zwar beneidet er jenen »Marktfahrer aus Mattighofen« um seinen »so urplötzlich abrupt vorgeführten Sterbevorgang« und wünscht sich selbst »einen solchen glücklichen *Tod ohne Sterben*«, »einmal auf diese plötzliche, vollkommen schmerzfreie Weise von einem Augenblick auf den andern in die Vergangenheit entkommen, vorbei zu sein«. Der Eintritt des Todes zerreißt den Erzählfaden und das Wahrnehmungskontinuum und fällt in eine Lücke, die von den wiederholten Vokabeln der Augenblickshaftigkeit sprachlich nicht gedeckt, dadurch um so eher aber markiert ist: »Es war das erste Mal gewesen, daß ich einen Menschen, der gerade noch geredet hatte, plötzlich tot vor mir liegen gesehen habe:«

Jetzt werde er sich waschen, sagte der Marktfahrer, und er schlüpfte aus dem Nachthemd und trat an das Waschbecken. Eine Zeitlang beobachtete ich die Umständlichkeit, mit welcher sich der Marktfahrer wusch, dann interessierte mich offensichtlich der Vorgang nicht mehr, und ich hatte nicht mehr hingeschaut. Plötzlich hörte ich ein entsetzliches Geräusch, und ich schaute augenblicklich zum Waschbecken hin. Der Marktfahrer war tot über dem Waschbecken zusammengebrochen, und sein Kopf war an der Kante des Waschbeckens aufgeschlagen. Da ich mich augenblicklich nach dem Waschbecken umgedreht hatte, war noch folgendes zu sehen gewesen: der Körper des Marktfahrers zog den Kopf des Marktfahrers aus dem Waschbecken heraus und ließ ihn hart auf dem Fußboden aufschlagen.

Gegen solche Gravitation des Körpers stemmt der Erzähler im Pathos der Wende, die unter erzählerischem Wiederholungszwang steht, als ginge es unterhalb des programmatischen Diskurses um Lebenstrieb eher als um freie »Entscheidung«, seine Kopfhochdevise.
Einzig dem Tod des Großvaters gegenüber, weil er ihn vom Hörensagen hat, gelingt dem Erzähler in absentia eine Darstellung des Sterbens bis ans Ende, bei der Sprache das letzte Wort behält:

[...] nach Auskunft meiner Großmutter hatte mein Großvater in dem Augenblick, in welchem der Krankenhauspfarrer an sein Bett hatte treten wollen, um ihm die Letzte Ölung zu geben, diesem mit dem Wort *hinaus* sein Vorhaben vereitelt. Der Krankenhauspfarrer habe auf das Wort *hinaus* augenblicklich das Zimmer meines Großvaters verlassen. Kurz darauf war mein Großvater tot, und das Wort *hinaus* war sein letztes Wort gewesen.

Ein Sprechakt, der in seiner ambivalenten Deutbarkeit ein einziges Mal im Text den Diskurs des ›Geistes‹ und den des ›Körpers‹ parallelisiert. Indem er dem Pfarrer die Tür weist, formuliert er zugleich seinen eigenen Exitus. Für Bernhard ist es zugleich die Entlassung aus der großväterlichen Lebensschule, hinaus in ein eigenes Leben. Das »hinaus« bestätigt und widerlegt zugleich als letztes Wort des Großvaters dessen Lehre, »der Körper gehorche dem Geist und nicht umgekehrt«.

VI.

Das Ideal eines geglückten Sterbens nach einem erfüllten Leben, im Lehnsessel bei Sonnenuntergang im Kreise der Familie, wird von Jeremias Gotthelf in der Erzählung *Der Sonntag des Großvaters* noch einmal, literaturgeschichtlich wohl ein letztes Mal, ein letztes Mal jedenfalls glaubhaft, beschworen. Vorbildlich, für Kinder, vorgestorben. Mit einem Trugschluß werden sie darauf eingestimmt. Großvater ist eingeschlafen, »rührte sich nicht, tat die Augen nicht auf«: »Da konnte das ältere Kind nicht länger warten, es stieg auf einen Stuhl am Bette und schob, freilich so sanft es konnte, dem Großvater einen der Augendeckel in die Höhe.« Um zu sehen, ob er schläft »oder nicht«. Feiner als so handgreiflich ließe sich die bange Neugier von Kindern nicht zum Ausdruck bringen gegenüber dem Schein, *als ob* jemand schliefe. Noch einmal erwacht der Großvater an diesem besonnten, letzten Tag, um dann endgültig zu entschlafen.

»Aber Großvater«, sagt Kätheli, die Schwiegertochter, »und legt den Arm um seine Schultern und ihren Mund an die grauen Haare, nit sterben, bei uns bleiben, es ist ja so schön auf der Welt, wenn die Sonne scheint! Mit Euch geht uns die Sonne unter, und trüb würde es uns auf der Welt. Nit sterben Großvater!« Aber die Sonne, heißt es in christlicher Allegorisierung am Ende, »stehet wieder auf, und wo die Sonne scheint, schwindet der Schatten. Der Schatten, den der Tod eines Gerechten über die Seinen wirft, vergeht, wenn die Hoffnung aufgeht und zum Bewußtsein kommt, wenn der Tote zu Grabe kommt und sein ganzes Leben verklärt vor den Augen der Seinen steht«. So soll das Leben ganz werden im Tod. Den Sinn, in dem es restlos aufgeht und der dem Ende das Schneidende nimmt, liefert der Sterbende selbst in seiner

kleinen Predigt vor den Enkelkindern, die allein noch weinen dürfen angesichts der Saugfähigkeit von soviel Trost: Gott ist es, der das gute Bäumchen, das gute Früchte trägt, »wenn es Zeit ist« aus der »Baumschule« des Lebens in seinen himmlischen Garten versetzt. Da bleibt denn auch keine Spur von leiblichem Rückstand bei solchem Sterben. Als Sonnenuntergang, an den Horizont projiziert, findet es statt.
Strenge Blickregie, die mit den Augen des Sterbenden das Schließen des Himmelsauges zu beobachten zwingt und davon ablenkt, daß jene brechen, überträgt das Sterben in die Metapher des erlöschenden Lichts und macht es, im erlöschenden Licht des allegorisch gerinnenden Sinnbilds, in einem letzten Moment lesbar als metaphorischen Prozeß des Hinübergetragenwerdens:

Der Großvater hatte langsam gesprochen, unterdessen war die Sonne vorwärts geschritten, nahte sich dem blauen Rande, wo sie verschwinden sollte für eine kleine Weile [...]. Er sah der Sonne zu, die näher und näher sank der Schwelle ihres nächtlichen Hauses; die andern folgten den Augen des Großvaters. Es schien ihnen, als werde die Sonne größer, je näher sie dem Untergang kam, glühender, ihr Licht strahlender. Sie berührte den blauen Rand, in wunderbarem Duft schwamm die Erde, als ob sie bräutlich sich röte [...]. Die Sonne sank. Es geht rasch, hat sie einmal den Fuß auf der Schwelle; nur ein kleiner Funke glühte noch überm Rand, bald verglühte auch der. Der Großvater hatte sein Haupt ein wenig gesenkt; als die Sonne sank, hob er es wieder, sah auf zu Gläis und Kätheli, dann wieder hin zur Sonne, als ob er ihren Augen den Weg dorthin zeigen wolle. Dann senkte er sein Haupt wie vorhin zum Ruhen [...] und als Kätheli hinstürzte, war auch sein Licht erloschen, sein Leben war verglommen.

Die gezielte Aufweichung der Grenze »in wunderbarem Duft« lenkt ab von dem Ablenkungsmanöver einer ›natürlichen‹ Semiotisierung und Semantisierung des Todes und davon, daß die zurückbleibende Leiche dabei verduftet. Es ist der Preis der Vergeistigung des sogenannten natürlichen Todes, daß er weggezaubert wird.

VII.

Mit dem Sterben nach Drehbuch kann's losgehen; das Personal in Karl Mays *Winnetous Tod* hat Stellung bezogen, auch die Statisten. Zuvor darf der Held den Abgang noch einmal proben, durch Rede, die Mensch und Natur in künstlicher Korrespondenz kurzschließt. Der obligate Sonnenuntergang auch hier:

Da hob er die Hand und deutete nach Westen. Dort flammten soeben noch das Feuer und die Glut des Lebens! Nun ist's vorbei [...] Für den Hancock-Berg wird morgen ein neuer Tag beginnen, aber nicht für Winnetou. Seine irdische Sonne wird erlöschen, wie diese dort erloschen ist [...]

Wie das Wild, das genau weiß, »wenn der Tod naht«, weiß Winnetou, daß er sterben wird und wie, »mit einer Kugel in der Brust.« So kommt es auch. Aber nicht von allein. Rede, wiederum, muß stoßen helfen. Das »Lied von der Königin des Himmels«, das der tödlich verwundete Apache die Settler für ihn zu singen bittet, ist von Old Shatterhands Hand. Er bleibt, auch wenn er nicht sprechen kann und nur weinend nickt, der geheime Regisseur dieses trivial verklärten Sterbens, das im Lied seinen Fluchtpunkt hat. Man schluckt:

Dann zog Winnetou meine Hände an seine matt atmende Brust und flüsterte:
›Sharlih, nicht wahr, jetzt kommen die Worte vom Sterben?‹ [...]

Es will das Licht des Lebens scheiden;
nun bricht des Todes Nacht herein;
Die Seele will die Schwingen breiten;
es muß, es muß gestorben sein.
Madonna, ach, in deine Hände
leg' ich mein letztes, heißes Flehn:
Erbitte mir ein gläubig Ende
und dann ein selig Auferstehn!
Ave Maria

Die Konversion, des Erzähler-Schlägers bester Treffer, wird sprachlich nachgeholt: »Winnetou ist ein Christ. Leb wohl!« Doch der religiöse Schmalz hält nicht bis zum Ende vor. Und »gläubig« ist es nicht. Bei fehlender Innensicht muß der Erzähler, ausgeschlossen vom Sterbeakt, den Freund mühsam totreden:

Es ging ein Zucken und Zittern durch seinen Körper, ein Blutstrom quoll aus seinem Mund. Der Häuptling der Apachen drückte nochmals meine Hände und streckte seine Glieder. Dann lösten sich seine Finger langsam von den meinigen – er war tot – –

Der Bankrott des Erzählens, das von außen nicht ans Ende seines Helden gelangen kann, wird kaschiert durchs Verstummen als vorgetäuschtem Ausdruck von Trauer: »Was soll ich weiter erzählen? Die wahre Trauer hat keine Worte.«

VIII.

Umgekehrt verfährt Thomas Mann im *Tod in Venedig*. In einem symbolischen Deutungsangebot an den Leser verschleiert der Erzähler-Herr, der's gegeben hat, daß nur er es ist, der's auch wieder nehmen kann, das Leben: »Ein photographischer Apparat, scheinbar herrenlos, stand auf seinem dreibeinigen Stativ am Rand der See, und ein schwarzes Tuch, darüber gebreitet, flatterte klatschend im kälteren Wind.« Statt dessen wird Gustav von Aschenbach als »der Schauende« hochstilisiert. Er sitzt, »wie er einst gesessen, als zuerst, von jener Schwelle zurückgesandt, dieser dämmergraue Blick dem seinen begegnet war«. Die Schwelle – Achtung, nicht stolpern! – ist, in der Vermischung von Erinnerung und Gegenwart, die Tabugrenze des Eros sowohl wie die des Todes, in eins fallend jetzt und verschwimmend in einer erzählerischen Blickregie der Sublimation. Sterben als Trip nach innen. Wo die Außensicht des Kameraauges erklärtermaßen versagt, kann Innensicht ins Auge des zu Tode Ermatteten gepackt werden, »als ob« er sähe; in gleichsam herrenloser Sprache, die dem »Nebelhaft-Grenzenlosen« draußen ein Pendant innen erschafft:

Ihm war aber, als ob der bleiche und liebliche Psychagog dort draußen ihm lächle, ihm winke; als ob er, die Hand aus der Hüfte lösend, hinausdeute, vorausschwebe ins Verheißungsvoll-Ungeheure. Und, wie so oft, machte er sich auf, ihm zu folgen.

Abschnitt. Blende. »Minuten vergingen« – und schon ist der Schwellenübertritt, buchstäblich unversehens, durch den Wechsel zur Außensicht vollzogen –, »bis man dem seitlich im Stuhl Hinabgesunkenen zu Hilfe eilt.« Ob sie jetzt schon zu spät kommt oder erst, als »man ihn auf sein Zimmer brachte«, ist für den Leser keine sinnvolle Frage mehr. Mag eine »respektvoll erschütterte Welt« noch am selben Tag »die Nachricht von seinem Tod erhalten«, der Leser kann sagen, er sei dabeigewesen, innen.

Der Tod kommt dem endgültigen Zerfall von Geist und Form und Haltung zuvor, verhindert, daß Erschütterung den gebotenen Respekt überflutet, rettet das Bild, das sich die

»Welt« von diesem Dichter gemacht hat und von seinem Werk, in dem die »Moralisten der Leistung«, die »Helden des Zeitalters« sich wiedererkannten, »bestätigt, erhoben, besungen«. Der Tod rettet auch, im letzten Moment, jenes Sublimationsprogramm, nach welchem Kunst ein »erhöhtes Leben« ist noch und gerade im Verzicht darauf, es auszuleben. Aber er widerlegt es auch. »Wie so oft«, macht sich Aschenbach auf, seinem Sehnsuchtsziel »zu folgen.« Imaginär, ganz innerlich, abgeschnitten von jeder äußeren Realisierung. Daran – in Viscontis Verfilmung rinnt der Todesschweiß tintenschwarz von der Stirn – ist er wohl schließlich gestorben. Die totale, eingekapselte Innensicht macht in ihrer Nichthintergehbarkeit diesen Tod unlesbar, macht unentscheidbar, welche der beiden Lesearten, die sich ebenso bedingen wie sie sich ausschließen, am Platze ist. Die Schnittstelle hält, Herr über Leben und Lesen, der Tod besetzt, ironisches Zeichen seiner Autorität, des Vermögens, wann auch immer, die Lektüre zu unterbrechen.

Vergleichbar, anders, bindet Christa Wolf den Tod am Ende von *Kassandra* an den Ausstieg aus dem Innenraum eines Ich-Diskurses. Mit der »Erzählung«, sagt die Erzählerin am Anfang in der Rolle ihrer mythisch-aktuellen Figur, »geh ich in den Tod«, und durchlebt erzählend, eins mit ihr, noch einmal ihr Leben, bis zum Moment, wo Kassandra eintreten muß ins Tor zu Theben, vor dem sie für die Dauer des Buches auf den Tod wartet: »Ins Finstere. Ins Schlachthaus. Und allein.« Eine Tempuskorrektur synchronisiert die letzten Momente in szenischer Dramatisierung mit dem Erzählen und Lesen jetzt. Durch Erzählen und Lesen ist die Zeit aufgebraucht, die der Ich-Figur noch zur Verfügung stand. Sandhureffekt:

> Das Licht erlosch. Erlischt.
> Sie kommen.

Das Weiß des Papiers, das sich zwischen diese Sätze und den Schluß schiebt, saugt auf, was sich die momentweise vom Text abgekoppelte Leserphantasie über Kassandras Sterben ausmalen mag. Eine kleine Falle für den kitschigen, und das hieße hier: für den vorschnell mit der antiken Protagonistin sich identifizierenden Leser. In bedeutsamer Abweichung schließt sich das Buch an seinem Ende an den Anfang an. »Hier war es. Da stand sie. Diese steinernen Löwen, jetzt kopflos, haben sie angeblickt«:

Hier ist es. Diese steinernen Löwen haben sie angeblickt. Im Wechsel des Lichts scheinen sie sich zu rühren.

Zwischen »Hier« und »Hier«, zwischen zwei Buchdeckeln also, liegen zweieinhalbtausend Jahre. Was einst war, ist jetzt, durchs Erzählen aktualisiert. Nicht Restauration freilich, sondern Renaissance. Statt Rührung rührt sich das Versteinerte. Zum Steinerweichen. Im Zitat der Eingangssätze ist die Kopflosigkeit der Löwen, »jetzt«, geköpft. Sie bekommen Augen, jetzt wie damals. Wie die Frau damals sterben lernt im Lauf ihrer Lebensabrechnung, könnte sie heute, wer weiß, zu leben anfangen, jenseits der männlichen Logik des ausschließenden Entweder-Oder, der tödlichen Alternative auch zwischen Tod und Leben. Dem Verzicht darauf, an der Seite des geliebten Aeneas heroisiert zum »Standbild« abzusterben, »um unsretwillen«, entspricht, daß die Erzählung, anstatt die Erzählerin selber weiter- und ausreden zu lassen, die wahrgenommenen Steinbilder sprechen läßt, als wären sie lebendig. »Das Letzte wird ein Bild sein«, hieß es einmal, »kein Wort, vor den Bildern sterben die Wörter.« In einer sensationellen, narrativen Inszenierung gelingt es, den Todesmoment zu verorten, indem er an einen beschreibbaren Naturvorgang delegiert wird. Der Moment, mit dem das Buch endet, schießt darüber hinaus, als »Wechsel des Lichts«. Sterben, in solcher Darstellung, ist kein An-die-Grenze-Kommen, kein Abscheiden, sondern ein Über- und Hinübergehen, hier und jetzt, auf dem Papier.

IX.

Wie einen Körper im Körper, im Gegensatz zu Gotthelfs aufgeschwollener Sinn-Sonne, die alles Körperliche aufsaugt, muß der wachsende Körper des alten, sterbenden Kammerherrn Brigge in Rilkes *Malte* den Tod als Vollendung von Lebenssinn herausgebären, wie ein Exkrement. Konkrete Äußerung des eigenen Inneren:

> Das lange, alte Herrenhaus war zu klein für diesen Tod, es schien, als müßte man Flügel anbauen, denn der Körper des Kammerherrn wurde immer größer [...] er lag, groß über seine dunkelblaue Uniform hinausquellend, mitten auf dem Fußboden und rührte sich nicht [...] Das war nicht der Tod irgend eines Wassersüchtigen, das war der böse, fürstliche Tod, den der Kammerherr sein ganzes Leben lang in sich getragen und aus sich genährt hatte. Alles Übermaß an Stolz, Willen und Herrenkraft, das er selbst in seinen ruhigen Tagen nicht hatte verbrauchen können, war in seinen Tod eingegangen [...] Er starb seinen schweren Tod.

Als müßte er ihn selbst aktiv leisten und durchleben und durchsterben. Gotthelf hatte den Tod in die Unterbrechung des Arbeitsalltags gelegt. Bei Rilke bricht er, als revolutionäres Potential beinah, ein in die Zeitordnung, nach deren Gesetz ein ganzer ›corps social‹ atmet, ein »furchtbarer Rivale« der Kirchenglocke, ein Herr, der gekommen war zu herrschen auf Ulsgaard »für zehn Wochen«. Bei Gotthelf hatte der Tod das Leben ganz machen sollen. Hier geht es um einen ganzen Tod, den das Leben als Rest sich schuldig bleibt und aus sich heraussetzen muß, »alles Untergangs Fülle«. Dabei wirken, im Blick auf eine Zeit, in der nach Maltes Diagnose nur noch anonym und »fabrikmäßig« gestorben wird, jene Verse aus dem ›*Stundenbuch*‹ nach: »O Herr, gib jedem seinen eignen Tod [...] / Der große Tod, den jeder in sich hat, / der ist die Frucht, um die sich alles dreht.« Das ist »der eigene Tod«, der mit dem Leben von innen heraus wächst, um am Ende für dessen Fülle zu stehen, wenn es sich entleert hat, nicht um es von außen anzugreifen und zu begrenzen, der Tod, der es wagt, wenn das Leben sein Wachstum überholt und »wir uns mitten im Leben meinen«, plötzlich »zu weinen mitten in uns«:

Früher wußte man (oder vielleicht ahnte man es), daß man den Tod in sich hatte wie die Frucht den Kern. Die Kinder hatten einen kleinen in sich und die Erwachsenen einen großen. Die Frauen hatten ihn im Schoß und die Männer in der Brust [...] Ja die Kinder, sogar die ganz kleinen, hatten nicht irgendeinen Kindertod, sie nahmen sich zusammen und starben das, was sie schon waren, und das, was sie geworden wären.

Und was gab das den Frauen für eine wehmütige Schönheit, wenn sie schwanger waren und standen, und in ihrem großen Leib [...] waren *zwei* Früchte: ein Kind und ein Tod. Kam das dichte, beinah nahrhafte Lächeln in ihrem ganz ausgeräumten Gesicht nicht davon her, daß sie manchmal meinten, es wüchsen beide?

Und im Inneren der Leibesfrucht noch einmal deren Todeskern. Süß wie die Frucht, doch voll tödlicher Blausäure. Der Tod, »ein bläulicher Absud?« Die Todesmetaphorik der schwarzen Frucht ist mit der des Kerns insofern kompatibel, als das Absterben des Lebens als Reifen des Todes wieder dem Verfaulen unterworfen ist, bis aufs harte Innerste, dem wieder neues Leben entspringt. So schiebt die Rilkesche Todesdarstellung, unter Vermeidung jeder Limes-Bildung, das Ende auf und verschiebt es in einen natürlichen Kreislauf von Wachsen und Vergehen. Entsprechend kommt der Binnentext in Maltes Aufzeichnungen an kein Ende. Dieser Tod kann narrativ nicht bewerkstelligt werden ohne ein dezidiertes Sich-Abwenden und Heraustreten aus dem Erinnerungsraum der Todesphantasie (»Wenn ich nach Hause denke, wo nun niemand mehr ist [...]«).

Bis zuletzt kam Rilke in Werk, Brief und Gespräch auf den Gedanken der Immanenz des Todes im Leben zurück, der ihm erlaubte, den Gedanken an die schneidende Schärfe einer Grenze zugunsten einer Rundung, den Tod durch Einschluß zu verdrängen. Am deutlichsten äußert er sich dazu in einem Brief an die Gräfin Margot Sizzo-Noris-Crouy vom 6. 1. 1923:

> Nichts, ich bin sicher, war je der Inhalt der »Einweihungen«, als eben die Mitteilung eines »Schlüssels«, der erlaubte, das Wort »Tod« *ohne* Negation zu lesen; wie der Mond, so hat gewiß das Leben eine uns dauernd abgewendete Seite, die *nicht* sein Gegenteil ist, sondern seine Ergänzung zur Vollkommenheit, zur Vollzähligkeit, zu der wirklichen heilen und vollen Sphäre und *Kugel* des Seins. Man sollte nicht fürchten, daß unsere Kraft noch hinreichte, irgendeine, und sei es die nächste und sei es die schrecklichste Todeserfahrung zu ertragen; der Tod ist nicht über unsere Kraft, er ist der Maßstrich am Rande des Gefäßes: wir sind voll, so oft wir ihn erreichen – und Vollsein heißt (für uns) Schwersein ... das ist alles. – [...] Nur weil wir den Tod ausschließen in einer plötzlichen Besinnung, ist er mehr und mehr zum Fremden geworden und, da wir ihn im Fremden hielten, ein Feindliches ... Unser effort kann nur dahin gehen, die *Einheit* von Tod und Leben vorauszusetzen, damit sie sich uns nach und nach erweise [...]

Schön und gut. Nur bleibt die Schwierigkeit, die schon jene *Malte*-Passage charakterisiert: daß der Tod, in den das Leben umgegossen werden soll, es stellvertretend, daß die eine Unbekannte also die andere darstellt und ersetzt und daß das

Leben, das in der Arbeit des angeeigneten und zugleich hinausgeborenen Todes ganz und voll werden soll, sich verdoppelt: als Darstellungswerk. Dem gilt die Ersatzgeburt der Männer, welche die Todesfrucht nur »in der Brust« tragen und nicht, wie die Frauen, »im Schoß.« Nicht umsonst fühlte sich Rilke beschwert und bedroht durch den Tod der ihm befreundeten Malerin Paula Modersohn-Becker, die an der Geburt ihres Kindes gestorben war, vor der Zeit, ohne die doppelte Mutterschaft, leiblich und künstlerisch, ausleben zu können: Frühgeburt ihres Todes. Die lebenslängliche Darstellungsarbeit am ›eignen‹ Tod, die die Furcht vor dem Subjektverlust im Tode in die Zelebrierung des Todes als endlich zu sich selbst kommendes Subjekt des Lebens ummünzt, befestigt den Widerspruch, daß sie am Ende der »Lust« gilt, »Niemandes Schlaf zu sein«, unter soviel Liedern.

X.

Es GIBT DEN TOD für Elias Canetti, anders als für Thomas Bernhard, weil wir ihn erfinden, auf eine Weise erfinden, die er lebenslänglich mit produktivem Haß bekämpft. »Seit vielen Jahren hat mich nichts so sehr bewegt und erfüllt«, heißt es in der *Provinz des Menschen*, »wie der Gedanke des Todes. Das ganz konkrete und ernsthafte, das eingestandene Ziel meines Lebens ist die Erlangung der Unsterblichkeit für die Menschen.« Und in dem Band gesammelter Aufzeichnungen von 1973 bis 1985 *Das Geheimherz der Uhr* finden sich immer wieder eingesprengte Invektiven gegen den Tod als Schrittmacher schriftlichen Ausdruckswillens: »Warum wehrst du dich gegen die Vorstellung, daß der Tod in den Lebenden schon da ist? Ist er nicht in dir? Er ist in mir, weil ich ihn zu attackieren habe. Dazu, zu nichts anderem brauche ich ihn, dazu habe ich ihn mir geholt.« Und später, aufs deutlichste: »Es geht mir nicht um seine Abschaffung, die nicht möglich sein soll. Es geht mir um die Ächtung des Todes.« Dem Tod bleibt am Ende nichts mehr als die Würde solcher *Ächtung*: unsichtbare Mauer, gegen die Canetti anrennt: »[...] ich verfluche den Tod. Ich kann nicht anders. Und wenn ich darüber blind werden sollte, ich kann nicht anders, ich stoße den Tod zurück. Würde ich ihn anerkennen, ich wäre ein Mörder.« In *Masse und Macht* wird die Berufung auf den Tod als gefährlichstes Konstituens von Macht kritisch herausgearbeitet:

Der Augenblick des *Überlebens* ist der Augenblick der Macht. Der Schrecken über den Anblick des Todes löst sich in Befriedigung auf, denn man ist nicht selbst der Tote. Dieser liegt, der Überlebende steht. Es ist so, als wäre ein Kampf vorausgegangen und als hätte man den Toten selbst gefällt. Im Überleben ist jeder des anderen Feind, an diesem elementaren Triumph gemessen, ist aller Schmerz gering.

Umgekehrt versucht sich der Mächtige in gottähnlicher Paranoia die Unverletztlichkeit seines Überlebens zu sichern und zu inszenieren durch die Anmaßung der Macht über Leben und Tod der andern in einem System von Befehlen, die nichts anderes sind »als ein suspendiertes Todesurteil«: »Der Tod als Drohung ist die Münze der Macht.« Mag für andere jenes von Canetti beschriebene »Friedhofsgefühl» anders sein, für das Verständnis der kritischen Stoßrichtung seines Schreibens muß vorausgesetzt werden, daß er es zirkulär aus dem Willen zur Macht ableitet und diesen aus jenem. »Das Unbestimmte des eigenen, noch zu erwartenden Lebens ist ein großer Vorteil«, den der Friedhofsbesucher hat vor den Toten unter ihm: »Es ist sehr aussichtsreich, sich mit ihnen zu messen, denn einen Vorteil hat er jetzt schon vor ihnen: ihr Ziel ist erreicht, sie leben nicht mehr. Mit welchem von ihnen immer er wetteifern mag, alle Kraft ist auf seiner Seite. Denn dort ist keine Kraft, nur das bezeichnete Ziel.« Das Ziel und Ende als Bezeichnung – eben dies ist das Problem, das im Drama *Die Befristeten* ausgesponnen und in die Zukunft hinein extrapoliert wird. Im Gegensatz zu Science-fiction allerdings, wo die zähnebleckenden Raumfahrer aus Stahl in ihrem Bewußtsein auf dem Stand von Biedermeiergroßmüttern stehengeblieben sind, nicht im Sinne technischen Fortschritts, sondern eines Fortschritts in der Lebenseinstellung und Todesauffassung. Scheinbar. Ein Land, in dem jeder an seinem Geburtstag stirbt, weil sein Name, eine Zahl, seine Lebensdauer festlegt. Wann er geboren wurde, wie alt er ist, erfährt er von der Mutter, wenn er sprechen kann und muß fortan darüber schweigen. Das Datum des Todes trägt man in einer verschlossenen Kapsel um den Hals, die bei Strafe des Lebens nicht geöffnet werden darf. Nur der Kapselan bricht nach dem Tod die Kapsel auf, um die Richtigkeit des Namens zu kontrollieren und der Lebensdauer. Die Frist ist »heiliges Gesetz.« Dessen Autorität basiert auf dem Kapselglauben, einem »Wissen«, dessen Inhalt man nicht sehen, nicht einsehen kann. Die angebliche, wenn auch erst postum erwiesene und der Öffentlichkeit entzogene Voraussehbarkeit des Todes lenkt ab von der geheimnisvollen Unsichtbarkeit dessen, was die Befristeten ihren »Augenblick« nennen. Der Grundeinfall des Stücks und alles, was sich daraus machen läßt, steckt im öffentlichen Geheimnis der Kapsel, die leer ist, wie der im öffentlichen Diskurs eingekapselte Tod in diesem Land, der so seine Schrecken verloren zu haben scheint. Mehr: »Es gibt nichts Heiligeres.« Es ist das gesellschaftlich institutionalisierte Geheimnis, von dem es in *Masse und Macht* heißt, es sei »im innersten Kern der Macht«. Es betrifft die Intimität der Person, die reduziert wird aufs Lebensalter und sich erst im letzten »Augenblick« in der Identifikation mit dem Namen individualisiert. Zu spät. Und nur für die andern. Zeit ist abgesaugt, Veränderung sistiert, das Leben fatalistisch fremdbestimmt und verwaltbar gemacht. Durch einen faulen Trick, den Fünfzig, die Hauptperson, als solchen publik macht. Eine Masseneuphorie bricht aus, als ob man nicht mehr sterben müßte, wenn man nicht mehr daran glaubt: »Jetzt wird nicht mehr gestorben! Jetzt lebt jeder so lange er will! Freiheit! Freiheit!« Hier stößt die Zukunftsvision momentweise vor in eine Dimension, die an die vom Stück sonst in angeblich rückständiger Vergangenheit zurückgelassene Zuschauerwelt anschließbar ist. Doch der Kapselan hat schon vorausgesehen – und da wird die Anschließbarkeit an die Gegenwart kritisch und erst perfekt –, wie sich der Freiheitstaumel überschlagen wird. Zu Fünfzig, der seiner Neugier wegen, weil ihn sein »Name brennt«, »jeder Name« wie der »Tod«, vom öffentlichen »Augenblick« seines Widerrufs wegen begnadigt wird, sagt er:

Sie haben Ihre Freiheit. Sie wissen nun auch, daß Sie so lange leben werden, nun – als Sie eben leben. Um diese Art von Freiheit war es Ihnen zu tun. Sie haben sie sich geraubt. Genießen Sie sie nach Herzenslust! Seien Sie versichert, daß es noch einige Narren Ihrer Art gibt, die diese tödliche Unruhe der Ruhe, die wir eingeführt haben und die wir aufrechterhalten, vorziehen [...] Sie werden nämlich statt *eines Augenblicks* nichts anderes als solche Augenblicke vor sich haben [...] Ich überlasse Sie Ihrer Angst.

Schon im Lauf des ganzen Problemthrillers wirkte das Mitteilungsbedürfnis der Figuren über das aus der Unsicherheit exkommunizierte sichere Ende subversiv. Das zwischen den Freunden geteilte Geheimnis führt zur Abhängigkeit, setzt Bindekräfte frei, die das System zusammenhalten: Todesangst. Die Nahrung, die der Macht zu entziehen wäre.
»Mein Haß gegen den Tod setzt ein unaufhörliches Bewußt-

sein von ihm voraus«, sagte Canetti in der *Provinz des Menschen,* »es wundert mich, wie ich so leben kann.« Und: »Den Tod immerzu fühlen, ohne eine der tröstlichen Religionen zu teilen, welches Wagnis, welches furchtbare Wagnis.« Gegen den Tod, dem »ins Gesicht zu spucken« Canetti sich nicht nachlassenden Mut wünscht, ist kein Kraut gewachsen, es sei denn: das Nachleben und Überleben im »Werk«. So heißt es am Ende des ersten Teils von *Masse und Macht* im Blick auf das Vorbild Stendhal:

[...] man will nicht jetzt überleben. Man tritt erst in hundert Jahren in die Schranken, wenn man selbst nicht mehr lebt und so nicht töten kann. Es ist Werk gegen Werk, was sich dann mißt, und es ist zu spät, etwas dazu zu tun [...] Wer aber Stendhal aufschlägt, findet ihn selbst und alles wieder, das um ihn war, und er findet es hier in diesem Leben. So bieten sich die Toten den Lebenden als edelste Speise dar. Ihre Unsterblichkeit kommt den Lebenden zugute: in dieser Umkehrung des Totenopfers fahren alle wohl. Das Überleben hat seinen Stachel verloren und das Reich der Feindschaft ist zu Ende.

In ebendiesem Sinne hat Canetti in seinem autobiographischen Großunternehmen gegen den Tod angeschrieben. Sprache schiebt er dazwischen, legt er, in wachsender Präzision schreibender Erinnerungsarbeit, zwischen sich und sich, bei verlangsamter Gangart den Weg verlängernd. Bei sich selber anzukommen, jetzt, beim Schreiben, wäre: Tod. Und doch ist er sich, im Bedürfnis um der Unsterblichkeit des gelebten Lebens willen im Werk zu verschwinden und zu versteinern wie im eigenen Grabmal, der »Gefahr einer Lebensgeschichte« bewußt, wie er in den neuesten *Aufzeichnungen* notiert: »Es ist schwer, ein Leben zu schreiben und die Vergänglichkeit in nichts zu anerkennen.« Gefahr, schließlich »gefangen in einer Lebensgeschichte« zu sein, so daß die »Summe eines Lebens« schließlich »weniger als seine

Teile« ausmacht. Der vorläufig letzte Band des erzählerischen Lebensmonuments, wo immer wieder Orte, Plätze gesucht und gefunden werden, von denen aus sich das Erinnerte in einem Lagerhaus des Gedächtnisses szenisch totalisieren läßt und in denen alle Fäden, als hätten sie auf Vertextung nur gewartet, zusammenlaufen, kulminiert im »Augenspiel« der sterbenden Mutter. In ihrem Auge, wie in einer Linse, sammelt und bricht sich und zerstreut sich das Leben, das der Mutter-Sohn erzählerisch zu bündeln versucht, in einem Augenblick noch einmal ganz und zerbrochen:

> Alles, was ihr an Leben blieb, war in die Augen gegangen, die schwer waren von Unrecht, das ich ihr angetan hatte. Sie blickte auf mich, um es zu sagen, ich hielt den Blick fest, ich ertrug ihn, ich wollte ihn ertragen. Es war nicht Zorn in diesem Blick, es war die Qual aller Jahre, in denen ich sie nicht von mir gelassen hatte [...] Das hielt sie mir jetzt hin, und es war ganz in den Augen.

Das ist: alles, was elektrisierend störte und in narrativer Integration, so nennen's die Erzählmechaniker, totalisierend weg- und eingepackt wurde. Als prismatisierende, fragmentarisierende Sammellinse schreibt der Tod mit an den neuen *Aufzeichnungen*, die ihm, Sätze in den gefräßigen Rachen werfend, zu widerstehen versuchen. »Sein Freund, der alles *rund* haben will und darum am Tode festhält«, sagt Canetti dort beiseite. Und: »In diesen Zerrissenheiten bin ich ganz. Ohne sie wäre ich verstümmelt.« In dieser offenen, im Gegensatz zur schließenden Form der Autobiographie, kann Canetti hoffen, »eine Art des Verschwindens« gefunden zu haben, »die den Tod bezwingt«. Eine Möglichkeit, den gehaßten Feind produktiv nutzbar zu machen, nicht als Schnitter am Ende, auf das die Kompaßnadel verkrampften Weiterschreibens als »auf ihren magnetischen Nordpol« zeigt, weil »der Prozeß des Schreibens« grundsätzlich »etwas

Unendliches« hat, sondern als Prinzip drucklösender Öffnung zwischen den Sätzen: »Wer sich der Erfahrung des Todes zu früh geöffnet hat, kann sich nie wieder vor ihr verschließen, eine Wunde, die wie zu einer Lunge wird, durch die man atmet.«

XI.

Ein neues Totenbuch auf dem Stapel? Sich krank schreiben, sich metaphorisch gesundbeten? Krebs als Metapher? Nicht diese Töne, diesmal, in Erica Pedrettis Erzählung *Valerie oder das unerzogene Auge.* »Wie gut es ihr ginge, wenn sie alles, was jetzt in ihrem Kopf geistert, los wäre. Diagnose, Prognose, Geschwür, Tumor, Strahlen, Strahlentherapie, Chemotherapie, Hormontherapie, Chirurgie. Abhauen, abschneiden, weg mit dem bluttropfenden Zeug.« Und, immer wieder, als *basso continuo* im Text: »Weg mit dem Kopf.« Statt dessen rast er, »eine ratternde, heißlaufende, aus der Kontrolle geratene Maschine [...] davon«. Sehr kontrolliert.

Statt das Problem wegzuschneiden, wegzuschreiben, schreibt sich der Text darauf zu, rücksichtslos sachlich und *cool.* Keine Sinngebungsangebote, tröstend frei Haus geliefert, kein Fahrplan zur Endstation und weiter. Obwohl ein ganzes Leben in Frage steht und, mit allen Rissen nicht gelebter Möglichkeiten, aufgerufen wird im Blick auf die Grenze, der Valerie auf der Kante ihres geschärften Wahrnehmungsvermögens entgegenrutscht – »soviel Zeit hat sie nun nicht mehr« –, wird hier nicht einfach, wie aus der Tragtasche am Zoll, Biographie ausgepackt.

Mit dem Thema des dargestellten Sterbens verschlingt sich ein

anderes: das Tötende der Darstellung. Ein faszinierendes, ein riskantes Unternehmen: Gegen die Optik eines Malers, der, um der »Lebendigkeit dieses einen Strichs« willen, alles, auch seine Geliebte, zum Kunst-Stoff gerinnen lassen muß, kunstvoll ein Sehen und ein Schreiben aufzubieten, eine kunstlose, mehr und mehr unerzogene, eine weibliche Haltung im Namen des Lebens, an dessen Rändern darauf zurückblikkend, in einem klärenden Abschiedslicht, wie zum erstenmal. »Valerie kann ihren Blick nicht von Franz wenden: Ihr ist, als zöge er mit jedem Bleistiftstrich ein Stück Oberfläche, ihre Haut, Stück um Stück ein Stück ihres Lebens von ihr ab [...] – Was ist denn das für ein Mensch, der alles aufzeichnen, sichtbar machen muß, als ginge ich ihm so nicht für immer verloren.«
Zwischen den Zeilen scheinen immer wieder jene Zeichnungen durch, in denen Ferdinand Hodler – Franz verschwindet gelegentlich quatschend und zitierend hinter dem Vorbild – das langsame Ableben seiner Freundin – Valerie rückt bisweilen ein ins Vor-Bild – phasenweise festhält. Wie fatal freilich die Darstellung zurückschlagen kann aufs Dargestellte, erfährt Valerie vor dem Spiegel: »Nimm die kleinen Verschlimmerungen lieber nicht wahr, die den Abbau vorführen, wenn sie richtig hinschauen, sehen könnte: eine Rille, Schatten, ein kaum merklicher Riß von der Lippe abwärts und schräg vom Kinn weg [...] Wie soll meine Seele intakt bleiben. Wenn ich mich wirklich so sehe, mit allen Zeichen der Krankheit [...].«
Gegenüber dem zeitlichen Rückstand des festgehaltenen Verfalls ist der wirkliche lebendiger. »Und ich mag es nicht, von irgend jemand so gesehen zu werden, noch weniger, wenn Franz zeichnend über mich herfällt, um mich so erschöpft, widerwärtig fad, faul, so faulend darzustellen.« Und so bricht sie denn auf, das frierende Modell, mit letzter

Kraft, und schält sich aus dem normierenden Blickfang heraus und weg von dem geschulten Auge der Instanzen, von denen sie sich bislang gesehen wissen mußte, um, bis hin zur Selbstabmurxung, überhaupt zu leben.
Und leben will die Sterbende, nur das, nichts weniger, nicht überleben, wie Franz, um recht zu behalten, und sei's nur in seinem Werk. Dem entspricht der Versuch, auszukommen ohne »die geborgten Elemente der Darstellung«, entspricht auch eine bemerkenswerte Rhetorik des Schweigens. Einzig an den Schnittstellen, von denen das Buch lebt und wo auch wieder der Schnitter Tod seine Hand im Spiel hat, wo erzählte Realität vielfach perspektivisch auseinanderbricht, können sich Gefühle anlagern, die dem Leser vorzuschreiben die Autorin sich weigert. Es sind die Stellen größter Verdichtung und die offensten, Ort der Umsetzung auch, wo Schmerz und Angst teilbar werden.
»Das Kreuz«, heißt es weiter in einer sich aufbäumenden Schlußpassage, einer kühnen Inszenierung von Christi Kreuzigung, »ist ein schweres, hartes Kreuz und keine Metapher.« Also nicht übertragbar? Und doch wird der Leser, Seite um Seite, eingeübt ins Übertragen, beim wechselnden Umspringen von erster und dritter Person, ins Durcheinander von Nähe und Distanz, das eine durchs andere, jenseits der simplen Alternative von Betroffenheit oder verdrängendem Selbstschutz. Und dann, gegen Ende des Buchs, wo alle Themen totentanzartig noch einmal beschleunigt zum Kreiseln gebracht werden wie in einer Fugen-Stretta, dies, im Blick auf Christus und den Verbrecher am Kreuz: »Wie ein Tier wird der sich brüllend aus den Griffen ringende, verzweifelt um sich schlagende Mann gepackt und auf die Balken genagelt. Und der zum gleichen Verurteilte muß mitanhören, muß mitansehen – jetzt geschieht das mir und ich atme, lebe noch [...]«

So hat Valerie nie Ich gesagt, wie hier, in der Einsamkeit des Sterbens ihr Leben bekundet, noch dazu in eines anderen Namen. Übertragung auch das. Teilnahme aus äußerster Distanz. Gewiß, die Frage vom Anfang »Was ist Tod, kann man das denken?« klafft am Schluß, ohne christliche Jenseitsgewißheit, erst recht, und das Brahmsche Wiegenlied mit dem wohlig deckenden Kinderglücksklang, das als bösmorbider Refrain durch den Text tingelt – »mit Näglein besteckt, schlü-üpf uunter die Deck« – bricht an der entscheidenden Stelle ab: »morgen früh, wenn Gott will.«
Wie auch immer. Jedenfalls: wer das Sterben, das eigne und andere, so sieht und darstellt, wie es hier gelingt, stirbt nicht den Kältetod. So hält sich denn dieses Buch aus eigener Kraft, kraft seines Darstellungsvermögens, wie es einmal heißt, »schwebend zwischen Tod und Leben«.

XII.

»Der nahe Tod mobilisiert nochmal das ganze Leben«, sagt Christa Wolfs *Kassandra.* Anders versucht Peter Noll, der nach der Diagnose von Blasenkrebs sich gegen die kalte Hilfe der Chirurgie fürs bewußte Ableben entscheidet, »das Leben aus der Todesperspektive« endlich besser, ganz und, bestärkt von seiner Montaigne-Lektrüre, im Bewußtsein der Befristung, von inneren Unterdrückungsmechanismen befreit zu leben. Mit dem Rücken zur Grenze, die er, hinten-vorn, als das unabänderliche Nichtdenkbare, das gelähmt anzustarren sich nicht lohnt, als Katalysator der Lebenssteigerung, von der es abzusehen gilt, doch immer wieder setzen muß, um daran die Kraft, sie zu annullieren, erst bewähren zu können. Memento mori gegen den Strich. Frische Luft vom Ende her.

Die Lebensläufe – so berichten die postum erschienenen *Diktate über Sterben und Tod* –, die bei der eigenen Abdankungsfeier verlesen werden sollen, scheitern als Ganzmachungsversuche trotz mehrerer Anläufe. Angebote sind es an den Tod zum »symbolischen Tausch« (Baudrillard). Die textuelle Selbstaufbahrung entspricht der mißlingenden Flucht in eine bleibende Erzählerposition, auktorial gegenüber dem eigenen Leben. »Das Faszinierende am Tod« ist für den Sterbenden die rätselhafte Banalität:

Der Tod ist das Allgemeine und zugleich das Individuellste. Ein toter Bundesrat ist gleich tot wie ein toter Jugoslawe, der bei der Müllabfuhr gearbeitet hat, und – vom Leben aus gesehen – sogar gleich tot wie eine tote Fliege. Zugleich aber ist der Tod das individuellste Ereignis der Person. Jeder stirbt allein, kein anderer kann mit ihm sein, selbst wenn er gleichzeitig stürbe.

Damit möchte die Darstellungsweise des diktierten, fragmentarischen Ablebenslaufs strukturgleich sein: »Du sollst aus dem Fall einen Fall für alle machen. Dafür ist der Tod gerade gut genug.« Und später dann der resignative Befund: »Ich wollte das Sterben und den Tod als ein für alle vorgeschriebenes und auch wirklich zu bewältigendes Ereignis darstellen, nicht einfach meinen Trost suchen. Und was ergibt sich? Eine Anhäufung von banalen Krankengeschichten, unvermittelt zwischen längeren Reflexionen, die niemand überzeugen können.« Dennoch kompensiert die Vorstellung, gelesen zu werden, die zunehmende Einsamkeit des Sterbens mit der Illusion, sie mitteilbar zu machen und teilbar. Dennoch wird gerade die zunehmende Auflösung des Diktattextes in auseinanderstrebende, insulär sich autonomisierende, nach Thematik und Tonhöhe verschieden registrierte Passagen, diesseits aller inhaltlichen ›Substanz‹, zur eindrücklichen Mimesis dieses Sterbens und seiner Ursache: wuchernde Metastasen, die den Primärtumor überholen. Dem wiederum korrespondiert das Konzept der »Sinnoasen«, die im sozialen und politischen Maßstab, negativ, einer wuchernden Deterritorialisierung, einem defensiv-aggressiven »Enklavedenken« gleichkommen; ins Tröstliche gewendet – wobei sich zugleich die Erkrankung des Textkörpers im Namen einer das bloß Individuell-Insuläre überschreitenden schwimmenden kollektiven Offenheit gegen alle das Leben abschnürenden, hierarchisierenden, subsumierenden Sinnkonzepte aufbäumt – liest sich die Hinterseite derselben Medaille so:

Vielleicht sind die Sinnoasen, die ja immer durch das Einmalige und Individuelle hervorgebracht werden, winzige Fenster, durch die man den Geist sieht oder wehen spürt, der am Ende allem Sinn geben wird. Dann werden die verlorenen Objekte der Evolution wieder eingesammelt, ihre Fehlentwürfe werden als große Malereien erkannt werden. Man wird sehen, daß die unvollendeten Skizzen genauso vollendet sind wie das Vollendete.

Damit wird »Sinn« ans Ende des Ganzen abgegeben und aufgegeben ein Sinn von Sinn, den im Einzelfall traditionellerweise immer nur das Ende ganz macht.
Schon am Anfang hatte Noll eine Beschleunigung des Protokolls prognostiziert, die er nicht beherrschen wird: »Je dramatischer der Ablauf, desto schlechter die Beschreibung.« Desto besser, wenn auch nicht dramatisch-final. In der »Hilflosigkeit und Sprachlosigkeit des Verendens« kommt als Ersatz die Musik zu Hilfe, die sich Noll für die Totenfeier wünscht: Bachs h-Moll-Messe. »Diesen Triumph über den Tod kann nur die Musik darstellen, dank ihrer Abstraktheit – auch der Tod ist letztlich etwas Abstraktes.«

4

I.

»Der Glaube an das Böse war notwendig gewesen, um den Tod zu zähmen. Die Abschaffung des Bösen hat den Tod in den Zustand der Wildheit zurückversetzt.« So schreibt Philippe Ariès am Ende seiner *Geschichte des Todes*. Die Paulinische Verteufelung des Todes machte aus dem Teufel die nach außen gerichtete Projektion eines inneren Verfolgers, der dem Menschen das Genick umdreht, wenn er ihn schließlich holt. Bei Lukas (12,4,5) ist davon so die Rede:

> Fürchtet euch nicht vor denen, die den Leib töten und darnach nichts mehr tun können. Ich will euch zeigen, vor welchen ihr euch fürchten sollt. Fürchtet euch vor dem, der, nachdem er getötet hat, auch Macht hat, zu werfen in die Hölle. Ja, ich sage euch, vor dem fürchtet euch.

Die doppelte Dämonisierung scheint in Albrecht Dürers Blatt »Ritter, Tod und Teufel« durch Trennung gebannt. Hier wird, so deutete Erwin Panowsky überzeugend, »die Teufelsprojektion vom Tod abgezogen, wird der ›Tod-Teufel-Komplex‹ aufgespalten. Damit werden beide entdämonisiert und depotenziert. Divide et impera!« Und doch werden beide seit je in Metaphern der Spaltung imaginiert. Noch in ihrer Ausbürgerung aus dem öffentlichen Bewußtsein ist – dem griechischen Wortsinn entsprechend – der diabolische Spaltpilz erst recht am Werk. Diesem gilt, eingefalzt in den Essay, der folgende

NACHRUF AUF DEN TEUFEL.

– Seit es ihn, mit Schwanz und Hörnern und Pferdefuß, leibhaft nicht mehr gibt, spätestens seit der Aufklärung also,

Dürer. Ritter, Tod und Teufel (Abb. 28)

hat der Leibhaftige keineswegs aufgehört, sein Recht auf Arbeit zu behaupten. Aus metaphysischer Wohnungsnot hat er sich in der Literatur eingenistet. An der öffentlichen Teufelsaustreibung sind im zweiten Teil des 18. Jahrhunderts vor allem die sogenannten »Bibliotheken« beteiligt, dazu kommt eine Fülle von Sammelwerken, in denen Teufels-, Hexen- und Gespenstergeschichten zusammengetragen werden. Zum Abgewöhnen für die Jugend. So wird der Teufel jugendfrei und stubenrein und hat sich durchs Hintertürchen auch schon wieder eingeschlichen, als Gruselapparat im Dienste der Kritik am Aberglauben. »Allein die Menschen sind nichts besser dran«, höhnt Goethes Mephisto in der Hexenküche, »Den Bösen sind sie los, die Bösen sind geblieben.« Und so scheint es denn auch, als würde der Teufel mit Kants Thesen zum Radikalbösen in seiner Schrift über *Die Religion innerhalb der Grenzen der natürlichen Vernunft* (1793) als übernatürliche Macht, als außermenschlicher Verführer zum Bösen und als dessen Urheber endgültig zum Teufel geschickt, reduziert auf eine bloße Ansichtssache, als literarischer Papierteufel oder als Gespinst perverser Optik. Bei Licht besehen, soll sich der ganze Spuk in ein selbstgemachtes Nichts auflösen. Und gegen die Fledermausteufelchen, die den über seinem Buch eingeschlafenen jungen Mann auf Goyas berühmter Radierung »Der Traum der Vernunft erzeugt Ungeheuer« scheint nur eines zu helfen: Aufwachen. »Die Dämonen sind uns«, sagt Freud zu Beginn seiner Analyse der Teufelsneurose des visionär geplagten Malers Haitzmann, »böse, verworfene Wünsche, Abkömmlinge abgewiesener, verdrängter Triebregungen. Wir lehnen bloß die Projektion in die äußere Welt ab, welche das Mittelalter mit diesen seelischen Wesen vornahm; wir lassen sie im Innenleben der Kranken entstanden sein.« Daß der Teufel nicht nur im dunklen Schatten des lumen naturale, einmal epochal angeknipst, als Verdrängungsfigur sein Wesen treibt, sondern sich, mit den Zügen Luzifers, gerade im Licht der Vernunft am sichersten versteckt, hat Baudelaire zu bedenken gegeben: »Liebe Brüder, vergeßt es niemals, wenn ihr den Fortschritt der Aufklärung rühmen hört, die vollkommene

Goya. Der Schlaf der Vernunft gebiert Ungeheuer (Abb. 29)

List des Teufels ist es, euch zu überreden, daß er gar nicht existiert« (*Joueurs généreux*). Es gibt ihn und es gibt ihn nicht, und wenn es ihn nicht gibt, gibt es ihn doch: nicht als etwas, über das man verschiedener Ansicht sein kann, sondern als Ansichtssache, als Funktion von Perspektive. Dabei verschiebt sich der Teufel als Spalter vom 18. bis ins 20. Jahrhundert zusehends von außen nach innen: Spaltung der Optik, des Diskurses und schließlich der Subjektivität selbst. Das soll im Blick auf einige ausgewählte Beispiele in punktierter Linie nachgezeichnet werden. Aspekte einer Ansichtssache.

II.

Schwarzer Peter – Am Schluß von Lessings *Emilia Galotti* taucht der Teufel auf, wenn auch nur als Figur der Rede. Das Mordinstrument, das Odoardo dem Prinzen vor die Füße wirft, soll von Marinelli, Instrument der Intrige, aufgehoben werden, dann reißt's ihm der Prinz – sprachlos symbolische Handlung – aus der Hand, während er sich im sprachlichen Gegenzug dazu moralisch entlastet durch Festlegung des andern auf die Teufelsrolle:

> Geh! dich auf ewig zu verbergen! – Geh! sag ich! –
> Gott! Gott! – Ist es zum Unglück so mancher nicht genug,
> Daß Fürsten Menschen sind: müssen sich auch noch Teufel in ihren Freund verstellen?

Die reductio ad hominem des Herrschers unter dem Gesichtspunkt der Verführbarkeit ist scheinheilig. Er selbst war der Verführer, und daß Verstellung teuflisch ist, kommt hier aus falschem Mund. Um als tragisch Leidender, als

Objekt, nicht als Subjekt des Bösen dazustehen, lenkt er von sich ab durch Beschuldigung des anderen. Analog schob schon Adam nach dem Sündenfall die Verantwortung auf Eva als Verführerin und diese auf die Schlange. Immunisierungsstrategie durch Verteufelung, der Teufel: ein schwarzer Peter. Kein Engel ist als Antipode in Sicht. Auch Emilia, die ihrer Verführbarkeit durch den Todeswunsch zuvorkommende Emilia, ist es nicht. Und auch in der Gestalt des Odoardo ist der Standpunkt bürgerlicher Wohlanständigkeit gegen die Teufelei der höfischen Intrige nicht durchzuhalten. Am Ende ist der Ausweg in ein gesichertes, schwarzweiß kariertes Normsystem blockiert. Die Welt ist moralisch aus den Fugen. Ausgestellt und bewertbar und kritisierbar gemacht wird die Personalisierung des Bösen als falsche Perspektive: in bezug auf ein Publikum, das die Scheinlösung einer verteufelnden Optik zurückzuweisen und, als räsonnierende Öffentlichkeit angesprochen, weiterzudenken und dabei ohne den Teufel auszukommen aufgefordert ist.

III.

Teufel oder Engel – Durch eine Zeitungsannonce sucht Kleists Marquise v. O. den Vater des Kindes, das sie erwartet, ausfindig zu machen. Zur angesagten Stunde taucht Leopardo auf, der Jäger mit dem Tier im Namen, dem die Vergewaltigung während ihrer Ohnmacht damals zuzutrauen wäre, und meldet – den Grafen F., ihren Retter:

»Gehn Sie! Gehn Sie! Gehn Sie!« rief sie, indem sie aufstand; »auf einen Lasterhaften war ich gefaßt, aber auf keinen --- Teufel«

Im letzten Satz der Erzählung wird die Erklärung dafür nachgetragen: »er würde ihr damals nicht wie ein Teufel erschienen sein, wenn er ihr nicht bei seiner ersten Erscheinung wie ein Engel vorgekommen wäre.« Engel oder Teufel – eine Frage der Perspektive und eine Sache der Rede, die jene moralisierend festlegt. Die Sprache des Körpers weiß es besser. Körpersprachlich – »indem sie ihm um den Hals fiel« – versucht sich die Marquise dem binären Schematismus zu entziehen, auf den sie sich durch die feudale Moral, nicht zuletzt durch die Autorität der Eltern, festgelegt weiß. Entweder ist sie Maria oder ein gefallenes Mädchen. In Wahrheit beides nicht. Aber das entzieht sich dem *sprachlichen* Geständnis: »Ich verschwieg Ihnen nichts, meine Mutter.« Nach der Schwangerschaftsdiagnose des Arztes versimpelt die Mutter den Fall zum Entweder-Oder: »Wenn dein Bewußtsein dich rein spricht, wie kann dich ein Urteil, und wäre es das einer ganzen Konsulta von Ärzten, nur kümmern?« Auf die Zerreißprobe reagiert die Marquise körperlich mit einer »konvulsivischen Bewegung«. Ihr Körperbewußtsein, ihr »innerliches Gefühl«, sagt nicht entweder oder, sondern ja zum Entweder-Oder. Das subvertiert den sprachlichen Diskurs, insofern er binär und, diabolisch, auf Spaltung aus ist. »Und gleichwohl muß es doch wohl das eine oder andere gewesen sein.« Und die Marquise sagt »Ja«, »hochrot im Gesicht«. Zwei Ausgänge gibt es für die Marquise aus der Spannung zwischen Vernunft und Körper dort, wo sie extrem wird, der eine vom Teufel, der andere vom Engel bewacht, als Wahnsinn drohende Überspannung des Bewußtseins einerseits, von Röte begleitet, als Abtauchen in Ohnmacht, begleitet von Blässe, andrerseits. Bei Verstand zu sein *oder* bei Sinnen, ist der double-bind einer unmenschlichen Selbstbewachung. Am Ende, durch Gewöhnung – merklich fällt auch die Spannung des Textes ab – hat die Marquise die Kraft gefunden, »um der gebrechlichen Einrichtung der Welt willen« das Entweder-Oder zugunsten eines Sowohl-Als-auch – Retter *und* Vater – aufzugeben. Der Text gibt über sein Ende hinaus eine Reduktion ihres zwischen Teufel und Engel gespaltenen Menschenbildes auf menschliches Maß zu bedenken. Die Mitte bleibt sprachlich als Hohlform ausgespart.

IV.

Armer, alter Teufel – Goethes Mephistopheles ist ein Theaterteufel, der gelegentlich aus der Rolle fällt – gegenüber dem Schüler etwa: »Ich bin des trocknen Tons nun satt, muß wieder recht den Teufel spielen« –, der, Spiel im Spiel, Regie führt, dem vom höchsten Spielleiter im »Prolog im Himmel« die Rolle des Versuchers zugewiesen wird, um, als Stachel zum Fortschritt, die Widerstandskraft hervorzutreiben:

> Des Menschen Tätigkeit kann allzu leicht erschlaffen,
> Er liebt sich bald die unbedingte Ruh,
> Drum geb' ich gern ihm den Gesellen zu,
> Der reizt und wirkt und muß als Teufel schaffen [...]

Das deckt sich mit Mephistos bekannter Selbsteinschätzung: »Ein Teil von jener Kraft, die stets das Böse will und stets das Gute schafft.« So ist der Widersacher denn von Anfang an eingeplant in die göttliche Ökonomie des »rechten Wegs«. Unerläßlich, daß er da ist, der Pragmatiker, der Zyniker und Spaßmacher mit dem schneidenden Intellekt, um Fausts schwärmerischen Titanismus im Sinne jener »ernst gemeinten Scherze« auszubalancieren, als welche Goethe das Werk aus der Rückschau, gegenüber Sulpiz Boisserée (24. 11. 1831), charakterisierte. Mephisto ist neben Faust als leibhaftes Mythologem die ältere Figur: »Der Teufel, der ist alt, so werdet alt, ihn zu verstehen.« Alt ist er auch in dem Sinne, daß er das immer Neue, wozu er Faust verlockt, immer schon hinter sich hat. »Das ist für mich nichts Neues zu erfahren«, sagt er in bezug auf Fausts Landgewinnungspläne: »Das kenn ich schon seit hunderttausend Jahren.« Demgegenüber wird der alternde Faust immer jünger, je mehr Zukunft er hat, bis zum »Puppenstand« nach dem Tod. Faust entwickelt sich gegenüber Mephisto auch insofern gegenläufig, als er zum Typus und schließlich zur Entelechie wird, während der Gegenspieler sich zusehends entmythologisiert und vermenschlicht. Fast kann einem der geprellte Teufel leid tun, dessen Beute sich in geistiger Form mit himmlischer Hilfe dünn macht. Er bleibt als sinnlich greifbare Figur auf der Bühne zurück, der Rest, im Himmel, ist Rede, Andeutung, Schall und Rauch. Mephistos böse Absicht war klar, während das Gute, dessen sich Faust in »seinem dunklen Drange stets bewußt ist«, und das ihn umtreibt, geheimnisvoll bleibt. Er arbeitet bei Licht, bei Bühnenlicht jedenfalls. Von außen nach innen. Faust lebt von innen nach außen. Mephisto bleibt schließlich nicht nur auf der körperlichen Schale, die, vom geistigen Kern entleert, im Tode zurückbleibt, sitzen, sondern auf einer Vorstellung vom Tode als der Trennung beider. Der Tod, sagt er, ist nicht mehr der alte, und die Seele läßt sich nicht schnappen wie eine »Maus«, wenn sie ausfährt aus dem »alten Haus«. So bleibt er denn am Ende auf der Strecke, mit seiner Todesauffassung hoffnungslos aus der Mode gekommen, und versteht die Welt nicht mehr.

V.

Höllenqual der Phantasie oder – Der Teufel aus der Flasche: Für E. T. A. Hoffmanns *Elixiere des Teufels* gilt die Bemerkung von Baudelaire, als wäre sie darauf gemünzt: »Il y a en tout homme, à toute heure, deux postulations simultanées, l'une vers Dieu, l'autre vers Satan.« Das Bewußtsein des durch Wahnsinn und Verbrechen gefährdeten Mönchs Medardus, der seine Beichte ablegt, indem er den Text vorlegt, wird zum Kampfplatz dieser Tendenzen. Weil sich beim Erzählen in höllischen Traumbildern die Versuchung aufs neue einstellt, ist der Text auch Bannversuch, Buße und Kraftprobe gegenüber dem Versucher. Kein Zweifel, der Kapuzinermönch ist oversexed. Mit dem Elixier – süß wie alter Tokayer – gerät ihm der Teufel als unkontrollierbare Triebhaftigkeit ins Blut: »übermannt [...] von dem Geist des Bösen, der wohl noch mit den Flammen der Hölle mein Blut aufkochte, daß es zischend und gärend durch die Adern strömte.« Im Blut steckt der Teufel auch insofern, als Medardus in einen genetisch-schicksalhaften Zusammenhang verebter Sünde verstrickt ist: »[...] ich selbst war herabgesunken zum elenden Spielwerk der bösen geheimnisvollen Macht, die mich mit unauflöslichen Banden umstrickt hielt, so daß ich, der ich frei zu sein glaubte, mich nur innerhalb des Käfichts bewegte, in den ich rettungslos gesperrt worden.« Der Teufel, der ihm, mit seinem Höllengelächter überall auflauert, im Kerker noch und im Traum, ist eine Figur der Bewußtseinsspaltung. Es ist der Andere, der Doppelgänger, der das Verbotene tut. Er begeht die Verbrechen, die das erzählende Ich büßen muß, realisiert die Triebe, die in ihm nur angelegt sind. Der Spaltung nachzugeben bringt Entlastung von den Höllenqualen, zu wollen, was er nicht darf, führt zum Wahnsinn, in dem er vorübergehend Schutz findet. Nur teilweise gelingt die psychologisierende Aufklärung am Ende, die alle Lesespannung zusammenbrechen läßt: »Nein, es war nicht der wesenlose, entsetzliche Teufel des Wahnsinns, der hinter mir herrannte, der, wie ein mich bis ins Innerste zerfleischendes Untier, aufhockte auf meinen Schultern,« sondern ein entflohener Mönch, ein armer Teufel, der wahnsinnig ist. Nur: die Gestalt, die das Rätsel des Teufels löst, ist nicht dingfest zu machen. Wo ist sie, wenn sie nicht da ist, vor den Augen des Lesers, des Medardus? Daß es, was er für den Teufel hält, wirklich gibt, rettet ihn vom Wahn, es gebe den Teufel. Dieser hat aber dann, unsichtbar, doch das letzte Wort: Von der Nachbarszelle aus wird, um die Todesstunde des Medardus, des Teufel-Bruders »häßliche, widerwärtige Stimme«, begleitet vom stereotypen Gelächter, gehört: »Komm mit mir, Brüderchen [...]« Als ob er am Ende doch noch vom Teufel geholt würde. Wenn es ihn nicht gäbe, müßte er erfunden werden, damit wir Gelegenheit haben, uns von seinem Einfluß zu befreien, wie der Prior sagt:

Ein Verhängnis, dem du nicht entrinnen konntest, gab dem Satan Macht über dich, und indem du freveltest, warst du nur sein Werkzeug. Wähne aber nicht, daß du deshalb weniger sündig vor den Augen des Herrn erschienest, denn dir war die Kraft gegeben, im rüstigen Kampf den Satan zu bezwingen. In wessen Herz stürmt nicht der Böse, und widerstrebt dem Guten. Aber ohne diesen Kampf gäbe es keine Tugend, denn diese ist nur der Sieg des guten Prinzips über das böse [...]

Das könnte von Schelling sein, der in den satanologischen Kapiteln seiner Vorlesungen über *Die Philosophie der Offenbarung* die »Würde des Satans« rettet, indem er ihn – im Hinweis auf Michael, der, nach dem Kampf um Mosis

Leichnam, nicht wagt, eine Lästerung gegen den Widersacher auszustoßen – als kosmisches Prinzip inthronisiert:

Jener Geist ist im Besitze des Menschen, noch ehe dieser es ahndet oder weiß [...] der immerwährende Erreger und Beweger des menschlichen Lebens, das Prinzip, ohne das die Welt einschlafen, die Geschichte versumpfen, stillstehen würde. Dies ist die eigentliche philosophische Idee des Satan. Wegen seiner an Möglichkeiten unerschöpflichen Natur von der einen und seiner Unvermögenheit von der andern Seite ist dieser Geist wie ein ewiger Hunger nach Wirklichkeit, weswegen ihn der Apostel mit einem hungrigen Löwen vergleicht, der umhergeht und sucht, welchen er verschlinge in seiner ewigen Sucht, seinem nie ersättigten Bedürfnis, das, was in ihm als bloße Möglichkeit ist, durch den menschlichen Willen zu verwirklichen. Darum ist der Wille des Menschen gleichsam beständig von ihm umlagert; stets auf der Lauer, ist er jeden Augenblick bereit, jede offene Stelle zu benutzen, durch welche der menschliche Wille ihm Eingang in sich verstattet.

Bemerkenswert, daß die Erzählung, und sei's nur um ihres Fortgangs willen, den vom Teufel besessenen Wahnsinnigen laufen läßt, statt ihn – wie es nach Foucaults Studien über *Wahnsinn und Gesellschaft* für die Zeit erwartbar wäre – einzusperren und im Irrenhaus zur Vernunft zu bringen. Die Phantasie braucht ihn, den Wahnsinn, der des Teufels ist, um ihre Blüten zu treiben. Anstatt daß er, der »Teufel des Wahnsinns, der hinter mir herrannte«, festgenommen wird, wird er festgeschrieben.

Der verrückte Andere beichtet: »Als ich so recht mit mir zu Rate ging, war es, als träten die heimlichsten Gedanken aus meinem Innern heraus und verpuppten sich zu einem körperlichen Wesen, das recht graulich doch mein Ich war.« Das entspricht, auch sonst bei Hoffmann, einem gefährlichen Aspekt poetischer Hervorbringung, bei der der Teufel Pate steht. Eine Tagebucheintragung vom 19. Januar 1812, die sich auf die Liebeskrise in Bamberg bezieht, vermerkt: »-Ktch -Ktch -Ktch O Satanas – Satanas – Ich glaube, daß irgend etwas hochpoetisches hinter diesem Dämon spukt, und insofern wäre Ktch nur als Maske anzusehen – démasquez-vous donc, mon petit Monsieur!« Julchen Mark, die geliebte Klavierschülerin, ist als Kätchen – von Heilbronn wohl – literarisch maskiert. Dahinter *will* Hoffmann den Teufel sehen, maskiert. Dieser ist die literarische Bremse der Libido, die von innen droht. Direkt benennen kann er sie nicht. Dafür bedarf's des Umwegs über den Teufel. Er ist, grob gesagt: Katalysator für die Umwandlung von Sexualität in Literatur. Das gilt auch für Medardus und es entspricht der Poetologie der Beichte, daß der innere Feind als Teufel aus dem eigenen Körper exkorporiert, im Doppelgänger inkorporiert, als literarisches Phantasma gebannt werden kann. In die Flasche. Literarisch entkorkt. Niedergekämpft, niedergeschrieben.

VI.

Identität von Teufelsgnaden, käuflich von der Stange. – »Der Teufel«, heißt es in Chamissos *Peter Schlemihls wundersame Geschichte* im Luther-Ton, »ist nicht so schwarz als ihr ihn malt.« Im Gegenteil: er ist ein graues, unscheinbares Männlein, höflich und zu Diensten und sogar ein wenig scheu. Für den »armen Teufel« Schlemihl ist er Lieferant von Reichtum, von dem er sich gesellschaftliche Integration und Identität verspricht. Der Schatten, den er sich vom Teufel für den Glückssäckel abkaufen läßt, symbolisiert sein Bild im Spiegel gesellschaftlicher Anerkennung. Er verliert, was er sucht. »Ich halte Sie«, sagt der Teufel,

»am Schatten fest, und Sie kommen mir nicht los. Ein reicher Mann wie Sie braucht einmal einen Schatten [...]« Dieser Schatten sitzt nur locker befestigt an seinem Körper. Er trennt ihn, wenn er ertappt wird, in seinen Ausreden ohne weiteres von sich ab: entweder hat er ihn zur Reparatur gegeben, weil jemand zu stark auf ihn getreten ist, oder in Sibirien gelassen, eingefroren in Eis. Trotz allem ist ihm der Rückkauf des Schattens den Verlust der Seele, wie's der Teufel aushandelt, nicht wert. So lernt er denn ohne ihn auszukommen: »Durch frühe Schuld von der menschlichen Gesellschaft ausgeschlossen, war ich zum Ersatz an die Natur, die ich stets geliebt, gewiesen.« In der Ich-Maske exponiert sich dabei der Autor Chamisso: weltreisender Naturforscher, schattenlos, heimatlos, ohne Vaterland, ohne eigentliche Muttersprache. Es ist bezeichnend, daß nach der ersten Reaktion der Umgebung auf Schlemihls Schattenlosigkeit der Erzähler vom Autor als dem Adressaten des Texts und dessen Editor abgespalten wird. Der Teufel, so läßt sich festhalten, spaltet hier das Subjekt in dem Maße von der Gesellschaft ab, als es sich im Bezug auf sie konstituiert.

VII.

Höllentheater, Theaterhölle – Es kann, anders als bei Goya, auch die überwache Vernunft sein, die höllische Alpträume produziert. So schlug in der Romantik der Weltverlust des empirisch abgemagerten, abstrakt gewordenen idealistischen Subjektivismus um in die Erfahrung einer leeren Welt, vom Schöpfer verpfuscht. Er möge sie doch, heißt es schon in den *Nachtwachen des Bonaventura* – deren Erzähler sich vom Teufel »niedergeschrieben« fühlt –, wie einen »albernen Roman« wieder durchstreichen. Indessen weigert sich der Autor und Regisseur seines schlechten Theaterstücks, gelangweilt oder böswillig amüsiert, die Menschen aus ihrer Rolle im Höllentheater des Lebens zu entlassen. »Willst du aus der Rolle dich herauslesen, bis zum Ich? – Sieh, dort steht das Gerippe und wirft eine Handvoll Staub in die Luft und fällt jetzt selbst zusammen; – aber hinterdrein wird höhnisch gelacht. Das ist der Weltgeist, oder der Teufel – oder das Nichts im Widerhalle!« Aus dem zum Nichts entleerten, aus-gedachten Kosmos grinst die Teufelsfratze. Ob tot oder lebendig, es ist einerlei. Da bedarf es neuer Reize, genauer: der Reize des Neuen. Und wieder ist der Teufel zur Stelle, um Hand zu bieten. In dandyhafter Selbstbeobachtung wird die Hölle – nichts weniger als der Ort der Bestrafung (das war sie freilich auch schon in Da Pontes Don-Giovanni-Libretto nur zum Schein) – bei Grabbe etwa vom sterbenden Gothland in ihrem ästhetischen Genußwert abgeschmeckt:

Und – und
Die Hölle? O die ist zum – wenigsten
Was *Neues*...

Das ist so schrecklich weit nicht von Baudelaire, bei dem der Teufel – Inbegriff ästhetischer Innovation, ein Superdandy (»le plus parfait type de Beauté virile est Satan« nach dem Vorbild der großen Rebellen bei Milton) – als Muse angerufen wird, um zu helfen, das Böse nicht zu tun, aber zu *genießen*. Am Schluß der *Fleurs du mal* heißt es:

Nous voulons, tant le feu nous brûle le cerveau,
Plonger au fond du gouffre, Enfer ou ciel, qu'importe?
Au fond de l'Inconnu pour trouver du *nouveau*!

Es ist Grabbe, wiederum, der das Höllentheater der Existenz

als Theaterhölle in Szene setzt. In *Scherz, Satire, Ironie und tiefere Bedeutung* betritt der Puppenspielteufel die Bühne nur, weil seine Großmutter, ein Putzteufel, ihn mit ihrem Großreinemachen aus der Hölle vertrieben hat. Er setzt sich, weil er hier oben friert, ins brennende Cheminee und trillert. Der Teufel ist Verfasser geschichtlicher Ereignisse – wie der Französischen Revolution und der griechischen Freiheitskriege –, Beiträge fürs Buch der Welt, großer Theaterpartituren für ein »mittelmäßiges Lustspiel, welches ein unbärtiger, grünschnäbeliger Engel, der in der ordentlichen, dem Menschen unbegreiflichen Welt lebt, und wenn ich nicht irre, noch in Prima sitzt, während seiner Schulferien zusammengeschmiert hat. Das Exemplar, in dem wir sitzen, steht, glaube ich in der Leihbibliothek zu X, und eben jetzt wird es von einer hübschen Dame gelesen [...]« Der Teufel wird am Ende von seiner hocheleganten Großmutter aus einem Vogelbauer, in dem er gefangen sitzt, befreit und verschwindet von der Bühne, die der Autor Grabbe betritt, eine Welt, in der es Teufel gibt, während umgekehrt im Teufelsreich die großen Autoren und Bühnenfiguren schmachten. Der ästhetische Raum, unendlich in sich gekrümmt, kennt nichts außer sich. Das Höllentheater der Existenz ist bloß Theaterhölle, die Verdammung in der Obhut des Teufels ein verzweifelter Jux, weil sie schon hier stattfindet. Schon für Marlowes *Dr. Faustus* – freilich noch in bezug auf eine intakte Jenseitsvorstellung – war das Diesseits bereits die Hölle:

> This word ›damnation‹ terrifies not me [...]
> Hell hath no limits, nor is circumscrib'd
> But where we are is hell.

Und bei Brecht dann, aus sozialkritischen Gründen, lachen die Bewohner von Mahagonny den Gott-Besucher aus, der mit der Hölle droht:

An den Haaren kannst du uns nicht in die Hölle ziehn,
Weil wir immer in der Hölle waren.

VIII.

Teufels-Geschlecht – In Gotthelfs *Schwarzer Spinne* wird der Teufel gebraucht, um das Erzählte moralisieren zu helfen. Die gräßlich ausgemalten Folgen der mangelnden Furcht vor ihm soll »Gottesfurcht« erwecken. Er argumentiert rational und hilfreich unter den für die Bauern erdrükkenden Umständen und kommt dafür auch vergleichsweise ungeschoren davon, indem er verschwindet zugunsten der Spinne, deren Konkurrenz er erzählerisch nicht aushalten würde. Sie ist das mythische Produkt der Angst vor ihr, ubiquitär und unfaßbar: »Schrecklicher noch als das Sterben war die namenlose Angst vor der Spinne, die allenthalben war und nirgends.« So wird die Pestseuche zum Numinosum, das sich nur bannen läßt, indem der Erzähler, im Namen Gottes, den Glauben an den Teufel in Kauf nimmt. Der küssende, Kinder heischende »Grüne«, die »gebärende« Spinne – Verteufelung des Geschlechtlichen, ohne Frage. Christine, die soziale Randexistenz, wird dem Teufel schließlich geopfert. Dabei schlägt das verdrängte Kollektivgewissen zurück als alttestamentarisches Strafgericht.

IX.

»Lieber Teufel« – Auch bei Keller hilft der Teufel mit bei der Unterdrückung des Erotischen. In der Legende *Die Jungfrau und der Teufel* liegt's auf der Hand: Gegenüber der sublimierten Frau, der Jungfrau Maria, wird der Mann, der sein Begehren nicht vom Verehren abspaltet, zum Teufel. Aufs feinste, fragwürdigste und erstaunlich gewaltlos wird solche Unterdrückung des Erotischen mit Hilfe des Teufels in der Erzählung *Romeo und Julia auf dem Dorfe* durchgespielt. Der Teufel steckt im Detail, wie an eben diesem leicht zu zeigen wäre, überall und nirgends, ein Anspielungshorizont. Schwarzrot betupft ist der ganze Text, in den Farben von Thanatos und Eros, wenn man will, die Hitze des in sinnliche Wallung geratenden Bluts mit leiser Todesdrohung begleitend. Das fängt schon an mit jener »roten Mohnblume«, Blume des Bösen und den »kleinen, roten Beerchen«, die in dem Biotop zwischen den Äckern der feindlichen Bauern gedeihen und mit dem Vrenchen sich schmückt. Dort, auf dem Steinhaufen, Realmetapher zwischenmenschlicher Versteinerung, Schlacke egoistischer Kulturarbeit, steht später der »schwarze Geiger«. Fast alles an ihm ist schwarz, und er steht auf dem kleinen Berg, der »feuerrot aussah« wegen des Mohns. Daß er schwarz ist, hat freilich reale Gründe: er ist Köhler. Daß er Züge des Teufels trägt, ist eine Frage der gesellschaftlichen Optik: das Teuflische wird ihm von außen zugeschrieben. Er steht dazu, trotzig, aktiviert die Außensicht, die den heimatlosen, ungetauften Außenseiter charakterisiert. Er liefert selbst das Stichwort dazu: Die Väter von Vrenchen und Sali haben ihn, sagt er, »von ihren Höfen gejagt, und nun sind sie selbst zum Teufel gegangen«. Wie der Entrechtete, den sie zum Teufel gejagt haben. Als Vrenchen, nachdem der Geiger sie verlassen hat, mit den Nachtigalltönen ihres Lachens Salis Sinnlichkeit anheizt, sagt dieser: »O du Hexe [...] wo hast du das gelernt? Welche Teufelskünste treibst du da?« Und als er sie, die zappelt wie ein Fisch – Erregung und zugleich Kälte des Bluts – durchs Wasser auf den Todeskahn trägt, sagt er: »Sei ruhig, du lieber Teufel! [...] es zieht mich sonst fort!« Das ist ein gespaltenes Ja zu der Liebe, die, wie es die nachgetragene Zeitungsnotiz bekräftigt, gesellschaftlich verteufelt wird. Der Teufel hat sich in die Sprache der Liebe eingeschlichen durch die Verinnerlichung der Außensicht, deren Gift in Süße umgewandelt wird, insofern das Verbotene das Geliebte ist, das Geliebte das Verbotene. Indem sie das Verbotene schließlich sprachlos *tun*, entziehen sie sich der Sichtweise, daß das eine »gottverlassene Hochzeit« sei. Der Teufel hat sich dünn gemacht wie Papier und steht am Ende nurmehr in der Druckerschwärze der Zeitung. Es ist an uns, ihn dort herauszulesen.

X.

Papier-Teufel – In einer bloß zwei Sätze langen Erzählung berichtet Kafka – Perversion des Perversen –, wie ein Leibeigener seinen Besitzer besessen macht und sich von seinem Quälteufel erlöst: durch Literatur:

Sancho Pansa, der sich übrigens dessen nie gerühmt hat, gelang es im Laufe der Jahre, durch Beistellung einer Menge Ritter- und Räuberromane in den Abend- und Nachtstunden seinen Teufel, dem er später den Namen Don Quichote gab, derart von sich abzulenken, daß dieser dann haltlos die verrücktesten Taten aufführte, die aber mangels eines vorbestimmten Gegenstandes, der eben Sancho Pansa hätte sein sollen, niemandem schadeten. Sancho Pansa, ein freier Mann, folgte gleichmütig, vielleicht aus einem gewissen Verantwortungsgefühl dem Don Quichote auf seinen Zügen und hatte davon eine große und nützliche Unterhaltung bis an sein Ende.

So trickreich ist die Herr–Knecht-Dialektik weder bei Hegel noch in Diderots *Jacques le fataliste* durchexerziert und aufgelöst worden. Der Diener ist der Herr, der Herr nur sein Teufel. Von dem Quälgeist befreit er sich, ohne Druck und Gewalt von unten, indem er ihm, dem letzten Räuber-Ritter, literarisch dessen historisch schon überholte, nur vorgestellte Lebenswelt unterschiebt, und ihn an seinen eigenen Verrücktheiten verrückt werden läßt. Was Qual war – ohne daß wir wissen, worin sie bestand –, wird zum Unterhaltungswert. Der Diener, ein »freier Mann«, läßt sich von »seinem Teufel«, anfangs fraglos wie ein Schutzengel hingestellt, geistig wie physisch unterhalten, fühlt sich hinfort aber verantwortlich für ihn, der ihm nichts mehr anhaben kann. Er macht ihn zur literarischen Figur, gibt ihm Papier zu fressen, sperrt ihn ein ins Buch, indem er vorkommt. Wie er selber. Und er kann den andern nur bannen, indem er ihm, wie's der Urtext vorschreibt, auf den Fersen bleibt, das heißt: sich selber bannt. In den »Abend- und Nachtstunden«, der Zeit von Kafkas Schreibarbeit, wird der Teufel mit Lektüre gefüttert. Schreiben, soll Kafka zu Janouch gesagt haben, sei eine »Abwehr der Gespenster«; es ist zugleich aber auch ihre Beschwörung.

XI.

Teuflische Kriecher – In Alfred Neumanns zu Unrecht vergessenem Roman *Der Teufel* – ihm hat übrigens Thomas Mann zuerst Einblick in den Plan seines *Dr. Faustus*-Romans gewährt, mit ihm nach Vollendung eine Flasche Champagner geöffnet – erscheint der Teufel als Untertan, von dem der Herrscher, Ludwig XIII., abhängig wird bis zur gräßlichsten Selbstaufgabe, zur teuflischen Identifikation mit dem Angreifer. Teuflischer als die Macht ist die Unterwerfung, die jene trägt und die Ansicht, daß man in der Hand des Teufels sei und gegen ihn, sowenig wie gegen den Tod, kein Kraut gewachsen sei. Das ist Untertanengeist, dem am Ende Töten noch lieber ist als Denken. Das hat Heinrich Mann in seinem Roman *Der Untertan* diagnostiziert. Die Schlußvision, in der an der Tür des Sterbezimmers des alten Buck Diederich Hessling als Teufel erscheint, ist perspektivisch relativiert, in einem Netz von Sehlinien aufgehängt und in die Schwebe gebracht:

> […] die Frau des Ältesten sogar faltete ihre Arbeiterinnenhände. Diederich, in entschlossener Haltung, stellte sich mitten vor die Tür. Es war dunkel im Gang, die da sahen nicht, und mochten sie; aber die Alte? Sein Gesicht war genau hierher gerichtet und wo es hinsah, ahnte man dennoch mehr als hier war, Erscheinungen, die niemand ihm verstellen konnte. Ihren Widerschein in seinen überraschten Augen, öffnete er auf den Kissen langsam die Arme, versuchte sie zu heben, hob, bewegte sie, winkend und empfangend – wen doch? Wie viele wohl, mit so langem Winken und Empfangen? Ein ganzes Volk, sollte man glauben, und welchen Wesens, daß es durch sein Kommen dies geisterhafte Glück hervorrief in den Zügen des alten Buck? Da erschrak er, als sei er einem Fremden begegnet, der Grauen mitbrachte: erschrak und rang nach Atem

[...] Der Alte ließ auf einmal den Kopf fallen, tief vornüber fiel er ganz, wie gebrochen. Die Seinen schrien auf. Vom Entsetzen gedämpft, rief die Frau des Ältesten: »Er hat etwas gesehen! Er hat den Teufel gesehen!« Judith Lauer stand langsam auf und schloß die Tür. Diederich war schon entwichen.

Der Sterbende, eine aus der Vergangenheit in die Zukunft hinüberreichende Figur, hätte Kredit für die zweifache Prophetie. Was er sieht, wird gespiegelt, im Hinblick auf sein Sehen. Sein Blick geht ins Leere. Und dort steht Diederich. Die Arbeiterin, die sagt, was er wortlos gesehen haben könnte, hat die Hände vor dem Gesicht. Schon als Hessling versuchte, den Sozialdemokraten mit Geld zu kaufen, war es diesem, »als erblickte er den Teufel«. Die Befangenheit in solcher Dämonisierung gegenüber dem heraufkommenden Faschismus liegt unterhalb des kritischen Niveaus des Romans und wird, auch wenn sie von jenen betrieben wird, denen die ausdrückliche Sympathie des Autors gehört, dem Leser nicht zur Identifikation angeboten. Der Leser weiß als einziger, daß Diederich an der Tür steht. Er ist der einzige, der die Verteufelung beglaubigen könnte. Die Betroffenheit zu überdenken, ist der politische Appell dieser Sterbeszene.

In Klaus Manns *Mephisto*, dem *Roman einer Karriere* im Nationalsozialismus, gibt es eine Schlüsselszene, in welcher der »Pakt mit dem Teufel« geschlossen wird: während einer Theaterpause in der Loge des fetten Fliegergenerals alias Göring. Vom Parkett aus wird das theatralische Ereignis – »viel spannender als der Faust« – beobachtet und beschrieben: »Der Teufel verführt die Macht.« Höfgen alias Gründgens in der Rolle Mephistos, die ihm wie angegossen sitzt. Ästhetisierung der Politik, wie Benjamin es sah, noch einmal im Versuch ihrer kritischen Darstellung. Nur daß durch die

Personalisierung der Macht diese zugleich der Kritisierbarkeit entzogen wird. In der Begegnung des Schauspielers mit dem Führer wird »die« Macht durch Beschreibung vermenschlicht und wirkungslos malträtiert, indem ihr ein Gesicht, keine Teufelsfratze, und ein Körper zugeschrieben wird:

Die Macht hatte unter einer unbedeutenden, fliehenden Stirne, in welche die legendäre, speckige Haarsträhne fiel, den toten, starren, wie erblindeten Blick. Das Antlitz der Macht war grauweiß, aufgeschwemmt, von einer lockeren, porösen Substanz. Die Macht hatte eine sehr ordinäre Nase – eine gemeine Nase, wagte Hendrik, in dessen Bewunderung sich Auflehnung und sogar Hohn mischten, zu denken. Der Schauspieler bemerkte, daß die Macht gar keinen Hinterkopf hatte. Unter dem braunen Hemd trat ein weicher Bauch hervor [...]

Dem Mensch gewordenen Teufel gegenüber ist der Theaterteufel, wie er winselnd am Ende selber sagt, »doch nur ein ganz gewöhnlicher Schauspieler«.

XII.

Teufelskreis – Sein »Teufelsbuch« nannte Thomas Mann den *Doktor Faustus*-Roman. Und in besonderem Sinne ein deutsches Buch. Als »Roman meiner Epoche« hat er's gemeint, und Adrian Leverkühn als »Held meiner Zeit«. Der Held und sein Vaterland, so sieht es der Erzählerbiograph Serenus Zeitblom, werden vom Teufel geholt. Dessen Stoßgebet am Ende ist der Bankrott einer aufklärerischen Optik, die der Autor in der Gestalt des vorgeschobenen Erzählers gegen die dämonische Dimension des Romanstoffes aufbietet, als Filter, um wie es in der nachgetragenen Entstehungsgeschichte des Buches heißt, »das Dämonische durch ein exemplarisch undämonisches Mittel gehen zu lassen, eine humanistisch fromme und schlichte, liebend verschreckte Seele«:

Deutschland, die Wangen heftig gerötet, taumelte dazumal auf der Höhe wüster Triumphe, im Begriffe, die Welt zu gewinnen kraft des einen Vertrages, den es zu halten gesonnen war, und den es mit seinem Blute gezeichnet hatte. Heute stürzt es, von Dämonen umschlungen, über einem Auge die Hand und mit dem andern ins Grauen starrend, hinab von Verzweiflung zu Verzweiflung [...] Ein einsamer Mann faltet seine Hände und spricht: Gott sei euerer armen Seele gnädig, mein Freund, mein Vaterland.

Die ursprüngliche Werkidee, wie sie sich im Roman eines Romans formuliert findet – »Flucht aus den Schwierigkeiten der Kulturkrise in den Teufelspakt, der Durst eines stolzen und von Sterilität bedrohten Geistes nach Enthemmung um jeden Preis und die Parallelisierung verderblicher, in den Kollaps mündender Euphorie mit dem faschistischen Völkerrausch« – diese ursprüngliche »Werkidee« enthält schon die Tendenz einer Dämonisierung und Diabolisierung von Kunst und Politik unter dem Gesichtspunkt einer althergebrachten »Verteuftheit« der Deutschen, deren Bestes sich in den unterirdischen Gemeinschaftsräumen typisch deutscher Innerlichkeit durch Teufelslist zum Bösen verkehrt. Solche mythisierende Geschichtsdeutung ist auch in dem Aufsatz *Deutschland und die Deutschen* im Spiel (1944): »Wo der Hochmut des Intellekts sich mit seelischer Altertümlichkeit und Gebundenheit gattet, ist der Teufel.« Das paßt auch auf Leverkühn. Wie Zeitblom ihn sieht. In seiner musikalischen Analyse der ›Apocalypsis cum figuris‹ ergibt sich eine Analogie zu seiner Deutung der konservativen Revolution des Hitlerismus – »Es war eine alt-neue, eine revolutionär-rückschlägige Welt« –; er diagnostiziert eine »Vereinigung des Ältesten mit dem Neuesten«, eine »explodierende Altertümlichkeit«, Spuren von Barbarei, wie es die öffentliche Kritik dem Werk vorwirft. »Die Barbarei« allerdings, sagt Leverkühn im Anschluß an den Beethoven-Vortrag Kretschmars, »ist das Gegenteil der Kultur doch nur innerhalb der Gedankenordnung, die uns diese an die Hand gibt.« Die dialektische Synthese und Aufhebung der Gegensätze als »Durchbruch« der bestehenden Gedankenordnung, so ergibt sich später, wäre die Utopie von Leverkühns Musik: »Gemeinschaft« mit dem Volk; allerdings: es ist der Teufel, der's ihm einflüstert und ihm dabei hilft.

Aus alledem folgt die vertrackte Frage, ob Leverkühns kompositorischer Durchbruch, der Teufelswerk ist, in Analogie steht zum »Durchbruch« Nazi-Deutschlands – Zeitblom, in »frommer Verehrung« und »erschrockenem Zweifel« konstatiert eine »eigentümliche Korrespondenz«, »ein Verhältnis geistiger Entsprechung« mit den Durchbruch-Parolen des präfaschistischen Kridwiss-Zirkels in Schwabing –, ob Leverkühn in seiner Arbeit als Repräsentant oder als Antipode der Geschichte zu verstehen ist, oder, und jetzt kommt's: als beides in einem, Repräsentant als Antipode. Genau das aber entspräche der »Philosophie der Neuen Musik«, wie sie Adorno im Blick auf Schönberg entwickelte, indem er die Dialektik zwischen Kunst und Wirklichkeit auf die Spitze trieb, ja die Dialektik selbst (die Hegel in der Einleitung in die *Logik* die »selbstbewegende Seele, das Prinzip aller natürlichen und geistigen Lebendigkeit überhaupt« nannte) auf einen – fast möchte man sagen – toten Punkt bringt, wo sie, so muß es Thomas Mann skeptisch verfolgt haben, verteufelt gescheit auszuklinken scheint als trillerndes Ineinanderumschlagen der Gegensätze, ›Dialektik im Stillstand‹:

Man darf es als das innerste Anliegen der Werke vermuten, eben der Dialektik sich zu entziehen, der sie gehorchen [...] Die Dialektik ist unterbrochen. Unterbrochen von nichts anderem als der Realität, zu der sie sich verhält, also von der Gesellschaft selber [...] Die integrale Technik der Komposition ist weder im Gedanken an den integralen Staat noch in dem an seine Aufhebung entstanden. Aber sie ist ein Versuch, der Wirklichkeit standzuhalten und jene panische Angst zu absorbieren, welcher der integrale Staat entsprach. Die Unmenschlichkeit der Kunst muß die der Welt überbieten um des Menschlichen willen.

Entsprechend legt sich Zeitblom unter Rekurs auf Leverkühns Selbstaussagen dessen späte Kompositionstechnik zurecht: Daß sie durch Repräsentation dem Lauf der Welt widersteht. Die Textpartitur dazu hat Adorno dem Autor eingeblasen, »bei einem guten, häuslich angesetzten Fruchtlikör«, wie der Teufel die Noten dem Komponisten. Als Thomas Mann den Musikphilosophen um Mithilfe bat, gab er ihm freie Hand und forderte ihn auf, sich die Verbalisierung der Musikpassagen auszudenken, »wie Sie es machen würden, wenn Sie im Pakt mit dem Teufel wären«. Adorno unterschrieb seine Briefe denn auch mit »Ihr getreuer Teufel«. Es kann kein Zufall sein, daß der Teufel, gehüllt in Eiseskälte, in der Gestalt des Musikkritikers eine Hornbrille trägt. »Überall«, konstatiert der Erzähler, »ist Adrian Leverkühn groß in der Verungleichung des Gleichen.« Das war – wenn man bös will – Adorno auch. Diabolische Zersetzung also, gesteigert bis zur Ununterscheidbarkeit des Geschiedenen, der »inneren Einerleiheit«, wie sie Zeitblom in »Dr. Fausti Wehklag«, mag sein aus Überforderung, diagnostiziert. Die »zum Geheimnis erhobene Berechnung« bewirkt das »Umschlagen kalkulatorischer Kälte in expressiven Seelenlaut«, einen »dialektischen Prozeß«, den »Umschlag von strengster Gebundenheit zur freien Sprache des Affekts, die

Geburt der Freiheit aus der Gebundenheit«. Da ist »nichts Ungebundenes mehr, nichts, was sich nicht als Variation des immer Gleichen ausweisen könnte«, »keine freie Note mehr«: ästhetisches Paradigma des politischen Totalitarismus. Wenn das Geheimnis von Leverkühns Musik, wie Zeitblom glaubt, das »Geheimnis der Identität« ist, ist es die Identität einer ausgeleierten Dialektik, die »Identität des Seligsten mit dem Gräßlichsten, die innere Einerleiheit des Engelskinderchors mit dem Höllengelächter«. Diese Kunst ist, auf ihrem Höhe- oder Tiefstpunkt, teuflisch und himmlisch, kalt und warm, konstruiert und spontan, geistig und sinnlich, antiquiert und Avantgarde, die »Vereinigung des Ältesten mit dem Neuesten«. Kurz, wie Leverkühn es schon immer wollte: »Die Zweideutigkeit [...] als System.«

Das Reich des Teufels, so sagt dieser selbst, liegt »abseits und außerhalb der Sprache, diese hat nichts damit zu tun, hat kein Verhältnis dazu«. Die Hölle ist »vor der Sprache geborgen«, kann »nicht publik werden, durch kein Wort zur kritisierenden Kenntnis gebracht werden«. Daraus ergibt sich die Schwierigkeit des Erzählers, all das, was er durch Exkommunikation aus dem Bereich des Sprachlich-Vernünftigen dämonisiert, kritisierbar und bewertbar zu halten: die erotische Triebnatur, in eins damit die Verteufelung des weiblichen Fleisches, die künstlerische Genialität, Krankheit und Wahnsinn, Musik und Politik. Um so eher erscheint der Roman, gegen den Strich seines dämonischen Gehaltes, als virtuose Sprachveranstaltung. Sprachliches Machwerk ist auch die Teufelsbegegnung im 25. Kapitel. Von Leverkühn, wer weiß parodistisch, aufs Notenpapier geschwiegen, um den andern auf dem Sofa da drüben durch den Schein des Komponierens abzulenken oder bei Laune zu halten, um mit dem Teufel als Stimulus der Produktivität zu spielen bis zu dem Punkt, wo Fiktion und Wirklichkeit ununterscheidbar werden, bis zu dem Punkt auch, wo der Teufel dem Künstler den Durchbruch, den Ausbruch aus dem sterilen parodistischen Spiel mit abgelebten, leeren, kulturellen Zitathülsen verspricht. Jenen Brief Leverkühns aus Leipzig, in dem er die Begegnung mit dem teuflischen Fremdenführer und mit Esmeralda im Bordell schildert, hatte Zeitblom entziffern können als »Persönlichkeitsausdruck und Selbststilisierung, Kundgebung eigener innerer Form und Neigung, die auf eine höchst kennzeichnende Weise das Parodische verwendet, sich dahinter verbirgt und erfüllt«. »Zitat als Deckung, die Parodie als Vorwand« also. Diese Leseweise entfällt für ihn in bezug auf das »Monster-Gespräch« mit dem Teufel. Der Erzähler rettet sich – getreu der Devise »Wer an den Teufel glaubt, den hat er schon« – ins Psychologisieren und in die Falle eines double-bind: er müßte selber wahnsinnig sein, wenn der Teufel kein Hirngespinst Leverkühns wäre, was er, wie er möchte, nur bestreiten kann, wenn er die Existenz des Teufels anerkennt. Der Teufel hat den einen oder den anderen. Es sei denn, das eingeschaltete Dokument wäre, wie verzweifelt immer, ein parodistisches Kunstwerk, verbale Vorstufe, aufs Notenpapier geschwiegen, für den kompositorischen Durchbruch danach. Die Zweideutigkeit, ob Leverkühn vom Teufel oder von sich selbst heimgesucht wird, hat System, auch wenn Zeitblom da nicht mehr mitkommt:

Ein anderer, ganz anderer, ein entsetzlich anderer führt sogar vornehmlich das Wort, und der Schreibende in seinem Steinsaal legt nur nieder, was er von ihm vernahm. Ein Dialog? Ist es in Wahrheit ein solcher? Ich müßte wahnsinnig sein, es zu glauben [...] Gab es ihn aber nicht, den Besucher – und ich entsetze mich vor dem Zugeständnis, das darin liegt, auch nur konditionell und als Möglichkeit seine Realität zuzulassen! –, so ist es grausig zu denken, daß auch jene Zynismen, Verhöhnungen und Spiegelfechtereien aus der eigenen Seele des Heimgesuchten kamen [...]

Die Spaltung des Diskurses und des Subjekts in Ich und Er ist die Einsatzstelle für ein Phantasma, das Teufel heißt. So ist es auch in jenem Fieberwahn des Iwan in Dostojewskis *Die Brüder Karamasow*, den Thomas Mann, um sich einzustimmen, nachgelesen hatte. »Widrig eng« sitzt dem Teufel auch dort die Hose, und die Jacke ist kariert:

»Gerade die Heftigkeit, mit der du mich ablehnst, sagt mir, daß du trotzdem an mich glaubst« [...] »Keinen Augenblick!« fuhr Iwan jähzornig auf. »Übrigens wünschte ich, an dich glauben zu können!« fügte er plötzlich sonderbar hinzu [...] »Ich lenke dich jetzt zwischen Glauben und Unglauben abwechselnd hin und her, und verfolge dabei natürlich meinen besonderen Zweck. Wie gesagt: eine neue Methode. Denn sobald du endgültig jeden Glauben an mich verloren haben wirst, wirst du sofort anfangen, mir ins Gesicht zu versichern, daß ich kein Traum bin, sondern wirklich existiere.«

Das tut er denn auch, indem er, mit Lutherscher Verve, ein Glas heißen Tees nach dem teuflischen Besucher wirft. Es steht am Ende unberührt auf dem Tisch, »und auf dem Diwan an der gegenüberliegenden Wand saß – niemand«. Auch bei Thomas Mann richtet sich der Teufel als Hirngespinst im Kopf ein, zum Zerspringen, erst recht, wenn er von dort wieder ausgesperrt werden soll. *Er* sagt, was *Ich* weiß, schließlich, was ich wissen möchte. Zudem ist er »kein ungebetener Gast«. Seine »Kleinen, die Viren der Syphilis« oder des schöpferischen »Enthusiasmus«, dessen »wahrer Herr« er zu sein vorgibt, haben »eine Passion für das Oben, eine besondere Vorliebe für die Kopfregion«: »Es ist das Gehirn, das nach ihrem Besuche lüstern ist.« Ist der Teufel als Kopfgeburt einmal da, läßt er sich nicht ohne weiteres mehr wegdenken. Wer dann nicht an ihn glauben will, den hat er erst recht, weil sich im Kopf nicht einfach durchstreichen läßt, was zu diesem Zweck auch schon wieder gedacht werden muß. Diesem Teufelskreis entkommt Leverkühn am Ende nur um den Preis des Wahnsinns. Zur Preisgabe der Vernunft gegenüber Gott, über den, nach Anselms Beweis, nicht hinausgedacht werden kann (quo maius cogitari non potest), hatte jener Horizont, den der Teufel jetzt um die Vernunft zieht und als Bannkreis besetzt, schützend einmal gedient. Daß Leverkühn nicht über sich hinausfliegen kann, wie er möchte, in den Himmel des Unausdenklichen – das wäre der ersehnte »Durchbruch« –, sondern gefangen bleibt in der Nichthintergehbarkeit seiner diabolisch gespaltenen Subjektivität, ist die Hölle seiner kalten Kreativität. Wenn es nichts gibt außer ihm, im Teufel ist er außer sich. Die Hölle, das sind, anders als bei Sartre, nicht die andern, das ist er selbst, er selbst sein eigener Teufel. Tief innen sitzt der diabolische Spaltpilz, noch den Spalt zwischen den Gegensätzen spaltend, im Kopf, und tiefer noch, in der Krankheit und dem aus dem Erzählzusammenhang nicht weiter relativierbaren, als natürlich hinzunehmenden Zerfallsprozeß Leverkühns. Demgegenüber bleibt die Zirkularität bei Kafka als fiktionales Gespinst durchschaubar, läßt sich der Papierteufel wenigstens noch ins Büchergestell zurückkommandieren.

Noch einmal erscheint in Fritz Zorns *Mars* der Teufel als Prinzip der Spaltung, versteckt in der Gefräßigkeit zentrifugal wuchernder Zirkularität. Darin ist der Text im Medium seiner Rhetorik am Ende weniger, wie seine öffentliche Aufnahme in erschreckter kritischer Identifikation mit dem Opfer einer Leben verhindernden Gesellschaft es unterstellte, als authentisches Dokument zu lesen, sondern als erschütterndes Symptom dieser Krankheit zum Tode, die Zorn, seine ›Angst‹ – so heißt er ja – in Wut verwandelnd, mit einem letzten Kraftakt anzunehmen versucht: durch generalisierende Integration in ein über die kranke Einzelzelle hinaus rasant anschwellendes krankes Ganzes – biologisch, soziologisch, kosmisch, dämonologisch – unter gleichzeitig sich steigernder Abspaltung davon:

Jeder Organismus ist so stark wie sein schwächstes Glied. In mir haben mich meine bösartig entarteten, lymphatischen Zellen darauf aufmerksam gemacht, was an meinem ganzen körperlichen und seelischen Organismus krank ist; innerhalb meiner Gesellschaft bin ich selbst die bösartig kranke Zelle, die den gesellschaftlichen Organismus verseucht [...] Soziologisch gesehen bin ich die Krebszelle meiner Gesellschaft [...] Dadurch, daß ich so schwer erkrankt bin, beweise ich, wie schlecht Gottes Welt ist, und dadurch stelle ich die schwächste Stelle im Organismus »Gott« dar, der eben als ein solcher Organismus nicht stärker sein kann als seine schwächste Stelle, nämlich als ich. Ich bin das Karzinom Gottes.

Ein gefährlich Störendes, »was in diesem Universellen, Totalen und Absoluten«, wie er »die Summe all des gegen« ihn »Gerichteten« nennt, »nicht inbegriffen ist« und doch als tödlichen Widersacher sich gerade dann nicht abschieben und endlagern läßt, wenn er ausgeschlossen werden soll, weil er, konstitutiv fürs kranke Ganze, obwohl zerstörerisch, dazugehört. Damit identifiziert sich Zorn mit dem Teufel: »Warum man je auf die Idee kommen konnte, daß der Teufel etwas Böses sei, wird mir immer schleierhaft bleiben. Ich glaube vielmehr, der Teufel ist unsere letzte und einzige Chance.« Er soll am Ende den Ort eines Sprechenkönnens garantieren »anderswo«, »wo Gott *nicht* ist«, diese »Krake mit tausend Fangarmen, die mich von allen Seiten umschlingen«. Er soll, Figur der Rede und des Redens, jenem Rest des »ich selbst« aus dem Raum der Verdrängung Stimme geben helfen, dem todgeweihten Schreiber helfen, sich von der Krankheit zu lösen, wenn auch nicht zu erlösen, indem er sie deutend annimmt als Folge dessen, was Eltern, Gesellschaft und die »christliche Universalneurose« ihm und er sich selbst angetan haben. Spaltung auch dies. Und der Teufel im Spiel, diesmal: im Hilfeangebot einer Adaptionsanalyse, die die Tödlichkeit der Erkrankung durch deutende Darstellung zur Verfügung stellt, damit sich mit ihr und dagegen noch ein Stück weit besser leben läßt: »daß es mir, seit ich krank bin, viel besser geht, als früher, bevor ich krank wurde«. Am Schluß erklärt sich Zorn »im Zustand des totalen Krieges«. Für sich, in Teufels Namen, gegen sich und Gott und die Welt. So artikuliert sich das Lebensgefühl eines Sterbenden, dem der Tod zur Metapher verhinderten Lebens wird.

Zusammenfassend gesagt und, im Rückblick auf die ganze Teufelsrevue, zu böser Letzt: Durch Literarisierung läßt sich der Teufel nicht beerdigen. Im Gegenteil. Alle Tinte und Druckerschwärze, die wir ihm nachwerfen, ist für ihn erst recht eine Überlebenschance. Auch dieser Nachruf hat ihn, anstatt ihn dorthin zu befördern, wo er hingehört, nur wiederum heraufbeschworen, hier. Hut ab vor dem Totgesagten; mit Sprache ist der nicht totzukriegen, klebrig wie er ist, nicht ins Grab der Literaturgeschichte zu legen, an dem wir stehen. Soll er sich doch zum Teufel scheren und sich zur Ruhe legen, wo er will, und uns, in Gottes Namen, in Frieden lassen. Amen.

5

I.

Keineswegs zimperlich läßt Homer seine Helden sich gegenseitig mit Spieß und Schwert aus dem Leben befördern. Schade jedesmal nur, wenn ›Psyche‹ davonflattert, um den schönen Körper. ›Thymos‹, der ihn beatmet und kräftigt, zerfällt nach dem Tode und verläßt die »weißen Knochen«. Darüber wird Odysseus bei seinem Hades-Besuch vom Schatten seiner Mutter belehrt, den er umsonst zu umarmen versucht:

[...] dies ist das Los der Menschen, wann sie gestorben.
Denn nicht Fleisch und Gebein wird mehr durch Nerven
verbunden.
Sondern die große Gewalt der brennenden Flamme verzehret
Alles, sobald der Geist die weißen Gebeine verlassen.
Und die Seele entfliegt wie ein Traum zu den Schatten der Tiefe.

Wobei J. H. Voss ›Geist‹ für ›thymos‹ setzt. Solange er lebt, steht die Haut (›Chros‹) für den Leib. Sie wird gewaschen, sie wird verletzt. ›Soma‹ bei Homer ist stets der ent-seelte Körper, also die Leiche. Und die kann immer noch so schön sein wie der lebendige Leib:

[...] Dem Jünglinge stehet es wohl an,
Wenn er im Streite erschlagen, zerfleischt von der Schärfe des Erzes
Daliegt; schön ist alles im Tode noch, was auch erscheinet.

So geht's dem »göttlichen Hektor«, an dessen »schönem Leib« Achilles die Stelle sucht, »wo die Wunde am leichtesten hafte«:

[...] wo das Schlüsselbein den Hals begrenzt und die Achsel,

Schien die Kehl ihm entblößt, die gefährlichste Stelle des Lebens,
Dort mit dem Speer anstürmend, durchstach ihn der edle Achilleus,
Daß ihm hindurch aus dem zarten Genick die Spitze hervordrang.
Doch nicht gänzlich den Schlund durchschnitt der eherne Speer ihm,
Daß er noch zu reden vermocht im Wechselgespräche [...] (Ilias, XXII, 321 ff)

Grausamer noch als das, was eben geschah und was nachher geschehen wird – die Schleifung von Hektors schönem Leichnam, dessen »Wuchs« und »herrliche Bildung« alle bestaunten, das Gesicht im Staub –, ist das, was Achill dem Sterbenden sprachlich antut, indem er den zu Tode Ermatteten, aber noch immer ansprechbaren Feind, den Tod sprachlich vorwegnehmend, von seinem Körper trennt und ihm doch zugleich die Flucht daraus heraus abschneidet, bis er in eigener Rede sich als Subjekt seines eigenen Leichnams zu bestimmen gezwungen ist. Eine schaurige Passage:

Dich beschwör ich beim Leben [...]
Laß mich nicht an den Schiffen der Danaer Hunde zerreißen,
Sondern nimm des Erzes genug und des köstlichen Goldes
Zum Geschenk, das der Vater dir beut und die würdige Mutter.
Aber den Leib entsende gen Ilios, daß in der Heimat
Trojas Männer und Fraun des Feuers Ehre mir geben.

Die eigentliche Sterbensdarstellung ist konventionell, wörtlich die Wiederholung dessen, was vorher schon über den Tod des Patroklus gesagt wurde, sprachliche Illustration Homerischer Todeskonzeption: Es »umschloß ihn das Ende des Todes«, dessen ›telos‹, und die »Seele« entfliegt »aus den Gliedern in die Tiefe« des Hades. Die Verweigerung der Feuerbestattung brennt und ist schon, was sie bewirkt bei solcher Sorge »um den eigenen Leib«. Demgegenüber soll Heraklit gesagt haben, der unbewegte, tote Körper sei »wegzuwerfen wie Mist«.

Als ob er nichts kapiert hätte von der Unsterblichkeitslehre des Sokrates, fragt Kriton gegen Ende von Platons *Phaidon*: »Aber auf welche Weise sollen wir dich begraben?« Und Sokrates antwortet, den Frager ironisch belehrend: »Wie ihr wollt [...] wenn ihr mich nur wirklich haben werdet und ich euch nicht entwischt bin.« Es sei nicht nur unschöne Rede, sondern schlecht für die Seele, den, der lebend spricht, als Besitzer noch seines toten Körpers anzusprechen, so als wäre er nicht ausgezogen:

Diesen Kriton, ihr Männer, überzeuge ich nicht, daß ich dieser Sokrates bin, der jetzt mit euch redet und euch das Gesagte einzeln vorlegt, sondern er glaubt, ich sei jener, den er nun bald tot sehen wird, und fragt mich deshalb, wie er mich begraben soll [...] ihr aber verbürgt euch dafür, daß ich ganz gewiß nicht bleiben werde, wenn ich tot bin, sondern mich davonmachen und fort sein, damit Kriton es leichter trage, und, wenn er meinen Leib verbrennen oder begraben sieht, sich nicht ereifere meinetwegen, als ob mir Arges begegne; und damit er nicht beim Begräbnis sage, er stelle den Sokrates aus oder trage ihn heraus oder begrabe ihn [...] du mußt mutig sein und sagen, daß du meinen Leib begräbst, und diesen begrabe nur, wie es dir eben recht ist und wie du es am meisten für schicklich hältst.

»Um nicht hernach den Weibern Mühe zu machen mit dem Waschen des Leichnams«, nimmt Sokrates ein Bad. Durch seine Rede hat er sich vorweg schon von seiner leiblichen Existenz – und nachgerade nicht sich von sich als leiblicher Existenz – getrennt. Die Zeit, die ihm bis zum völligen Untergang der Sonne noch vergönnt ist, bringt nichts mehr: »Denn ich meine, nichts zu gewinnen, wenn ich um ein weniges später trinke, als nur, daß ich mir selbst lächerlich vorkommen würde, wenn ich am Leben klebte und sparen wollte, wo nichts mehr ist.« So trinkt er den Giftbecher aus,

»frisch und unverdrossen«. Er geht umher, bis »ihm die Schenkel schwer werden«, dann legt er sich »geradehin auf den Rücken«. Die Erkaltung und Erstarrung steigt von den Füßen zum Herzen aufwärts. »Als ihm nun schon der Unterleib fast ganz kalt war, da enthüllte er sich, denn er lag verhüllt [...]« So deutet er gestisch, indem er den absterbenden Körper preisgibt, seine Entleibung als letzten Willensakt. Auf die Frage, ob er, nach der Bitte, dem Gott der Apotheker aus Dank für die Wirksamkeit des Gifts noch ein Huhn zu schlachten, noch sonst etwas zu sagen habe, »antwortete er [...] nicht mehr, sondern bald darauf zuckte er«, und der Mann, der ihm das Gift gereicht hatte, »deckte ihn auf«: »Da waren seine Augen gebrochen. Als Kriton das sah, schloß er ihm Mund und Augen.«

II.

Die Bereitschaft zu sterben im Krieg und zu töten wird seit alters genährt und geschürt von einer patriotischen Rhetorik, die alle Lebensgeister, blindlings, vom Soldatenkörper abzieht und überträgt auf den abstrakten Kollektivkörper eines Namens: ›Vaterland‹, ›Heimat‹. Name, der in sogenannten Friedenszeiten angerufen wird, um das einzelne Leben seiner Träger, das bedrohte eigene und das bedrohte andere, zu schützen durch Kriminalisierung der Bedrohung, Name, der in Kriegszeiten nur noch gedeckt ist durch den Preis des Lebens, das einzusetzen und für ihn hinzugeben die soldatische Pflicht heischt, Name ohne Nennwert, Name als Massengrab also, denn tot ist tot, in welcher Uniform auch immer. Und das setzt denn auch die Kriegsrhetorik seit jeher ein, um zu tarnen, daß die Wechsel im Kriegsspiel nicht

Grandville. Die Reise nach der Ewigkeit (Abb. 30)

gedeckt sind, es sei denn mit Nichts, um verklärend zu bekräftigen, daß solcher Tod nichts weniger als nichts ist, um den durch Instrumentalisierung in der Kriegsmaschine ohnehin schon entleerten und entfremdeten Körper des Gefallenen – referenzlos geworden in multiplikativer Anhäufung zu Leichenbergen auf beiden Seiten – mit sprachlichen Mitteln auszusaugen bis aufs Blut und als Opfersinn ideologisch transformiert wieder zurückzupumpen in den leeren Kollektivkörper, der im Zustand des Krieges, seine Sach allemal auf Nichts gestellt hat, kurz: um den Tod, der keiner ist, durch Vernichtung der Vernichtung wegzublenden und Todesmut aus der wirklich gewordenen Fiktion zu destillieren, daß es in Wirklichkeit um nichts geht. Schlimmer noch, bei dieser Inflation des Todes, am Ende: um weniger als nichts.

»Süß« sei es und »ehrenvolle Zierde« (»dulce et decorum est«), so hatte schon Horaz in einem berühmten Odenvers die

Blöße des Soldatentodes bemäntelt, fürs Vaterland zu sterben. Als ob die Toten aus einem Mund sprächen und in der steinernen Inschrift als ihrem Ehrengrab am Ehrenplatz überlebten, huldigen jene Zeilen auf der Akropolis einem versteinerten Sinn vom Heldentod, den es in sprachlicher Form heimzutragen gilt, als wäre er dort, wo er ausging, bei sich aufgehoben. Zirkulär schon dies und eine Schraube ohne Ende: »Wanderer, kommst du nach Sparta, verkündige dorten, du habest uns hier liegen gesehn, wie das Gesetz es befahl.« Der Wanderer freilich hat die Toten nicht »liegen gesehn«, sondern nur gelesen, wie Schrift sie noch einmal das Gesetz aussprechen und besiegeln läßt, das sie zu Tode kommen ließ; so daß der Tod zugleich das Gesetz sanktioniert, das ihn sanktioniert.

Im Dreißigjährigen Krieg dichtet Jacob Vogel im Ton des Landsknechtliedes seinen bekannten Todesschlager, der das Sterben in der Leidensgemeinschaft des Soldatenstandes, »dem Vaterland zugute« und im wenig überzeugt klingenden Vertrauen auf »unsterblichen Ruhm«, ohne mit der Wimper zu zucken zu einer professionellen Ehrensache macht und dessen anonyme Einsamkeit mit dem Schein abstrakter Gemeinsamkeit übertüncht:

Kein seligr Tod ist in der Welt,
als wer fürm Feind erschlagen
auf grüner Heid, im freien Feld,
darf nicht hörn groß Wehklagen.
Im engen Bett da einr allein
muß an den Todesreihen:
hie aber findt er Gsellschaft fein,
falln mit wie Kräuter im Maien.

Deutlicher macht es Schiller in seinem schmissigen Reiterlied aus *Wallensteins Lager*, inwiefern die Gleichmacherei des Todes nur abgeschoben wird auf die Kameradschaft derer, die sich darin gleichen, daß sie allein es wagen, »dem Tod ins Angesicht« zu schauen und auf sich allein gestellt zu sein. Das brüllen denn auch alle als Refrain im Chor mit:

Wohl auf, Kameraden, aufs Pferd, aufs Pferd!
Ins Feld, in die Freiheit gezogen.
Im Felde, da ist der Mann noch was wert,
Da wird das Herz noch gewogen.
Da tritt kein anderer für ihn ein,
Auf sich selber steht er da ganz allein.

Die Unsichtbarkeit des Todes wird verdeckt durch die Fiktion seines Angesichts, als wäre er ein Gegenüber, in der herausfordernden Gestalt eines einzelnen Feindes personifiziert. Die solchermaßen verstellte Wahrnehmungs- und Darstellungslücke wird sogleich aufgefüllt mit einem verblasenen, nur negativ, im Absehen von allen Bindungen, auch der ans Leben, verankerten Freiheitsideologem. Verankert ist es allein im Tod als einem Versehen, das ihn dem Feind zum Verwechseln ähnlich macht:

Der dem Tod ins Angesicht schauen kann,
Der Soldat allein ist der freie Mann.
Des Lebens Ängste, er wirft sie weg,
Hat nicht mehr zu fürchten, zu sorgen;
Er reitet dem Schicksal entgegen keck,
Trifft's heute nicht, trifft es doch morgen [...]
Laß fahren dahin, laß fahren! [...]

So gerinnt die Artikulation überschäumender, bindungs- und gegenstandsloser Lebenskraft zur blinden, soldatischen Haltung, die gegen den Tod nur ein Mittel auf gut Glück und vorläufig in Anschlag zu bringen weiß: schneller zu sein und

Postkarte hrsg. von der Gauleitung Düsseldorf (Abb. 31)

vorher den andern zu töten. Das ist der letale Sinn des aus dem Lied und seinem Kontext auf Büchmanns Flügeln davongeflatterten Zitats:

> Und setzet ihr nicht das Leben ein,
> Nie wird euch das Leben gewonnen sein.

Den Aufbruch zum Ende als Ritt in die Sackgasse verkauft das traditionelle ›Reiterlied‹ nicht ohne sentimentalen Schmus den daheim am Leben Bleibenden, die singend zurückgelassen werden, um kühlende Streicheleinheiten implizit gebeten, als Einladung zum Absturz ins »kühle Grab«, als Einfahrt in den sicheren Hafen. Der Todeshauch weht als kalter Morgenwind. Von vorn sowohl wie von hinten, von außen nicht minder als von innen, weil einerseits das Zeitgefühl dahin bearbeitet wird, daß es sich, von Vergangenheit und Zukunft abgekoppelt, jedem Moment als dem potentiell letzten mit geradezu erotischer Inbrunst ergibt, weil andrerseits das Körpergefühl dahin getrieben werden soll, daß es in extremer Panzerung am Ende gegen außen auch nichts Inneres mehr schützt. »Heute in die Brust geschossen«, heißt es umstandslos in Wilhelm Hauffs bekanntem *Reiterlied* (1824), »morgen in das kühle Grab.« Die Zeit steht zwischen heute und morgen still, als wär man schon heute tot:

> Morgenrot,
> leuchtest mir zum frohen Tod?
> Bald wird die Trompete blasen,
> dann muß ich mein Leben lassen,
> ich und mancher Kamerad!

Der Reim fällt in seiner Trivialität fraglos wie eine Tür ins Schloß. So nichtssagend und so wenig Gegenstand der Rede ist der Soldatentod, daß sich anders als indirekt in der antizipierten visuellen Begleitmusik am Morgenhimmel nicht davon reden läßt. Sonst gilt's, bevor man als »braver Reitersmann« ins Gras beißt, auf die Zähne zu beißen: »Darum still/ füg ich mich, wie Gott es will [...]« Stummer Verbissenheit gilt auch das *Reiterlied* von Georg Herwegh (1841):

Die bange Nacht ist nun herum,
wir reiten still, wir reiten stumm,
und reiten ins Verderben.
Wie weht so scharf der Morgenwind!
Frau Wirtin, noch ein Glas geschwind
Vorm Sterben, vorm Sterben.

Die Terminierung bewirkt ein Gefälle, das Energie freisetzt, den Mut zum freien Fall, blindlings, während die ideologische Verabsolutierung der Lebensneige den Appell erläßt, den Moment auszuschlürfen bis zum bittern Ende. Prost Vaterland! Auch durch liedhafte Sentimentalisierung wird die Sache nicht besser, nur schlimmer, weil nur zum Schein Affekte zugelassen werden, die aggressive Versachlichung scheinbar verdrängt. So können sie, wie in Ludwig Uhlands zersungener Kriegsschnulze (1809), nur besser in Aggression umgeleitet werden:

Ich hatt' einen Kameraden,
einen bessern findst du nit.
Die Trommel schlug zum Streite,
er ging an meiner Seite
in gleichem Schritt und Tritt.

Eine Kugel kam geflogen,
gilt's mir oder gilt es dir?
Ihn hat es weggerissen,
er liegt mir vor den Füßen,
als wär's ein Stück von mir.

Will mir die Hand noch reichen,
derweil ich eben lad;

Kann dir die Hand nicht geben,
bleib du im ew'gen Leben
mein guter Kamerad!

Weitersingen heißt: weiterkämpfen, heißt: weiter töten und sterben wollen müssen. Nachladen! Keine Zeit für menschliche Regungen, fürs Abschiednehmen. Das Sterben selber wird im Zeitraffer abgewickelt und ausgeblendet, indem der Kamerad als »guter« für tot erklärt und flugs ins ewige Leben spediert wird. Statt dessen dehnt die rhetorische Frage nach dem Ziel der tödlichen Kugel, das auswechselbar dem Zufall überlassen wird, deren Flug in Zeitlupe. Besinnung, vor dem Tod, auf nichts weniger als den Tod, sondern auf die Besinnungslosigkeit des Kämpfens, aufs Aus-den-Augen-Verlieren der Ziele und seine fatale Umpolung zum Weg für einen verlängerten vorletzten Moment nur, und verschoben vom Zweck auf die Mittel und abgedrängt sogleich wieder durch die Vorstellung, daß der Gefallene nur ein »Stück« ist, »von mir« zwar, aber von mir als Angehörigem eines weiterkämpfenden Kollektivkörpers. Ihm gegenüber sind die Treffer des Todes nur Schrot. Nicht das Auge tötet, das zielt, nicht der Finger der abzieht, nicht einmal die irrende Kugel, sondern ihr Irren. Die fortgesetzte miniaturhafte Verkleinerung des Kriegsgeschehens ist typisch; typisch auch heute noch für Legitimationsstrategien des militärischen Diskurses, der ruckweise, durch Verengung einer Todespreisspirale, durch progressive Fokussierung des Kriegsgeschehens in Großaufnahme in verbaler Verschiebung seines Preises von x auf y, vom Tod auf irgenwelche des Lebens werte Werte, zirkulär, bis zum Einsatz des eigenen Blutes, das den Kampf wert ist, den es kostet. Um davon abzulenken, daß es sinnlos vergossen wird und wertlos, läßt der Kriegsdiskurs es als Treibstoff im Leerlauf eines tautologischen Mittel–Zweck-Systems zirkulieren und substituiert es an jeder Stelle, die leck zu werden droht, wobei jede metonymische Verschiebung, die erst recht ein Leck schafft, die Schubkraft abgibt für eine nächste. Namentlich Tränen dürfen stellvertretend nicht fließen oder müssen, wo sie nicht zu stoppen sind, wieder dem Sinngebungskreislauf zugeführt werden. In dem Abschiedslied »Berlin, Berlin, du wunderschöne Stadt [...]«, das Sentiment zuläßt, um es trockenzulegen, bittet der Soldat die Braut, nicht zu weinen: »Du machst mir's Herz so schwer.« Als ihn der tödliche Schuß trifft, folgt die Bitte an den Kameraden um ein Schreiben nach Hause:

Und als er diese Worte ausgesagt,
Da traf ihn noch ein Schuß.
Ei so liegt er da und schreit nicht mehr,
Seine Seele ist schon bei Gott.

In der ostpreußischen Fassung (»Preußisch Eylau«) heißt es:

Er hat das Wort kaum ausgesagt,
Da kriegt er einen Schuß,
Da fiel er hin und war ganz tot –
Soll ich hier stehn und weinen?

Rührung ist Sache der zurückgelassenen Bräute und muß beigesetzt oder zur Grabpflege eingesetzt werden wie in dem Lied »Fern im Franzosenlande«, das aus dem Jahr 1915 stammt. Die ersten Strophen schildern das stille Grab in seiner anonymen Einsamkeit. Dann, in Anknüpfung an das Märchenmotiv vom Tränenkrüglein, folgt die Umleitung der Schmerzgefühle des daheimgebliebenen Mädchens in vaterländische Kanäle:

Da steigt ein lichter Engel
Vom Himmelszelt herab,
Und sammelt all die Tränen,
Trägt sie zum fernen Grab.

Es gibt keinen anderen Dank ... Zigarettenbilderdienst-Album
(Abb. 32)

Und aus dem Tränenbaume
Erwächst ein Blümelein;
Es blüht noch auf dem Grabe
Im Abendsonnenschein.

Und licht und leise klingt es
Tief aus dem grauen Sand:
›O trockne deine Tränen,
Ich starb fürs Vaterland!‹

Die Verkitschung des Todes im Felde durch religiöse Überzuckerung – mit Hilfe liedhafter, bloß aufgeklebter Ersatzteile und ihrem emotionalen Wallungswert – überbietet sich selbst in dem Lied *Tod am Heiligen Abend* von Erich Limpach aus dem Ersten Weltkrieg:

Auf Sappenwache am heiligen Christ
unser lieber Kamerad gefallen ist.
Die Kugel traf ihn so gut, so gut.
In purpurnen Röslein erblühte sein Blut.
Wir haben leise gesummt und gesungen [...]
›Es ist ein Ros entsprungen...‹
Wir brachten den toten Mann zur Ruh
und deckten ihn ganz mit Zweigen zu,
Wir steckten ein Reislein in seine Hand
Als Tannengruß aus dem Heimatland.
Der Himmel stand hoch in klarer Pracht [...]
›Stille Nacht, heilige Nacht...‹

Gefallen, gefällt, gemäht – die abgeschliffene Metaphorik wird in der Kriegslyrik rückverfremdet und reaktiviert in einer Naturalisierung des Sterbens. Mochte Hans Carossa seine Sendung im Krieg darin sehen, »im gläubigen Gemüt/ das tief Gemeinsame der Menschen« zu schützen und die Ausziehenden an »die großen Väter unserer Gegner«, »mit uns und unsern Ahnenreihn im Bund«, zu erinnern, so verklärt er doch das Grauen zu einem christlich gewürzten chthonischen Fruchtbarkeitsmythos:

> Dies alles sind nur Saaten künftiger Liebe.
> Viel, viel Blut muß in die Erde sickern,
> Nie wird sie sonst den Menschen heimatlich.
> (In den Ausgaben seiner Gedichte nicht aufgenommen,
> zitiert nach: Kurt Kiesel, *Krieg und Dichtung*, Leipzig 1940)

Wie sehr solche Totenlyrik den Kult magischer Kraftübertragung wiederaufleben läßt, zeigen aufs abschreckendste die folgenden Zeilen:

> Mit Blut getränkt habt ihr die Heimaterde.
> Geheiligt ist die Saat, die ihr gesät.
> Das Leben gabt ihr hin, doch einst entsteht
> Aus eurer Opfersaat ein neues Werde!
> Ihr Toten mahnt! – Wir hören euer Rufen,
> Es dringt wie Sturmgeläut an unser Ohr.
> Stumm schreiten wir, ein nachtumbrauster Chor,
> der Freiheit zu auf lichten Tempels Stufen.

(Heinrich Gutberlet, *Den Toten*, in: Herbert Böhme, *Rufe in das Reich*. Die heldische Dichtung von Langemarck bis zur Gegenwart, Berlin 1934)

Neben sentimentaler Verflüssigung und pathetischer Einbettung des Soldatentodes in naturzyklische, überhistorische Bahnen von geradezu planetarischer Unerschütterlichkeit im Kriegslied steht der dezidierte, aber nicht minder blendende Versuch seiner Versachlichung in entsprechender Prosa, als wär's eine Sache unter anderen, ein Geschäft unter anderen, das pflichtgerecht und ohne Aufhebens, schmerzlos scheint's, zu erledigen ist. So schon bei Carl von Clausewitz in seinem Buch *Vom Kriege*, wo der Tod als Stillstand der Truppenbewegung strategisch erörtert wird, wo die »Gefahr im Kriege« (1, 1.4) in ihren »verschiedenen Dichtigkeitsschichten« zunächst probeweise für einen »Neuling« effektsicher und leserorientiert fiktiv aufgezogen wird zum Zweck einer Immunisierung gegenüber dem allgemeinen Sterben, auf das es nicht ankommen darf, zum Lobe der »kühlen« Köpfe, »denen wir im Kriege das Heil unserer Brüder und Kinder, die Ehre und Sicherheit unseres Vaterlandes anvertrauen möchten«. »Gewöhnlich macht man sich«, beginnt der Stratege taktisch, ehe man die Gefahr »kennengelernt hat, eine Vorstellung davon, die eher anziehend als zurückschrekkend ist«: »Im Rausche der Begeisterung sturmschritts auf den Feind eindringen – wer zählt da die Kugeln und die Fallenden –, die Augen wenige Momente zugedrückt, sich dem kalten Tode entgegenzuwerfen, ungewiß ob wir oder andere ihm entrinnen werden – und dies alles dicht am goldenen Ziel des Sieges – dicht vor der labenden Frucht, nach welcher der Ehrgeiz durstet – kann das schwer sein?« Leichter jedenfalls, so die Argumentation des Kriegsspezialisten, als über die notwendige Abstumpfung hinaus »zur völligen Unbefangenheit und zur natürlichen Elastizität der Seele« zu gelangen und zur klaren Entschlußfähigkeit des Feldherrn mitten im Getümmel. So macht er rückwirkend denn und unter der Hand »anziehend«, was dem Neuling zunächst »abschreckend« ist, indem er dessen anfängliche Vorstellung richtigstellt, als »richtige Vorstellung«, nachträglich und ergänzt um die Haltung und Erfahrung, deren es im Krieg bedarf, im Sinne der militärischen Todesimmunität wieder ins Recht setzt, zugunsten der Feldherrntugend einer Totaleinstellung auf Kosten der Großaufnahme des Einzeltodes, der im Namen des Krieges als einer Fortsetzung der Politik mit anderen Mitteln und als Mittel zum Zweck immer schon in Kauf genommen ist:

Begleiten wir den Neuling auf das Schlachtfeld. Wenn wir uns dem-

selben nähern, so wechselt der immer deutlicher werdende Donner des Geschützes endlich mit dem Heulen der Kugeln, welches nun die Aufmerksamkeit des Unerfahrnen auf sich zieht [...] Noch ein Schritt zu den Truppen, zu der im stundenlangen Feuergefecht mit unbeschreiblicher Standhaftigkeit ausharrenden Infanterie – hier ist die Luft erfüllt von zischenden Kugeln, die ihre Nähe bald durch den kurzen scharfen Laut verkünden, womit sie zollweit an Ohr, Kopf und Seele vorüberfliegen. Zum Überfluß schlägt das Mitleiden über den Anblick der Verstümmelten und Hinstürzenden mit Hammerschlägen an unser klopfendes Herz [...] Es ist wahr, die Gewohnheit stumpft diese Eindrücke sehr bald ab; nach einer halben Stunde fangen wir an, gleichgültiger gegen alles zu werden, was uns umgibt, der eine mehr, der andere weniger; aber bis zur völligen Unbefangenheit und zur natürlichen Elastizität der Seele bringt ein gewöhnlicher Mensch es immer nicht [...] Enthusiastische, stoische, angeborene Bravour, gebieterischer Ehrgeiz oder auch lange Bekanntschaft mit der Gefahr, viel von allem dem muß da sein, wenn nicht alle Wirkung in diesem erschwerenden Mittel hinter dem Maß zurückbleiben soll, welches auf dem Zimmer als ein gewöhnliches erscheinen mag.
Die Gefahr im Kriege gehört zur Friktion desselben, eine richtige Vorstellung davon ist zur Wahrheit der Erkenntnis notwendig, und darum ist ihrer hier Erwähnung geschehen.

Einübung in Todesgefahr für Leser »auf dem Zimmer«! Dasselbe Schema noch einmal, bei Ernst Jünger, *In Stahlgewittern*, dieselbe Reaffirmation der anfänglichen, scheinbar naiven Kriegsbegeisterung durch die scheinbar ernüchternde Korrektur ihrer dem Tod gegenüber verblendeten Optik an der Wirklichkeit:

Aufgewachsen in einem Zeitalter der Sicherheit, fühlten wir alle die Sehnsucht nach dem Ungewöhnlichen, nach der großen Gefahr. Da hatte uns der Krieg gepackt wie ein Rausch. In einem Regen von Blumen waren wir hinausgezogen, in einer trunkenen Stimmung von Rosen und Blut. Der Krieg mußte uns ja bringen, das Große,

Starke, Feierliche. Er schien uns männliche Tat, ein fröhliches Schützengefecht auf blumigen, blutbetauten Wiesen.

Und dann das Mannbarkeitsritual der Feuertaufe, die soldatische Veredelung metallischer Disziplin zum inneren Strammstehen und zur Unempfindlichkeit gegenüber dem Tod als einer bloßen Angelegenheit toter, unempfindlicher Körper:

Im zerrissenen Zwischenfelde lagen die Opfer des Sturmes, den Kopf feindwärts; die grauen Röcke hoben sich kaum vom Boden ab. Eine Riesengestalt mit rot besudeltem Vollbart starrte zum Himmel, die Hände in die lockere Erde gekrallt [...] Dem Füsilier Stölter hatte eine Schrapnellkugel die Halsschlagader zerrissen. Drei Verbandpäckchen waren im Nu voll gesogen. Er verblutete in Sekunden [...]

Sterben – voyeuristisch reduziert auf körperliche Oberfläche, Teile davon, beruhigend unbeseelt und nicht zu beseelen: »Aus zerschossenem Gebälk ragte ein eingeklemmter Rumpf. Kopf und Hals waren abgeschlagen, weiße Knorpel glänzten aus rötlich-schwarzem Fleisch.« »Es wurde mir schwer zu verstehen«, heißt es in Eile nebenbei, obwohl da nichts zu ›verstehen‹ ist. Im Schlußkapitel »Mein letzter Sturm« – »wieder winkte ein blutiges Fest« – feiert der Erzählerleutnant »ein sehr unpersönliches Gefühl«, das ihm erlaubt, sich selbst als einen schmerzunempfindlichen Gegenstand zu sehen, »als ob ich mich selbst mit einem Fernrohr beobachtete«: »Zum ersten Mal in diesem Kriege konnte ich das Zischen der kleinen Geschosse hören, als pfiffen sie an einem Gegenstand vorbei.« Als es ihn, »fast wie eine Auszeichnung«, endlich erwischt, fühlt er »gleichzeitig mit der Wahrnehmung des Treffers«, wie das »Geschoß ins Leben schnitt«, die »Hand des Todes«, die zupackt. Aber »seltsamerweise gehört dieser Augenblick zu den ganz wenigen«, von denen er – im nachhinein und als Effekt wohl auch des Glücks im Unglück, davon erzählen zu können – »sagen kann, daß sie wirklich glücklich gewesen sind«: »In ihm begriff ich, wie durch einen Blitz erleuchtet, mein Leben in seiner innersten Gestalt.« Der Gefreite Hengstmann indessen trägt den verwundeten Körper des Verklärten auf dem Rükken übers Feld im Kugelhagel. Die Darstellung seines Sterbens macht ihn, einmal mehr, zum Objekt des Todes und diesen zum aktiven, wenn auch anonymen Subjekt des Kriegs›geschehens‹. Daß jener ein lebendes Subjekt war, wird trocken-gefaßt nachgetragen als Leerstelle in einem amtlich-depersonalisierten Lebenslaufschema:

[...] Hengstmann begann seinen Lauf, während ich seinen Hals mit den Armen umschlungen hielt. Sofort setzte ein Knallen ein, wie man es auf dem Schiessstande hört, wenn man die Hundert-Meter-Scheibe bedient. Nach wenigen Sätzen kündigte ein feines, metallisches Sirren einen Treffer an, der Hengstmann ganz sanft unter mir zusammensinken ließ. Er fiel lautlos, aber ich fühlte, wie der Tod, noch ehe wir den Boden berührten, sich seiner bemächtigte. Ich löste mich aus seinen Armen, die mich noch fest umschlossen hielten und sah, daß ein Geschoß ihm Stahlhelm und Schläfen durchschlagen hatte. Der Tapfere war ein Lehrersohn aus Letter bei Hannover. Sowie ich wieder gehen konnte, suchte ich seine Eltern auf und erstattete ihnen Bericht.

Im Lazarett angekommen, in der Obhut der Schwestern – die Fahrt dahin war eine »letzte, harte Probe« für die siegende »Lebenskraft« – setzt der todesmutige Kriegsberichterstatter seine »Lektüre des ›Tristram Shandy‹ dort fort, wo sie der Angriffsbefehl unterbrochen hatte«: ironisches Nachleben eines Werks, das die Kontinuität seiner eigenen Lektüre erzählerisch unterbricht, digressiv die chronologische Ordnung eines Handlungshergangs stört, stillegt, zurückspult und hier, als gelesenes, einen Ausschnitt eines Kriegstagebuchs umrahmt und entsprechendes Erzählen in seiner tödlichen Einsinnigkeit und kompakten Geschlossenheit leichtfertig in die Luft sprengt.

III.

Zu fragen: Wie die Leichenrede zur Sache kommt. Wie sie ihren Gegenstand, die Leiche, und ihren Anlaß und Inhalt, das Totsein dessen, dessen nun gedacht werden soll, zu Wort bringt. Und wie sie, damit des Verstorbenen gedacht werden kann, vom Toten zugleich wegkommen muß. Wie sie sich selbst zuwiderläuft also und wie, mit welchen metaphorischen Trostpflastern auch immer, sie fertig zu werden versucht mit der Zweischneidigkeit, die der Tod dem Diskurs des Gedenkens oktroyiert. Tristram Shandys Vater, vernarrt in die eigene Eloquenz, vergißt den toten Sohn über der antikisierenden Rede, die er, als die briefliche Nachricht kommt, mit Gusto auf ihn hält. Schon Platon spottet über die Leichenredner, »die so trefflich loben, daß sie, was jeder an sich gehabt und auch was nicht, ihm nachrühmend [...] unsere Seelen bezaubern [...], ja auch uns selbst preisen, die wir noch leben«. Die klassische Rhetorik sieht, im Todesfalle, drei feste Elemente der Rede vor: Lob der Verstorbenen, Berechtigung der Trauer, Trost. Das hat sich von der römischen »laudatio funebris« bis zu den »oraisons funèbres« im 17. Jahrhundert erhalten. Der Jesuit Matthias Heimberg gibt am Ende einer Mustersammlung von Totenpredigten – *Neue Schau-Bühne des Todts* (1716) – ein paar nützliche und signifikante Tips für »kurze Zusprüche im Sterbehause oder am Grabe«:

Wir stehen am Grabe des ... (Lebensskizze). Doch es ist nun unsere Pflicht, einen weinenden Vater (Bruder, Gatten, Freund oder eine wehklagende Mutter, Schwester, Gattin, Freundin) über diesen

Verlust zu trösten. ›Wehe mir Unglücklichen!‹ ruft er da. ›Entbehren muß ich die Gegenwart einer so lieben Person!‹ [...] Wohl dir, daß du einen solchen Gatten (Vater, Bruder...) *gehabt* hast! Stelle dir denselben *nicht als gestorben*, sondern einfach als *abwesend* vor [...] Nicht was hier im Grabe liegt, ist dein Gatte (Vater, Bruder...), sondern das, was sich zu den seligen Höhen erschwungen hat.

Mit metaphorisch geflügelter Rede eher als auf Glaubensschwingen wird solcher Abtransport zunächst und vor allem einmal bewerkstelligt, wird das Totsein übersetzt ins Fort–Da der Repräsentation, die erlaubt, den körperlich anwesenden Toten hier *dort* zu denken, den körperlos abwesenden Verstorbenen dort hier zu *denken*. Damit zusammen geht eine Metaphorisierung des toten Körpers und dessen Auferstehung. Übersetzungsleistung auch das. Am offenen Grabe Beethovens verlas ein Burgschauspieler am 29. März 1827 die Rede, die Grillparzer schrieb:

[...] der letzte Meister des tönenden Liedes, der Tonkunst. Holder Mund, der Erbe und Erweiterer von Händels und Bachs, von Haydns und Mozarts unsterblichem Ruhme hat ausgelebt, und wir stehen weinend an den zerrissenen Saiten des verklungenen Spiels [...] Nicht verloren habt ihr ihn, ihr habt ihn gewonnen! Kein Lebendiger tritt in die Hallen der Unsterblichkeit ein. Der Leib muß fallen, dann erst öffnen sich ihre Pforten. Den ihr betrauert, er steht von nun an unter den Großen aller Zeiten, unantastbar für immer.

An der großen Totenrede des Antonius in Shakespeares *Julius Caesar* läßt sich, sieht man genauer hin, nachvollziehen, wie das Bild des Toten vom Leichnam sprachlich abgelöst und als tote, innere Statue aufgebaut wird: »Ich bin kein Redner, wie es Brutus ist«, »nur, wie ihr alle wißt, ein schlichter Mann«, sagt Antonius, nachdem er seine Hörer nicht wie Brutus beruhigt, sondern soweit gereizt hat, daß sie zum Handeln bereit sind: »Ich habe weder Schriftliches noch Worte, noch

Würd' und Vortrag, noch die Macht der Rede, der Menschen Blut zu reizen; nein, ich spreche nur geradezu und sag euch, was ihr wißt.« Der klassische Bescheidenheitstopos spielt die einfache, ehrliche Rede gegen Rhetorik aus; doch das ist rhetorisch im Hinblick auf die durch Rede ausgelöste Wirkung, der in solcher Zurücknahme der letzte Schein genommen wird, als wäre sie bloß sprachlich angefacht. »Mitbürger! Freunde! Römer! hört mich an: [...] – »lend me your ears«: Das ist schon von Anfang an ein anderer Ton als bei Brutus: »hear me for my cause.« Anklagerede, nicht Verteidigungsrede. Geradezu peristaltisch preßt sie ihr Argument durch ihren langen Leib. »Begraben will ich Cäsarn, nicht ihn preisen.« Trotziger Verzicht auf die Lobrede. Es geht um Cäsars *Tod.*

Daß Übeltaten die Menschen überleben, während das Gute mit ihnen begraben wird, dreht den Gedanken um, daß Cäsar, von dem seine Mörder wieder gut zu denken bereit sind, wenn er tot ist, sterben mußte, damit mit ihm das Übel seiner Herrschsucht abgeschafft würde. Begraben will Antonius ihn, und zulassen muß er, daß auch das Gute, das an ihm war, unter den Boden kommt. Das »so let it be« hängt in seiner Unabänderlichkeit an dem, was Brutus zur Begründung des Mordes gesagt hat, und die Tragfähigkeit dieser Begründung hängt an der Voraussetzung, daß Brutus »edel« ist und »ehrenhaft«. Diese Voraussetzung wird festgehalten, doch in steigendem Maße mit einem positiven Bild des Opfers belastet, bis sie nicht mehr trägt. Der Vorwurf der Herrschsucht wird als ein »schweres Vergehen« zugestanden, falls Brutus damit recht hatte. Schon ist unmerklich die Autorität seines Urteils in Frage gestellt. Doch noch einmal sichert sich Antonius ab: Brutus selbst hat ihn autorisiert, an der Leiche seines Freundes zu reden, Beweis, daß er und die anderen ehrenwert sind:

Hier mit des Brutus Willen und der andern
(Denn Brutus ist ein ehrenwerter Mann,
Das sind sie alle, alle ehrenwert),
Komm' ich, bei Cäsars Leichenzug zu reden.

Das »Denn« in der Parenthese hat einen Riß. Es begründet mit dem »ehrenwert« die Redefreiheit nur halb, so wie diese als bloßes Zugeständnis einen Schatten auf »ehrenwert« wirft. »Er war mein Freund, war mir gerecht und treu: Doch Brutus sagt, daß er voll Herrschsucht war.« Damit bezieht der Redner definitiv seinen Standpunkt gegenüber Brutus, doch vorsichtig, eingemummt in ein Urteil, das er als bloß subjektiv kundgibt. Die folgenden drei Beispiele aus Cäsars Leben entsprechen nicht der angeblichen Herrschsucht. »Doch Brutus sagt, daß er voll Herrschsucht sei, und ist *gewiß* ein ehrenhafter Mann.« Unter der Hand hat sich die Beweislast verschoben. Die Trauerrede wird zur Preisrede und darin zur Anklage gegen den Vorwurf des Brutus, der, einzig durch seine Ehrenhaftigkeit gedeckt, mit dieser in Frage steht. Dieser Effekt ist deutlich. Antonius fängt ihn in der Rede auf: »Ich will, was Brutus sprach, nicht widerlegen, ich spreche hier von dem nur, was ich weiß.« Keine Gegenrede also, die auf der Ebene bloßer Worte ihr Recht behauptet. Im Namen von Tatsachen wird hier geredet, mit dem scheinbaren Anspruch, rhetorisch nichts zu bezwecken, nur Trauer auszudrücken über den Verlust; das aber ist schon Anklage. Die Teilnahme der Hörer ist dem Redner sicher. Ihre Ausrufe beweisen es. Doch erneut leugnet er sie als Wirkung der *Rede*, und erhält sich so deren Wirkung: »O Bürger! strebt' ich, Herz und Mut in euch / Zur Wut und zur Empörung zu entflammen, so tät ich Cassius und Brutus unrecht, die *ihr* als ehrenwerte Männer kennt.« Sie sind es in *ihren* Augen jedenfalls. Ein Tropfen Hohn schon mischt sich in die Zeilen: »Ich will nicht ihnen unrecht tun, will lieber dem Toten unrecht tun, mir selbst und euch, als ehrenwerten Männern, wie *sie* sind.« Auf dieser rhetorischen Drehscheibe rutscht die schlichte Logik von Gut und Böse endgültig aus. Daß Antonius die Hörer, von deren Wertschätzung die Autorität von Brutus' Vorwurf eben allein noch abhing, auf die Seite des Toten und seiner selbst zieht, auf die Seite derer, denen er lieber unrecht tut, um bloß die Ehre des Gegners nicht zu ritzen, sprengt diese völlig vom Standpunkt der Hörer ab und setzt sie als Funktion der Rede ins Leere.

»Mein Herz ist in dem Sarge hier beim Cäsar«, sagt Antonius, »und ich muß schweigen, bis es mir zurückkommt.« Darauf ein Bürger: »Mich dünkt, in seinen Reden ist viel Grund.« »Ihr liebtet all' ihn einst nicht ohne Grund«, hieß es vorher, »was für ein Grund wehrt euch, um ihn zu trauern?« Das ist der manifeste Zweck der Trauerrede und der Grund, aus der sie kommt. Latent indessen: daß Trauer als Mittel zum Zweck fungiert: Aufruhr. Antonius spricht über den Toten erst, dann für ihn, weil er zum Schweigen gebracht wurde; schließlich soll er selber in der nachgelassenen Rede des Testaments zu Wort kommen. Doch zunächst wird es den drängenden Hörern vorenthalten, um der Wirkung willen, die es auf sie hätte: »Ihr seid nicht Holz, nicht Stein, ihr seid, ja Menschen [...] Es setzt' in Flammen euch, es macht' euch rasend.« Da die Wirkung gleichsam als Eigenschaft des zunächst Verschwiegenen vorweggenommen wird, stellt sie sich dann auch willig sprachlich ein. Ein Bürger: »Sie sind Verräter: ehrenwerte Männer.« So weit hat der Redner es schon gebracht, diese Konsequenz hat er selbst nicht ziehen müssen. Jetzt geht er über zur Rhetorik der Schaustellung: »Schließt einen Kreis um Cäsars Leiche denn / Ich zeig euch den, der euch beerbte.« Allein, die direkte affektive Beziehung Cäsars zu den Überlebenden und umgekehrt, die hier hergestellt werden soll, wird durch die Leiche gestört. Aber nur über die Leiche läuft andrerseits die Rhetorik der zerstörten Beziehung, die sich aggressiv entladen soll gegen die Mörder. »Hier schauet [...] schaut her!« Durch den fast schon sentimentalen Hinweis auf den von Dolchen durchlöcherten Mantel, den Cäsar an einem Sommerabend nach siegreicher Schlacht trug, wird die Mordszene im Blick auf die Wunden rückblickend veranschaulicht, schließlich die Leiche enthüllt: »Schaut her, hier ist er selbst [...]« Die Leichenrede ist am Ende: bei ihrem Gegenstand. Das Opfer soll stumm Anklage erheben: »Ich zeig euch des geliebten Cäsars Wunden, die armen, stummen Munde, heiße sie statt meiner reden.« Dann folgt der bezeichnende Rollentausch, mit dem Widerruf jeden rhetorischen Wirkenwollens im eigenen Namen, der Indienstnahme des beredten Gegenspielers und der Achtung vor ihm: »Aber wär ich Brutus, und Brutus Mark Anton, dann gäb' es einen, der eure Geister schürt', und jeder Wunde des Cäsar eine Zunge lieh', die selbst die Steine Roms zum Aufstand würd' empören. ALLE: Empörung!« Daß die aufgebrachte Menge dabei vergessen hat, nach dem Inhalt des Testaments zu fragen und Antonius daran erinnern muß, macht deutlich, daß hier nicht einfach geredet wird, sondern daß uns Rede und deren Wirksamkeit theatralisch vorgespielt werden. Der Zuschauer ist zweierlei: Publikum der Rede und Zuschauer des auf der Bühne repräsentierten Publikums. Das erlaubt, sich von Hörerreaktionen zu distanzieren, sich kritisch darauf zu beziehen. Bemerkenswert: die metonymische Verschiebung der toten Körperhülle auf den Mantel, der Dolchwunden auf die Löcher. Als würde noch einmal hineingestochen. Aber die nach der Opposition von Innen und Außen schematisierte Bildlichkeit der ganzen Passage trügt: mit dem toten Cäsar ist kein Staat zu machen. Unter dem Mantel erscheint die Leiche, als wäre sie selber nur ein abgelegter Mantel. Dagegen: die illusionäre Wiederbelebung durch die Reinszenierung des Sterbens von innen: »Denn als der edle Cäsar Brutus sah / Warf Undank stärker als Verräterwaffen / Ganz ihn nieder: da brach sein großes Herz.« Die Wunden als »poor poor dumb mouths« reden stellvertretend, und sie reden vom Meuchelmord, der vorher schon in bezug auf den Mantel durchgespielt wurde, als wäre er Körper. Der Zuschauer sieht nicht die Wunden, nur deren Wirkung als Empörung, die durch den blutigen Anblick des schutzlos und diesmal ohne rhetorische Bemäntelung ausgelieferten Körpers.

Nach der Verlesung des Testaments gelangt die Gedenkrede an ihr Ende und Ziel, indem sie den Ermordeten in seiner Größe und Einzigkeit monumentalisiert und schließlich den Unersetzlichen, ganz und gar durch Rede ersetzt, wegschikken und gehen lassen kann. »Das war ein Cäsar: wann kommt seinesgleichen?« Antwortgebrüll: »Nimmer! Nimmer!« Jetzt freilich muß auch der Leichnam weg, damit die Wunde des Wegseins zu brennen anfangen kann. Das Feuer, das die Leiche verbrennen soll, springt auf den Aufstand über:

> Verbrennt den Leichnam auf dem heil'gen Platze,
> Und mit den Bränden zündet den Verrätern
> Die Häuser an. Nehmt denn die Leiche auf!

So läßt diese politische Leichenrede, die sich gewaschen hat, den Toten noch einmal sterben, indem sie alles, was er verkörpert, sprachlich von ihm abzieht: Rede als Hülle der Hülle. Brennstoff. Wie die Leiche, die mehr nicht hergibt als die frustrierende Nötigung zur Umbesetzung affektiver Energie.

IV.

Das Scharnier in der gängigen metaphorischen Analogie zwischen dem Kleid-Körper-Verhältnis und dem Körper-Geist-Verhältnis ist besetzt von der Leiche. Dort treibt sie ihr Unwesen, indem sie das tropische Modell, das sie begründet, subvertiert durch Asymmetrie der Umklappung. Als unbelebte sichtbare Hülle macht sie die unbelebte sichtbare Kleidhülle zum Kleid des Kleides. Darüber hinaus figuriert sie in einer weiteren Analogie den toten Buchstaben im Gegensatz zum lebendigen Geist. Aber ebenso auch – und hier kippt's fatalerweise um – den toten Geist, insofern das Verhältnis von Geist und Körper auf dem Verhältnis von Körper und Kleid beruht. So wird, was Scharnier schien, zum Spalt: nicht zwischen Geist und Körper nur, sondern zwischen Geist und Geist und zwischen Körper und Körper. Beides ist, gesprochen oder geschrieben, unentscheidbar immer beides: tot und lebendig. Gespenstisch daran, daß die Leiche als ein Geist erscheint, als ein Wiedergänger, der nicht zurückkommt. Gespenstischer noch das Kleid, das für das steht, wofür die Leiche steht, für nichts und niemand. Nicht weil er nicht jemandem gehört, sondern diesem Niemand. Englisch läßt sich das besser pointieren: Nobody's body ist no body. Das macht den Schauer beim Berühren von Kleidern Verstorbener. Aber auch, vorausgesetzt, daß man's gar nicht erst ignoriert, beim Lesen von Grabinschriften, aus denen der ›Geist‹ eines Toten spricht, Niemand, ›verkörpert‹ in der Hülle der Schrift.

Wie das lebendige Hier und Jetzt der »sinnlichen Gewißheit« als das scheinbar Konkreteste zu einem abstrakten »Allgemeinen« abstirbt nur dadurch, daß man's aufschreibt, hat

Hegel in der *Phänomenologie des Geistes* ein für alle Mal dargetan:

Auf die Frage: *was ist das Jetzt?* antworten wir also zum Beispiel: *das Jetzt ist die Nacht* [...] Wir schreiben diese Wahrheit auf; eine Wahrheit kann durch Aufschreiben nicht verlieren; eben so wenig dadurch, daß wir sie aufbewahren. Sehen wir *jetzt, diesen Mittag*, die aufgeschriebene Wahrheit wieder an, so werden wir sagen müssen, daß sie schal geworden ist [...] Es wird das *Jetzt* gezeigt, *dieses Jetzt. Jetzt*; es hat schon aufgehört zu sein, indem es gezeigt wird. Das *Jetzt*, das *ist*, ist ein anderes als das gezeigte, und wir sehen, daß das Jetzt eben dieses ist: in dem es ist, schon nicht mehr zu sein. Das Jetzt, wie es uns gezeigt wird, ist es ein *gewesenes* [...] Aber was *gewesen* ist, ist in der Tat kein *Wesen; es ist nicht* [...]

Ein Phantomzwitter zwischen Sein und Nicht-Sein wie das »Ich« auch, dem die sinnliche Gewißheit des Hier und Jetzt zergeht, wenn es sie als die seine aufschreibt. Paul de Man hat in dem für diesen Problemzusammenhang wichtigen Aufsatz *Hypogram and Inscription* (in: *The Resistance to Theory*) den Hegelschen Gedanken auf eine prägnante Formel gebracht: »Hegel, who is often said to have ›forgotten‹ about writing, is unsurpassed in his ability to remember that one should never forget to forget. To write down *this* piece of paper (contrary to saying it) ist no longer deictic, no longer a gesture of pointing rightly or wrongly, no longer an example or a *Beispiel*, but the definitive erasure of a forgetting that leaves no trace. It is, in other words, the determined elimination of determination.«
Der Grabschriftcharakter der Schrift potenziert sich in der Schrift auf Gräbern, indem sie löscht, was sie aufbewahrt. Um so mehr, wenn die Schrift selber zur Unleserlichkeit verwittert und der Entzifferungsvorgang zur vergeblichen Sicherung der Spur einer Spur macht. Das verscheucht aus dem rekonstruierten leeren Gehäuse – nicht nur des toten

Schlüter. Figur des schreibenden Todes (Abb. 33)

Körpers und des Grabes, sondern »buchstäblich« diesmal – das Leben erst recht. Wie in dem folgenden Epigramm aus dem 17. Jahrhundert (*Auf eine von der Zeit verlöschte Grabschrift* von Christian Wernicke):

> Vor ward durch diese Schrift, die hier die Zeit zerstöret,
> Das Alles auf der Welt vergänglich sey, gelehret,

Und nun man sie nicht lesen kann,
Zeigt sie es uns noch klarer an:
Kein größres Zeugniß kann man haben,
Die Grabschrift selbst liegt hier begraben.

Als ahnten sie den Sog, der in der Lektüre im Leeren zwischen Tod und Leben entsteht, und als warnten sie davor, geben sich die Zeilen zu lesen, die William Butler Yeats für seinen eigenen Grabstein schrieb:

Cast a cold eye
On life, on death.
Horseman, pass by!

Weder das eine noch das andere ist zu sehen, aber beides zugleich aus der Schrift zu lesen.

V.

Wo's im Kriminalroman um die körperlose Auflösung eines Puzzles geht, gehört zur Spannung von der feinen Art, daß die Opfer schon tot sind, bevor man sie, hat man Glück, auch kennenlernt. In der billigeren Variante lernt man sie auch vorher nicht kennen. Deshalb reduziert sich das Sterben aufs Bewegungsloswerden eines Körpers, der mit einem andern zusammenstößt, so daß er aus dem Bewegungsfeld ausscheidet, und das Blut, das aus den Kugellöchern rinnt, kommt aus einer leeren Büchse und muß erzählerisch aufgetragen werden. Erst als solche wahrnehmbar gibt der Körper Ruhe. Statt Mitleid, äußerste coolness, totale Außensicht: »Ihre Genossen fielen über sie her, stellten sie an der Wand auf, und dann schoß sie der Scharfschütze aus der Küche nieder – päng – päng – päng – päng – päng? ›So sieht's aus‹, sagten wir.« So bei Dashiell Hammett in *Das große Umlegen*. Und bei Raymond Chandler: »hingeklatscht in jener Kleidersackstellung, die immer dasselbe bedeutet.« Den bösen Mördern wird zur Strafe der Tod genommen, während die guten, die sie jagen, sollen sie in Erfüllung ihres Dienstes fallen, wenigstens äußerlich im Tode ein Gesicht zugesprochen bekommen und Augen, als würden da durch die Öffnung noch seelische Weichteile sichtbar, die dem durchlöcherten Verbrecherkörper als flacher, hohler Zielscheibe fehlen und die das Erinnerungsbild des Toten füllen könnten. Scheinbar. Exemplarisch wird das am Schluß des Jerry-Cotton-Romans *Du mußt sterben Lady* einbekannt:

Bill reckte die Revolver vor und drückte ab, als stünde er auf einem Schießstand. Rickfield knickte mit dem linken Knie ein. Bill schoß noch einmal. Rickfields Körper wurde von der Wucht der Schüsse über den Teppich geschleudert [...] Das Ganze hatte nur ein paar Sekunden gedauert. Ich griff nach Bills rechtem Arm, um ihm den ersten Revolver wegzunehmen. Ich brauchte es nicht mehr. Über Bills Augen schob sich langsam ein stumpfer Schleier.
Gestern haben wir ihn begraben. William T. Bolden. Er ruht neben seiner Frau. Ein Paar, das sinnlos dahingerafft wurde durch die Skrupellosigkeit von Verbrechern. Es wird sehr schwer sein, unsere Erinnerung an unseren einstigen Kollegen von den grausamen Eindrücken der letzten Stunde freizuhalten.

Gelegentlich kann schon einmal, wie bei einer schauerlichen Hinrichtungszene in Truman Capotes *In cold blood*, die Frage aufblitzen, ob dem Verbrecher, um ihn gefühllos abmurxen zu können, Gefühle, weil er nicht die richtigen hat, insgesamt abgesprochen werden können, vor allem dann, wenn's ums Sterben geht. Als sich die Falltür nach umständlichen Vorbereitungen öffnet, bleibt der Verurteilte zwanzig Minuten vor aller Augen hängen, bis der Gefängnisarzt schließlich sagt: »I pronounce this man dead.« Zu sehen ist nichts, zu hören allenfalls »the thud-snap that announces a rope-broken neck«. Aber auch das kompensiert nicht den Ausschluß vom Tod und seine Reduktion zur Bedeutungslosigkeit. Der Tod, der als Strafe steht auf ein Leben im Zeichen des Tötens und der damit symbolisch ausgetauscht wird, steht als Zeichen, ohne Tauschwert, für nichts. Ginge es um mehr, wäre es ›unmenschlich‹. Also reproduziert solche ›Menschlichkeit‹ nur wieder, daß die Differenz nicht respektiert wird zwischen Leben und Tod, als ginge es dabei um nichts, weil's um anderes, um Geld zumeist, geht. Ein Reporter kommt nach der Erhängung, seiner ersten, mit einem Wächter ins Gespräch:

[...] ›es war nicht so schlimm wie ich dachte. Genau so wie beim Abspringen von einem Tauchbrett. Mit einem Seil um den Hals‹. ›Die fühlen nichts. Runter, schnapp, aus. Die fühlen nichts.‹ ›Bist du sicher?‹ ›Ich stand ganz nahe. Ich konnte ihn nach Luft keuchen hören.‹ ›Uh-hu, aber er fühlt nicht. 's wär nicht menschlich, wenn er's täte.‹ ›Naja. Und ich nehme an, die füttern sie mit einem Haufen Pillen. Sedativa.‹ ›Herrgott nochmal, nein. Das ist gegen das Gesetz‹ [...]

Wo Gefühl, wenn es kribbelnd sich einstellt, wie bei Johannes Mario Simmel nur als Dia der Erinnerung, klischiert und abgestanden, eben mal eingeschoben wird, Klick, ist auch beim Tod noch des Liebsten nichts dabei, Klick. Oktober 1978, Beirut:

[...] da lag Jean-Louis Cassis, ein Fotoreporter von AGENCE-FRANCE PRESS, neben ein Paar Trümmern auf dem Rücken. Sein T-Shirt und seine Shorts hatte der Luftdruck weggerissen, nackt lag er da und preßte die Hände gegen den Bauch, und der Bauch sah aus, als wäre er geplatzt, Darmschlingen quollen heraus, und Jean-Louis versuchte, die Darmschlingen in den Leib zurückzudrücken, und das gelang ihm nicht, und er brüllte und brüllte und brüllte [...]

Pierre [...] lief auf die Straße hinaus [...] Jean-Louis war sein Freund, und dann kam die nächste Rakete, und sie schlug dort ein, wo Pierre und Jean-Louis waren, und als sich der Staub verzogen hatte, gab es da, wo Pierre und Jean-Louis gewesen waren, nur noch einen gewaltigen Trichter. Das war es, dachte sie, und als sie mich dann heim nach Hamburg riefen, brachte ich am 9. Juni 1979 einen Jungen zur Welt und nannte ihn wie seinen Vater. (*Doch mit den Clowns kamen die Tränen*, 1987)

Das war's dann. Mehr nicht. Und dennoch gipfelt hier die Trivialität des Erzählens in der Korrespondenz mit der Trivialität solchen Sterbens. Anders ist es, wenn Simmel auf die sentimentale Tube drückt und Blut als Make-up verspritzt, um den Tod, den ein immer schon lebloses Subjekt gar nicht erleidet, äußerlich, farblich zu markieren. Und zu verklären:

Im nächsten Augenblick sah Irene [...] Manuel zwei Schritte nach vorn stolpern und dann fallen. Von jähem Entsetzen gepackt beobachtete sie, daß aus der rechten Schläfe seines Kopfes plötzlich Blut über die Eiskruste der Allee schoß, über den Schnee [...] Die Blutlache um seinen Schädel wurde rasend schnell größer. Irene kniete neben dem Gestürzten nieder. Ihre Stiefel, ihr Mantel, ihre Hände färbten sich rot [...] Aus einer großen Wunde an der rechten Stirnseite des Leblosen strömte Blut, Blut, gräßlich viel Blut [...] Die Maschine heulte und kreischte. Sie jaulte und donnerte und schien jeden Moment explodieren zu wollen. Ein Schatten streifte Irene gleich dem des Todesengels. Unendlich langsam hob sie den Kopf. Direkt über der Allee flog nun, in einem strahlend blauen Himmel, die Boeing [...] Dabei erblickte sie mit tränenerfüllten Augen vor den violetten, schwarzen und grauen Wolkenwänden des abziehenden Gewitters [...] sehr hoch, sehr weit gespannt, schimmernd und scheinbar zum Greifen nah, einen Regenbogen (*Und Jimmy ging zum Regenbogen*, 1970)

Richter. Arzt und Tod am Krankenbett (Abb. 34)

VI.

Im Arztroman, den man am Kiosk sich besorgt, ist der Patient in guter Hand. Gebräunt ist sie meist und behaart. Wessen Leben an einem Faden hängt, kommt durch. Dr. Stefan Frank, Dr. Norden, Landarzt Dr. Fabian und Chefarzt Dr. Anders geben ihr Bestes. Und wenn es denn trotzdem einmal sein muß zwischendurch, ist es gut so, Erlösung für die Sterbenden entweder, oder, aus Gründen der moralischen Bilanzierung, *von* ihnen für die Hinterbliebenen. Die Darstellung des Sterbens macht sich's leicht. Sie braucht, als Zeichen des eingetretenen Todes, nur ein einziges Requisit: das weiße Laken, das den toten Körper verdeckt:

Ein tiefer Seufzer entrang sich ihrer Brust. Ihr Blick blieb auf die Rosen geheftet, doch sie sah sie nicht mehr. »Schlaf gut«, sagte Jürgen und strich ihr die Lider mit einer liebevollen Geste zu [...] Er nahm das Laken des Deckbetts und zog es der Toten behutsam über das Gesicht. In diesem Augenblick kam Lis von Setting ins Zimmer, und als sie sah, was er tat, blieb sie betroffen stehen. »Großmutter... sie ist... tot?« murmelte sie fassungslos. (*Der Mann, der ihr einst Liebe schwor, Dr. Stefan Frank*)

Demgegenüber brilliert die autobiographische Medizinerprosa, nicht minder hilflos, mit Sachlichkeit, wenn's um den Exitus geht. Oder – durch einen Trick der Natur und ohne Heilkunst – knapp daran vorbei. So berichtet Ferdinand Sauerbruch in *Das war mein Leben* von einem Fechter, dem ein Säbelhieb die Brustwand zwischen zwei Rippen gespalten hat. »Obwohl aus der Wunde nur wenig Blut floß, war aus dem blühenden jungen Mann ein Sterbender geworden.« Das Bild wird trocken ausgeschmückt. Und dann, »Zeichen des herannahenden Todes«, ein Hustenanfall, der ihm das Leben rettet. »Ohne Übergang« kann er wieder atmen, steht auf und sagt: »Gebt mir um Gotteswillen eine Zigarette...« Die Lunge war »zwischen die beiden klaffenden Rippen geraten, diese hatten sich wie ein klaffendes Maul geschlossen«. Die Lunge konnte »nicht mehr, wie dies beim offenen Pneumothorax geschieht, sich zusammenziehen und dadurch Atmung und Kreislauf und deren Zusammenarbeit stören«. Der junge Mann, dessen Brust vernäht wird, verläßt die Klinik nach acht Tagen. »Einziges Ergebnis: ein sehr bemerkenswerter Renommierschmiß auf der Brust.« Die Darstellung des Nichtsterbens als eines Glückfalls impliziert den Tod als technische Panne.

Hogarth. Der Lohn der Grausamkeit (Abb. 35)

VII.

TOTENMASKEN gehören zur Familie der Crustazeen. Sie täuschen den Abdruck entwichenen Lebens vor, verhärtete Schale, und doch, von außen gesehen, ganz wie lebendig noch, bevor auch das tote Gehäuse durch die über den eingetretenen Tod hinaus wirksame Macht des Todes, Staub zu Staub, sich pulverisiert, als wäre der Tod in Wirklichkeit

Ensor. Die Masken und der Tod (Abb. 36)

kein Einschnitt, sondern ein Prozeß solcher Rückführung von Materie in Materie, und Lebendigkeit bloß dessen Maske. Nicht die zur ewgen Ruh geschlossnen Augen sind das Tote an der Totenmaske, sondern: daß das Gesicht selber zur Maske erstarrt, abziehbar, daß sie das Leben als Weichteil und inwendige Füllung ebenso vorschützt, wie sie sich lebensecht, schützend vor dessen Entleerung schiebt, so daß das verlassene Gehäuse unheimlicherweise für beides steht: für Leben und für Tod. Genauer: für die fehlende Ausschließlichkeit beider. Also für beide nicht. Unheimlicherweise. (Abb. 36)

»Die Furcht des Menschen vor dem Tode entspringt einem Mangel an Einfügung in das Lebensgesetz und äußert eine Undankbarkeit gegenüber der genossenen Freude am Leben.« So posaunt der Herausgeber eines im Zweiten Weltkrieg erschienenen Bandes mit kommentierten Abbildungen von Totenmasken berühmter »Soldaten und Staatsmänner«, »die große Erfolge nur in einem mutig gestalteten gefährlichen Leben sichern konnten«. Sie »zeigen auch im toten Gesicht die überlegene Festigkeit gegenüber dem Tode«. Das als vorbildliche Lebenshaltung herauszulesen, ist das Programm des Büchleins (Max Simoneit, *Unsterbliche Soldaten, Von der Überwindung des Todes durch den Geist*, Berlin/Leipzig 1940):

Das wirkliche Wesen des Sterbens und des Todes bleibt uns ewig ungewiß, weil sich der Mund der Kundigen zu ewigem Schweigen unabänderlich verschließt und der Tod nicht Inhalt unserer irdischen Erfahrung ist. Eine beredte Sprache aber vermögen die letzten Spuren der das Leben zum Abschied grüßenden Seele im Gesicht des Toten zu hinterlassen. Mit der Größe der geschwundenen Seele wächst auch die Größe des Sieges über den Tod, von dem die Sprache der Totenmaske im Falle des natürlichen Verlöschens des Lebens immer kündet. Und beschloß bei großen Soldaten und Staatsmännern das Sterben ein von Erfolg gesegnetes Schaffen, dann liegt über den Zügen des in Ewigkeit Entschlafenen fast immer ein erhabener Schimmer beginnender Seligkeit.

Das scheint, wer physiognomisch so liest, sicher zu wissen. Auch vom Leben – und da wird die Dechiffrierung ideologisch – »kündet das tote Gesicht der steinernen Maske, wenn es gelungen war, sie unmittelbar nach dem Verlöschen zu gestalten«:

In solchen glücklichen Fällen gibt sie häufig wesensechtere Züge wieder, als das vom Verstand und Willen gehaltene Gesicht im Leben selbst sie zu zeigen vermag. In den Augenblicken des Sterbens fallen die Hemmungen – fällt die Maske, die der mit den Nöten des Lebens belastete Mensch seinen Mitmenschen zu zeigen pflegt. Hüllenlos stellt sich die Seele dem Tode entgegen und wächst zum letztenmal zu ihrem Totalwesen empor [...]

Scheibenhonig, Schindluder mit dem Respekt vor den Toten, mit der Würde dieser Totenköpfe, vom Leben *und* vom Tod gezeichnet zu sein, gerade noch da und noch unzerfallen schon weg. Brutal indessen werden sie gegens Leben zurückgedreht und müssen aussagen, auf den ideologischen Dicksaft der Todesverachtung konzentriert, worauf es ankommt: nicht das Leben, das sich in ihrem Anblick erschließt, sondern ihr Blick auf das Leben, mit dem respektgebietenden Vorsprung, es eben gerade hinter sich zu haben und so von außen zu sehen. So soll man glauben, das Gesicht Friedrichs des Großen sei vom »Geist der Worte erfüllt, die der große König zu seinen Soldaten in Gegenwart des Todes sprach: ›Habt ihr nicht genug gelebt, ihr Rackers?‹ oder von dem Geist der Worte, mit denen er jenen in der Todesstunde schmerzvoll nach seiner Mutter schreienden Fähnrich zur Ruhe zwang: ›Sterb er brav, Fähnrich!‹« (Abb. 37)

Der »tote Kopf« General Ludendorffs »scheint auf einem aufrecht geradeaus marschierenden Soldatenkörper zu stehen«: »Schmerzen und Leiden haben in diesem Gesicht keine Spuren hinterlassen: Ludendorffs Seele war gegen das Leid gefeit, und dieses Herz im Harnisch stellte der Sterbende stolz und gelassen auch dem Tod entgegen [...]« (Abb. 38)

Ausgelöscht die Grimassen des Alltags. Ein Sonntagsgesicht für die Ewigkeit. Den Moment freilich, den es nun für immer festhält, als sammelte sich in der Schale die Summe eines ganzen Lebens, gibt es nicht und hat es nie gegeben.

Folgt man Nietzsches lebensgefährlicher Devise, daß, um der Konstruktion von Tiefe willen, »jeder tiefe Mensch« eine Maske »braucht«, so ist anzunehmen, daß die sogenannte Tiefe des Subjekts ein Effekt der Maskierung ist und nicht umgekehrt; daraus ergibt sich das Sterben als symbolisches Äquivalent heraus- und umgestülpter Individuation: freier Fall in den strudelnden Abgrund von Maskierungen, Lebens-

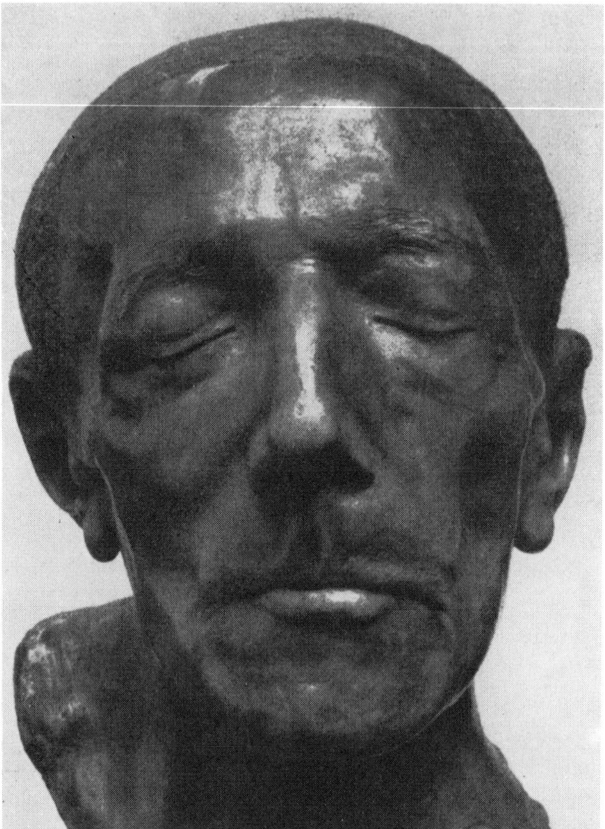

Totenmaske Friedrichs des Großen (Abb. 37)

masken, die sich, radikale Oberflächlichkeit des Todes, fortzu selber ablegen und von sich selber abschuppen, Abgrund ohne Grund und Hintergrund, der durch Hintergedanken inhaltlich auszufüllen oder durch ästhetische Form abzudichten wäre. Dem Zeichen ›Tod‹ strukturverwandt,

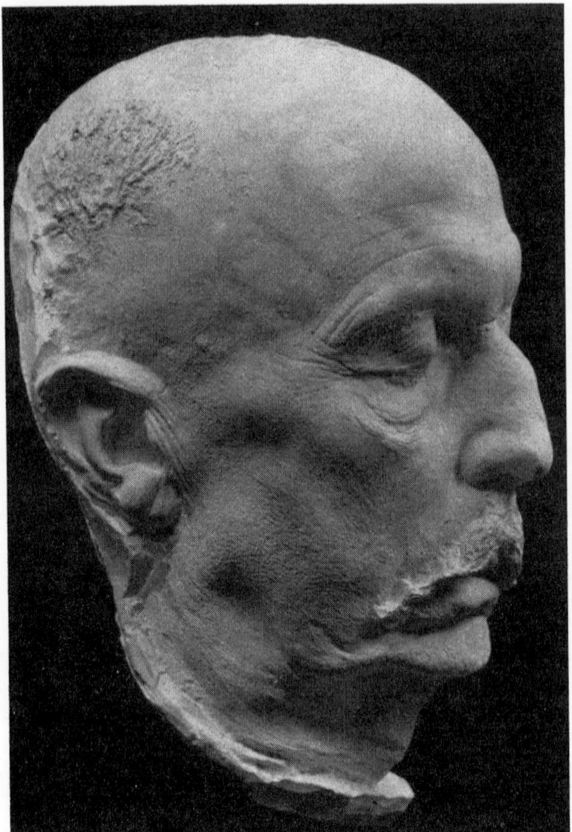

Totenmaske Erich Ludendorffs (Abb. 38)

zeigt die Maske nicht, was sie verbirgt, aber daß sie nichts verbirgt, sie zeigt, unfähig zur referentiellen Darstellung, daß sie ihren Grund, der nur wieder neue Tarnung ist, weder zeigen noch verbergen kann: Selbstdementi ihrer Darstellungsfunktion. Daran haben, vor Nietzsche noch, zuerst die

Caravaggio. Der Heilige Hieronymus (Abb. 39)

deutschen Romantiker gerührt. Die *Nachtwachen* des Bonaventura beziehen daraus ihren nihilistischen Kitzel:

Der Totenkopf fehlt nie hinter der liebäugelnden Larve, und das Leben ist nur das Schellenkleid, das das Nichts umgehängt hat, um damit zu klingeln und es zuletzt grimmig zu zerreißen und von sich zu schleudern. Es ist alles Nichts und würgt sich selbst auf und schlingt sich gierig hinunter, und eben dieses Selbstverschlingen ist die tückische Spiegelfechterei, als gäbe es Etwas, da doch wenn das Würgen einmal innehalten wollte eben das Nichts recht deutlich zur Erscheinung käme, daß sie davor erschrecken müßten; Toren verstehen unter diesem Innehalten die Ewigkeit, es ist aber das eigentliche Nichts und der absolute Tod, daß das Leben im Gegenteil nur durch ein fortlaufendes Sterben entsteht [...]
[...] je mehr Masken übereinander, um desto mehr Spaß, sie eine nach der andern abzuziehen bis zur vorletzten satirischen, der hippokratischen und der letzten verfestigten, die nicht mehr lacht und weint – dem Schädel ohne Schopf und Zopf [...]

Der Totenkopf also als Maske der Masken, Emblem individuellen Lebens in seiner allgemeinsten Form, abgeschieden von sich selbst. So schließlich gleichen wir uns alle.
Über die »unvergleichliche Sprache des Totenkopfes« hat sich Benjamin in der *Einbahnstraße* gewundert: »völlige Ausdruckslosigkeit – das Schwarz seiner Augenhöhlen – vereint er mit wildestem Ausdruck – den grinsenden Zahnreihen.« Dort einzig scheinen noch Spuren lesbar verschwundener Singularität. Den Maskencharakter solcher Ausdrücklichkeit im Grinsen hat Benjamin in einer Notiz vermerkt: »Grinsen und Schein hängen zusammen. Nur wo sich ein Schein vor ein Wesen legt (oder gar das Wesen ist) grinst es [...]« Mit inhaltlosem Pathos, ausdruckslos.

VIII.

Mit inhaltlosem Pathos, ausdruckslos, blicken auch die fotografisch geschossenen Kopfaufnahmen, die verkniffensten noch aus der Anfangszeit, wo es stillzuhalten, sich totzustellen galt, sollte bei Langzeitbelichtung nichts verrutschen. Das Steife gerade der körnig vergilbten Bilder macht sie lebendiger als die aus dem Leben, in welches das Blitzlicht schlägt, herausgegriffenen, herausgefallenen Momentaufnahmen heute. Indem sie sich dem prallen Lebensaugenblick verschreiben, den sie stillegen, sind sie mit dem Tod verbündet, den sie so sehr verdrängen wie sie jenen abtöten. So zeugen sie doch nur vom Tod des Lebens, das sie bezeugen und sprechen doch von beidem nicht. Ihr Leben ist des Todes Tod in falscher Ewigkeit angehaltener Vergänglichkeit. Und weil das Verdrängte gespenstisch wiederkehrt, kehren wir unter Wiederholungszwang immer wieder zurück zu den

Bildern, die uns festhalten, und suchen umsonst die Stelle, wo Leben und Tod auseinanderdriften und der Schein von Leben den Scheintod maskiert. Weder tot noch lebendig: lebendige Leichen. Daß wir uns dabei selbst völlig gleichen, aufs pure Aussehen reduziert, ohne Kriterium, das von außen auch beurteilen zu können, macht uns, so betrachtet, gleich mit allem und deshalb auch mit nichts. Masken also auch hier: Subjektivität, dem Betrachterblick ausgeliefert, die nichts für sich behält und nichts doch von sich hergibt. Und hier auch wieder, dem Zeichen »Tod« analog, die paradoxe Struktur äußerster Singularität in allgemeiner Form. »Die Entschälung des Gegenstands aus seiner Hülle«, so hat Benjamin in seiner *Kleinen Geschichte der Fotografie* festgestellt, »die Zertrümmerung der Aura ist die Signatur einer Wahrnehmung, deren Sinn für alles Gleichartige auf der Welt so gewachsen ist, daß sie es mittels der Reproduktion auch dem einmaligen abgewinnt«. Die beliebige Reproduzierbarkeit des Unverwechselbar-Einmaligen untergräbt seine Unersetzlichkeit. Auch das geht ans Lebendige. Mehr noch jene totale Bildwerdung, von der Roland Barthes spricht in *La chambre claire*, als Abkoppelung vom Referenten. »Ich erfahre«, wenn ich selbst Zielscheibe, Referent, »das vom Gegenstand abgesonderte eidolon« bin, »im kleinen das Ereignis des Todes (der Ausklammerung): ich werde wirklich zum Gespenst. Der Fotograf weiß dies sehr gut und er hat selbst Angst (und sei es aus kommerziellen Gründen) vor diesem Tod, der Einbalsamierung, die er mit seiner Geste an mir vollzieht [...] Ich bin *ganz und gar* Bild geworden, das hießt der TOD in Person [...]«

Nicht anders als Benjamin und ohne es zu wissen offenbar, sucht auch Roland Barthes beim Lesen ausgewählter Fotos nach jenem »winzigen Fünkchen Zufall, Hier und Jetzt, mit dem die Wirklichkeit den Bildcharakter gleichsam durchgesengt hat« (Benjamin). Das scheinbar wirklichkeitstreue fotografische Bild, ist voll bis zum Rand, zum Trauerrand, der die Zeitlichkeit des Gezeigten abschneidet, und nichts, scheint's, ließe irgendwo sich hinzufügen. Und doch fehlt das Entscheidende dort, jetzt, wo es sich mir immer noch so zeigt wie damals. Das erhascht-überraschte Leben: ein Loch. Doch kreuzen sich prekär, an der Grenze des Wahnsinns, wie Barthes es nachvollziehbar herausgespürt hat, ein konstatives und ein exklamatorisches Urteil, vermengen sich dissonant und zugleich dissoziativ zur Erfahrung eines »vertige du temps écrasé« die Konzepte des Wirklichen und des Lebendigen, verkrallen sich feindlich, im Versuch sich von einander zu lösen, ein ›Das war's da‹ (»Cela a été«) und ein ›Das ist's – so‹. Barthes macht das sinnfällig im Blick auf ein Kinderfoto seiner Mutter im Wintergarten und auf das Foto des jungen Lewis Layne, der den amerikanischen Außenminister Seward 1865 ermordet hat und jetzt in seiner Zelle auf den Henker wartet:

Ich lese gleichzeitig: das wird sein und das ist gewesen; mit Schrecken gewahre ich eine vollendete Zukunft, deren Einsatz der Tod ist. Indem die Photographie mir die vollendete Vergangenheit der Pose (den Aorist) darbietet, setzt sie für mich den Tod in die Zukunft. Was mich besticht, ist die Entdeckung dieser Gleichwertigkeit. Das Kinderfoto meiner Mutter vor Augen, sage ich mir: sie wird sterben; ich erschauere wie der Psychotiker bei Winnicott vor einer Katastrophe, die bereits stattgefunden hat. Gleichviel, ob das Subjekt, das sie erfährt, schon tot ist oder nicht, ist jegliche Photographie diese Katastrophe.

Wenn auch lichtgeboren, steckt im Kadavergehorsam jeder Ablichtung solche Todesdrohung. Jedes Porträt ein maskierter Totenkopf, lebendige Leiche. Deshalb steht die fotografische Präsenz zur fotografierten in keiner metaphorischen Beziehung. Sondern, weil das Defizit, das sie ist, nach mehr schmeckt, in metonymischer. Darauf hat Jacques Derrida, der über »Die Tode von Roland Barthes«, also über das Verhältnis von Fotografie und Tod nachgedacht hat (Poétique 1981, H. 47), hingewiesen und die Zeit selbst als letzte, wenn auch nimmer einholbare Instanz metonymischen Gleitens ausgemacht, als »letzte Ressource für die Substitution eines absoluten Augenblicks durch einen andern, für die Ersetzung des Unersetzlichen, diesen einzigartigen Referenten durch einen andern, der auch ein anderer Augenblick, ganz anders und doch derselbe ist«. So richtet sich die Fotografie letztlich in der Zeitschrunde ein zwischen Jetzt und Jetzt mit ihrem Klick. In der Musik, so werden wir sehen, klingt's anders.

IX.

Das eingetretene Totsein ist kein Zustand, der Lebewesen zu- oder abgesprochen werden könnte. Der Tod hat kein Subjekt. Sonst müßte es, wie Kant es vorsah, als das jede Wahrnehmung begleitende ›Ich denke daß‹ gedanken- und erfahrungslos, also tot, den Tod überleben. (Vgl. dazu Thomas Macho, *Todesmetaphern*, 1987.) In der Vorstellung meines Todes müßte ich von mir als dem Subjekt dieser Vorstellung absehen können, aufhören zu denken, *ich* sei tot. Aber wie? Und wie, wenn wir aufhören zu rauchen und zu fressen und zu trinken und eine Lebensversicherung abschließen und das Testament machen? »It's not that I'm afraid to die«, frotzelte Woody Allen in seinem Film *Getting Even*, 1971, »I just don't want to be there when it happens.« In der *Phänomenologie des Geistes* hat Hegel gegen den Tod, der jedem bloß »natürlichen Leben« von außen ein Ende macht, so banal wie das »Durchhauen eines Kohlkopfes oder ein

Schluck Wassers«, jenen Tod gesetzt, der sich dem Bewußtsein als Bewußtsein seiner Grenze und seines Darüberhinauswollens einschreibt, als Bedingung der Möglichkeit von Selbstbewußtsein. Dieses heißt: sich selbst sein eigenes Ende darstellen zu müssen, ohne es zu können. Der Tod in mir selbst: als Bedingung der Möglichkeit, Ich zu sagen und sein. Allerdings: wer sagt, er sterbe, sagt, daß er lebt. ›Ich sterbe‹ kann von keinem Ich gesagt werden, wobei das ›von‹ in doppeltem Sinne gilt. Es müßte heißen »›ich‹ stirbt«. Doch dann sage nicht ich es mehr und ich sage es nicht, sondern habe das Sagen geschrieben, und ›ich‹ ist, wie bei allem ›ich‹-Schreiben, ein anderer, an den ich mich und mein Sterben versuchsweise abtrete. Solches Totsagen als Totschreiben befindet sich im unauflöslichen double-bind zwischen der Möglichkeit und der Unmöglichkeit meines Todes, solange ich lebe, insofern der Tod dabei zugleich gesetzt *und* aufgehoben ist.

X.

In einer Gruselgeschichte von Edgar Allan Poe, die so tut, als ginge es aus wissenschaftlichem Interesse protokollarisch nur um »The facts in the case of M. Valdemar«, erprobt die Darstellung narrativ gegen ihren eigenen Strich und, weil zu nah am Leserauge, an ihrer Oberfläche versteckt, ihren eigenen Beitrag an dem mesmeristischen Experiment des lebendigen Totseins, von dem berichtet wird. »No person«, sagt der Erzählwissenschaftler am Anfang »had as yet been mesmerized ›in articulo mortis‹«. Das spielt schon an auf die Artikulation des Totseins durch den angeblich Toten, der's nur selber sagen kann, wenn's soweit ist. Im Augenblick, wo's mit ihm zu Ende geht, wird der schwindsüchtige

Waldemar in Trance versetzt und scheintot konserviert: »the limbs were as rigid and cold as marble. Still, the general appearance was certainly not that of death.« Dann im Flüsterton die Antwort: »Yes; – asleep now. Do not wake me! – let me die so!« Die Zeitspanne des Sterbens, obwohl auf »wenige Minuten« terminiert, wird durchs Erzählen, ganz und gar schmerzlos scheint's, gefüllt und gedehnt. Das Erzählen, das sich ausdrücklich als Abschrift von den memoranda des M. L. – der dabei war und doch im entscheidenden Augenblick in Ohnmacht fällt, charakterisiert – »condensed and copied verbatim« –, das Erzählen allegorisiert sich in der schwarz geschwollenen Zunge des Magnetisierten, so wie umgekehrt die Magnetisierung, die das Versuchsobjekt im Sterben zum Sprechen bringen will, eine Allegorie des Schreibens ist. Eines Schreibens, das den sensationslüsternen Leser durch den Schein der Faktengläubigkeit ködert und von der eigentlich erzählten Erzählproblematik ablenkt. Bezeichnend, daß der Erzähler gerade dann, wenn die Ereignisse sich seinem Willen und seiner Verfügungsgewalt im Horror des Unheimlichen zu entziehen scheinen, die schärfste Kontrolle über seine Sprache ausübt. Die Rhetorik der Unsagbarkeit verrät, was sie versteckt: ein Sprachexperiment auf Leben und Tod im Reagenzglas des Textes. (Vgl. die darstellungstheoretisch bislang wohl am weitesten avancierte Studie von Garret Stewart, *Death sentences*, Cambridge Mass./London 1984.)

Die unerhörte Aussage, die Waldemar jetzt machen wird, ist sprachliche Artikulation, aber gleichsam nachtodlich oder vorgeburtlich, unabhängig von ihrem körperlichen Instrument, »a strong vibratory motion«, in der Zunge nur, ohne Zähne, Lippen, Kiefer, in synästhetischem Sprachaufwand erzählerisch vernehmbar gemacht in taktil verdickter Luft als eine Art Unterwassersprache. Die Augenblickhaftigkeit des ausgesagten Totseins wird durch die stotternde »syllabification« des Sprechens zugleich widerrufen. Es ist der Augenblick, sprachentzogen, dazwischen, auf den es ankommt. Ein Verscheiden als Trancezustand, sprachlich auf Dauer gestellt: »Yes – no –; I have been sleeping – and now – now – I am dead.« Die in den Sprachlücken vergehende Redezeit ist Lebenszeit, und der Erzählfaden, an dem Waldemars Leben hängt, wird weitergesponnen, und sieben Monate verrinnen wie nichts. Weder tot noch lebendig bleibt Waldemar »exactly as I have described him«, eingesperrt im Zwischenzustand des Schlafwachens. Die Fermate ist eine Funktion des Erzählens, das seinem Opfer noch ein letztes Votum gestattet. Es ist ein Sprechakt, mit dem Waldemar um Erlösung bittet aus dem eingefrorenen Entweder-Oder, aus der Sprache entlassen zu werden, die hier noch die Grenze zu ihrem Jenseits manipuliert, oder aufzuwachen, diesseits. Er sagt, daß er sagt, er sei tot: »For God's sake! – quick! – put me to sleep – or quick! – waken me! – quick! – I say to you that I am dead!« Was er da stammelnd sagt, so hat auch Roland Barthes betont, ist grammatisch und semantisch unmöglich, unaussprechbar: »dans le paradigme *Vie/Mort*, la barre se lit normalement ›contre‹ (versus); il suffirait de la lire ›sur‹, pour que l'empiètement se produise et que le paradigme soit détruit. C'est ce qui ce passe ici, il y a morsure indue d'un espace sur l'autre [...] il s'agit d'affirmer une essence qui *n'est pas à sa place* [...] c'est le point vide, la tache aveugle de la langue que le conte vient très exactement occuper [...] ›je suis mort et pas mort‹; c'est là le paroxysme de la transgression, l'invention d'une catégorie inouïe; le *vrai-faux*, le *oui-non* [...] la parole ›Je suis mort‹ est un tabou explosé.« (In: *L'aventure sémiologique*, vgl. auch J. Derrida, *La Voix et le Phénomène.)* Das »Ich« bezeichnet eine absente Sprecherpräsenz, und das Prädikat »tot« signalisiert eine skandalöse

Vermischung des Übertragenen und des Eigentlichen. Die »utterance« des Toten – zieht man in Betracht, wie der Text um die Ambivalenz von »utter« kreist – meint auch das äußerste bittere Ende, an das sprachliche Äußerung getrieben werden kann. So subvertiert am Ende dieses Sprechen, das dem Erzähler die Sprache verschlägt, die Sprache selbst in ihrer Funktion, das Abwesende zu repräsentieren. Der lapsus linguae – langue vivante ohne Sprecher – suspendiert aufs erschreckendste die Grenze zwischen Tod und Leben, die nach Jean Baudrillard die Toten vom symbolischen Tausch der Lebenden trennt. Das ist das eigentlich Gruselige an der ganzen Geschichte.

Indem das Subjekt des Sprechens verschwindet, wird die Sprache zum toten Körper materialisiert, das Wort »tot« absolut, abgelöst und selber tot und sinnlos, und unter der Hand des Schreibenden löst sich auch das Corpus delicti auf, das er – ein Gegenbeispiel zu Flaubert – nicht halten kann, wo ihm die Sprache ausgetrieben wird:

> Als ich während der Ausrufe ›schnell!‹ – ›tot!‹, die von der Zunge, nicht von den Lippen des Leidenden zu kommen schienen, die erforderlichen magnetischen Striche führte, brach plötzlich in weniger als einer einzigen Minute, sein ganzer Körper zusammen – zerbröckelte, verweste vollständig unter meinen Händen. Und auf dem Bett, vor den Augen der Anwesenden, lag eine fast flüssige, in ekelhafte Fäulnis übergegangene Masse.

Wenn das zugleich der Höhepunkt der Erzählung ist, der spannungsvoll bis zum Ende aufgeschoben wurde, so gibt diese auch zu bedenken, daß es solches narrative Aufschieben ist, das den Text nicht nur vor dem Stillstand bewahrt, sondern auch vor seiner eigenen, allzeit drohenden Dekomposition.

Vorbei! ein dummes Wort.
Warum vorbei?
Vorbei und reines Nichts, vollkommnes Einerlei!
Was soll uns denn das ew'ge Schaffen!
›Da ist's vorbei!‹ Was ist daran zu lesen?
Es ist so gut, als wär' es nicht gewesen,
Und treibt sich doch im Kreis, als wenn es wäre.
Ich liebte mir dafür das Ewig-Leere.

Im Chor definieren auch die Engel später Tüchtigkeit als Abschirmung gegen außen:

Was euch nicht angehört,
Müsset ihr meiden,
Was euch das Innre stört,
Dürft ihr nicht leiden.
Dringt es gewaltig ein,
Müssen wir tüchtig sein [...]

Wenn Faust hofft, daß er »den Wellen ihre Grenze setzt/Das Meer mit strengem Band umzieht«, so weiß sich Mephisto im Bund mit den Gegenkräften: »Die Elemente sind mit uns Verschworen/Und auf Vernichtung läuft's hinaus.« Was »*ein* Geist« an »tausend Hände« delegiert, damit es sich als »Werk vollende«, ist selbst schon »das Abgesteckte«. Wenn es ›voll‹ ist, ist der Geist am ›Ende‹, überlebt sich, abwesend-anwesend im Werk als seiner Tätigkeitsspur, die ihren Urheber transzendiert. So ist Er-füllung immer schon terminiert nach Maßgabe dessen, was dazu fehlt, und das Ende ist erreicht, wenn der Treibstoff des Mangels aufgebraucht ist. »Was ich gedacht«, sagt Faust kurz vor dem Tode, »ich eil' es zu vollbringen«. »Es ist vollbracht«, spottet Mephisto mit den Worten des sterbenden Christus am Kreuz, wenn es soweit ist, daß ›es‹ reicht, und genug ist mit einem Menschenleben, das sich in *einem* Augenblick in allem, was ihm zum Ganzen fehlt, zusammenfaßt und über sich hinausschießt.

Die Metaphorik der Abdichtung, die Fausts Schlußmonolog bestimmt, entspricht ironisch auch seiner Blindheit. Anstatt »nach drüben«, die »Augen blinzelnd« zu richten – die Lemuren, Gestalten von drüben, machen zugleich die Grenze solcher Grenzziehung deutlich –, drängt der innere Blick die Zeitachse entlang nach vorn in die Zukunft, eine Zukunft freilich, die, als wäre die Zeitachse zum schließenden Horizont gekrümmt, wie ein räumlich zu erfüllender Schutzraum imaginiert wird:

Im Innern hier ein paradiesisch Land,
Da rase draußen Flut bis auf zum Rand,
Und wie sie nascht, gewaltsam einzuschließen,
Gemeindrang eilt, die Lücke zu verschließen.

Mit dem folgenden »Ja« öffnet sich Faust diesem »Sinne« als dem Sinn und Ende kollektiver Tätigkeit, die er anzuregen glaubt, und zugleich als seiner eigenen, neuen Sprechhaltung, insofern er sich zum ersten- und letztenmal einordnet in ein Kollektiv, innerhalb selbstgesetzter Grenzen, eingeschlossen ausschließend. Zu solchem Redestandpunkt auf neugewonnenem Neuland am Ende paßt die Generalisierung und Kollektivierung im gnomischen Präsens:

Ja! diesem Sinne bin ich ganz ergeben,
Das ist der Weisheit letzter Schluß:
Nur der verdient sich Freiheit wie das Leben,
Der täglich sie erobern muß.
Und so verbringt, umrungen von Gefahr,
Hier Kindheit, Mann und Greis sein tüchtig Jahr.

Die Weisheit solchen Ausblicks schließt sich, wörtlich, ab im Gedanken auf Dauer gestellter Erneuerung, »täglich«. Der Gemeinsamkeit der Tüchtigkeit entspricht die der drei Lebensalter, die Jahr für Jahr, als Metapher des der Zeitlichkeit unterworfenen Menschenlebens in die Gleichzeitigkeit des einen Jahrs pars pro toto für ein ganzes Menschenleben zusammengezogen werden. Dann der Wunsch, zu sehen, wie es wäre, wenn es wäre, wie es sein sollte, und der Wunsch, sich selber dort, dazugehörend, zu sehen. Im Blick darauf und zugleich von dort her spricht Faust die letzten Sätze vom »höchsten Augenblick«:

Solch ein Gewimmel möcht' ich sehn,
Auf freiem Grund mit freiem Volke stehn.

Der Augenblick, »zu« dem gesprochen wird, ist nicht der des Sprechens. Und doch ergeht die Rede von dort. Ihre Gegenwart ist von sich selbst gespalten, nicht minder das Ich, das spricht. Nur unter der utopischen Bedingung der vorgreifenden Innenschau, die von außen gesehen fehlt, fiele das ausgesagte Ich mit dem der Aussage zusammen ebenso wie der höchste Augenblick mit dem letzten. Zukunft legitimiert allein die Artikulation der Gegenwartserfahrung:

Zum Augenblicke dürft' ich sagen:
Verweile doch, du bist so schön!

Das ist: gesagtes Sagen, ein Selbstzitat, in hörbaren Anführungszeichen, aus der Teufelspakt-Szene, nahezu zehntausend Verse früher. Nicht nur, daß das zitierte Versprechen von damals seinen illokutionären Wert einbüßt; sein Sinn wird umgemünzt ins Gegenteil von Ermüdung. In der Studierzimmerszene war Faust bereit, sein Leben preiszugeben, sollte er je sich »auf ein Faulbett legen« oder gar sich »selbst gefallen«:

Werd' ich zum Augenblicke sagen:
Verweile doch! du bist so schön!
Dann magst du mich in Fesseln schlagen,
Dann will ich gern zugrunde gehn!
Dann mag die Totenglocke schallen,
Dann bist du deines Dienstes frei,

Die Uhr mag stehn, die Zeiger fallen,
Es sei die Zeit für mich vorbei!

Das eben ist sie für den noch sterbend strebenden Faust gerade nicht. Nur Mephisto meint, darauf sich berufen zu können, obwohl er nicht daran glaubt (»Vorbei! ein dummes Wort«). In Fausts visionärem Sprechen wird Zeit nicht einfach abgeschaltet, sondern aufgehoben, obwohl sie das Darstellungsmittel ihrer Aufhebung bleibt:

Es kann die Spur von meinen Erdetagen
Nicht in Aeonen untergehn. –

In seiner »Spur« ist das Leben über sein Ende hinaus aufbewahrt als das, worauf es ankam, aufgehoben in der individuelle Lebenszeit überdauernden Gemeinschaft, die es begründen wollte. So sieht es Faust voraus. Das futurum exactum korrespondiert mit der im Sprechen genossenen Augenblickserfahrung als Vorlust:

Im Vorgefühl von solchem hohen Glück
Genieß ich jetzt den höchsten Augenblick.

Der Superlativ buchstabiert die Ideologie der Spur zurück. Das »jetzt«, vorwęg genossen, kennt keinen Rest mehr. Es *ist* für Faust der Rest, gibt ihm den Rest. Daß der »höchste« Augenblick als Augenblick des Sterbens der letzte und schwächste einer Kette wäre, die reißt, ist nur noch ein Problem der Überlebenden, die zuhören und zuschauen. Mephistos Problem:

Den letzten, schlechten, leeren Augenblick,
Der Arme wünscht ihn festzuhalten.

Solches Ende hat Faust längst überholt. Er ist schon vorher weg und weiter.

Im Vorgefühl, jetzt, ist der erlebte Augenblick ebenso fiktiv wie das Subjekt solcher Zeiterfahrung. Doppelt, in der

Beziehung nach vorn sowohl wie nach rückwärts, ist der Augenblick gespalten. Auch das sprechende Ich. ›Ich‹ spricht jetzt nicht als der, der es damals war, als es sprach, was es jetzt nur zitiert. Es spricht jetzt statt des andern später, den es sich vorstellt, indem es sich überspringt und sich in der Vorstellung überlebt. Jedes setzt sich an die Stelle des andern, ist immer schon ersetzt durchs andre, das es selbst nicht ist. So verschwindet die Sprecher-Instanz am Ende im zeitlichen Zwischenraum, im Augenblick *als* Zwischenraum. Mephisto-Diabolos, der unermüdliche Spalter, ist diesem Spalt nicht gewachsen. Das letzte Wort »Augenblick« *ist* der Augenblick, den es suspendiert. Weil die Rede nicht das Ende als Zeitpunkt erreicht, zu dem sie unterwegs ist, ist nicht entscheidbar, ob sie ankommt oder nicht. Diese Frage selbst macht keinen Sinn mehr. Bezeichnend für die semantische Nullstelle von Fausts angeblichem Ende ist das Umschlagen von Fülle in Leere und umgekehrt. Dieser »Augenblick« hat seine Maßlosigkeit an ihm selbst, mit ihm ist keine noch so kleine Zeiterstreckung abschließend abzurechnen, keine Unterbrechung von Zeitverlauf bestimmt. Er ist selber die Unterbrechung, der Bruch mit alledem, anders als alle andern Lebensaugenblicke vorher, wie voll auch immer, der Ruin auch der Vorstellung einer sich im Zeitfluß stabil haltenden Ich-Substanz. Als reine Bewegung, steil aufwärts, geht's ja dann mit Fausts »Unsterblichem« im »Puppenstand«, als fing's in sprachlich auf antikisches Maß reduzierten Selbstentfaltungsstrampelhosen erst recht von vorne an, weiter. Und weil der höchste Augenblick, zu dem er sein Leben sprechend treibt im Sterben, als disparate Zeitdifferenz nur vom Tode aus gedacht werden kann, nicht auf ihn hin, ist das Ende nicht das Ende und nicht Grenze, sondern – Schwelle. Faust stirbt im Als-ob, als ob er sie im Tod überschritten haben wird.

6

I.

Dem hässlichen Tod, dem Gespenst des spätmittelalterlichen, christlichen Angst- und Fromm-Machers, dem Gerippe mit der Hippe, diesem klappernden, hohläugigen Sensenmann hat Lessing, nach Winckelmann, im 18. Jahrhundert als erster einflußreich das Sinnbild eines schönen Todes entgegengehalten, indem er die Weise in Erinnerung rief, »wie die Alten den Tod gebildet«: als Zwillingsbruder des Schlafes nämlich:

Vor allem fällt mir der marmorne Sarg bei, welchen Bellori in seinen *Admirandis* bekannt gemacht und von dem letzten Schicksale des Menschen erkläret hat. Hier zeiget sich unter andern ein geflügelter Jüngling, der in einer tiefsinnigen Stellung, den linken Fuß über den rechten geschlagen, neben einem Leichname stehet, mit seiner Rechten und dem Haupte auf einer umgekehrten Fackel ruhet, die auf die Brust des Leichnames gestützet ist, und in der Linken, die um die Fackel herabgreift, einen Kranz mit einem Schmetterling hält. Diese Figur, sagt Bellori, sei Amor, welcher die Fackel, das ist, die Affekten, auf der Brust des verstorbenen Menschen auslösche. Und ich sage, diese Figur ist der Tod! [...]

Lessings vehemente Ästhetisierung des Todes durch dessen allegorisierende Deutung als Bruder des Schlafes versteht sich als Angebot zur Bewältigung der Angstabwehr, die im traditionellen, kirchlich geschützten Erlebnishorizont, wie Ariès gezeigt hat, nicht mehr ohne weiteres abgedeckt werden kann. Das sind, nebenbei, auch die Jahrzehnte, in denen die Pariser Friedhöfe zu Museen des Todes herausgeputzt werden. Die Allegorisierung beseitigt beschönigend die Schrecken des individuellen Sterbens im Hinblick auf die

Wie die Alten den Tod gebildet (Abb. 40)

kollektiv verbindliche ›ultima linea‹, die allgemeine Ziellinie als dem abstrakten Ende des Endens: »Die Arten des Sterbens sind unendliche aber es ist nur ein Tod.« »Nur so und so sterben, eben itzt, in dieser Verfassung, nach dieses oder jenes Willen, mit Schimpf und Marter sterben kann schrecklich werden und wird schrecklich. Aber ist es sodann [...] der Tod, welcher das Schrecken verursachte? nichts weniger; der Tod ist von allen diesen Schrecken das erwünschte Ende [...]« Den Stoizismus wird man Lessing glauben dürfen, obwohl er hier rhetorisch eingesetzt wird, um allfällige Todesangst um so wirkungsvoller unter einem ästhetischen Allerweltsverband verschwinden lassen zu können. An Eschenburg schrieb er in souveränem, keineswegs schmerzunempfindlichen Lakonismus (10. 1. 1778): »Meine Frau ist todt; und diese Erfahrung habe ich nun auch gemacht. Ich freue mich, daß mir viel dergleichen Erfahrungen nicht mehr übrig seyn können zu machen; und bin ganz leicht.« Das allegorische Anders-Reden vom Tod, das Lessing in dem Aufsatz über antike Versinnbildlichung des Todes empfiehlt – als »Euphemismus« und »Zärtlichkeit« gegenüber dem Tod, als »mögliche Vermeidung alles Ominösen« unter Umgehung aller »ekeln Begriffe von Moder und Verwesung« –, dient einer ästhetischen Immunisierungsstrategie. Der Paulinische Gedanke, daß der Tod »der Sünde Sold« sei, könne die »Schrecken des Todes nur vermehren« und »schlechterdings in keines Menschen Kopf kommen, der nur seine Vernunft brauchte«; also soll man sie brauchen, um die »Schrecken des Todes« zu vermindern:

> [...] so sehe ich nicht, was unsere Künstler abhalten sollte, das scheußliche Gerippe wiederum aufzugeben und sich wiederum in den Besitz jenes bessern Bildes zu setzen. Die Schrift redet selbst von einem Engel des Todes; und welcher Künstler sollte nicht lieber einen Engel als ein Gerippe bilden wollen? Nur die mißverstandene Religion kann uns von dem Schönen entfernen, und es ist ein Beweis für die wahre, für die richtig verstandene wahre Religion, wenn sie uns überall auf das Schöne zurückbringt.

Lessing unterschied zwischen dem Skelett als personifizierender Allegorie des Todes und dem Skelett als grauenerregender Darstellung von Toten. Vom letzteren lenkt die ästhetische Rationalisierung ab durch eine Verschiebung auf die Ebene des allegorischen Paradigmenwechsels. Sie beschwört jedoch die Möglichkeit jederzeit der Wiederkehr und des Einbruchs dessen, was sie verdrängt. »So wäre denn«, fragte Peter Horst Neumann in einem erhellenden Aufsatz über *Die Sinngebung des Todes als Begründungsproblem der Ästhetik* (Merkur 390, 1980), »die antike Todesallegorie das Instrument einer folgenreichen *Verdrängung* gewesen? Vielleicht. Doch wenn es so war, dann war der Preis dieser *Verdrängung* zu hoch; und sie mußte mißlingen. Denn mochte durch diese Verdrängung die neue Ästhetik vielleicht überhaupt erst *möglich* werden, so lag doch von Anfang an in ihr eine Selbstgefährdung der deutschen Klassik beschlossen.«

Auch Herder widmete sich der Frage »wie die Alten den Tod gebildet« (1774). Das Gefuchtel mit dem Geripe sei »Mißbrauch der Phantasie«. Auch für ihn gibt es kein »inniger, natürlicher, tiefliegender Bild vom Tode als sein Brudergefährte, der Schlaf«. Mit dem Unterschied freilich, daß die Deckkonzeption des Schlafs als Anästhesie explizit anerkannt, auf das Wahrnehmungsvermögen als lindernde Abdunkelung bezogen, nach innen projiziert und auf dem Weg bildlicher Übertragung ontologisch abgesichert wird im Kreislauf der Natur und der aufsteigenden Spiralbewegung der Geschichte:

> So wird durch bloße Stellung unser Bild gleichsam eingeweihet zum Tode und kein Gedanke ist vielleicht wahrer, eben weil er so mechanisches Gefühl und Gedanke gleichsam nur unserer Fibern und Nerven ist, als der Ausspruch des vortrefflichen Philosophen Sancho Pansa ›der Schlaf breitet sich auf einen, wie ein warmer, gesunder, Leib und Leben umhüllender Mantel!‹ Täglicher Vorbote des letzten Schleiers der über uns ausgebreitet wird, zum *Nicht mehr denken* und *Verwesen!* – *(Zerstreute Blätter,* 1786)

Vogel-Strauß-Psychologie, Kopf unter die Decke. Totsein als Schlafkur. Thomas Macho (*Todesmetaphern*, 1987) hat deutlich gemacht, daß Tod und Schlaf auch »sachliche Beziehungen« unterhalten, »die keiner Ideologiekritik weichen«. Die Reduktion des Sinnesvermögens, die Aristoteles, Kant, Hegel und auch Herder mit dem Schlaf in Zusammenhang bringen, sei zu verstehen nicht als »*Einschränkung* der schlafend/träumenden Subjektivität (vergleichbar mit Kurzsichtigkeit oder Schwerhörigkeit), sondern als Behinderung der Außenwelt, des sozialen Körpers, als Abbruch von Zugehörigkeit«. Nicht anders als beim Tod. Damit im Kontinuum des inneren Ausblendens schließlich nicht doch noch ein »entsetzlicher Sprung fühlbar« wird, muß das Gleichnis des Wechsels von Tag und Nacht bei Herder einen »Übergang« als »Dämmerung« vorschützen, welche »die Seele unvermerkt« und »sanft« entführt:

So ist die *Dunkelheit* und das *Sternenheer* geschaffen, deinen Blick für alles Irdische zu verdämmern, die Fackel *deiner* Zeit- und Arbeitminuten auszulöschen, und wie andres hohes Gefühl des Unermeßlichen, der Ewigkeit, und unzähliger Lichtfunken zu geben, die eben dadurch, daß du nicht weißt, was und wo sie sind? so viel, viel Dunkles, Überirdisches sagen! [...] es ist kein Volk noch Sprache, da man nicht diese Stimme der Unsterblichkeit gehöret und dunkel gekannt habe. Überall mußte als nach dem Wink Gottes im Kreislauf unserer Empfindungen und unsres Lebens *Schlaf ein Bruder des Todes* werden, und beide waren *Söhne der Nacht!*

Im Gegensatz zu solcher naturalisierender Entschärfung des Todes hat Matthias Claudius, auf christlichem Fundament immer noch, sich auf »etwas anders im Menschen« berufen, das »ja über die Natur« ist; es »disponiert«, auch wenn sie sich »ihr Recht nicht nehmen« läßt, »über ihr Gesetz«. So heißt es im *Wandsbecker Boten:*

Wir können [...] im Dunkeln so gut denken als bei Licht, und einige Leute machen die Augen zu, wenn sie nachdenken wollen im Regen so gut als bei Sonnenschein; wir können im Winter so gerecht sein als im Sommer, im Sturm das Gute so lieb haben als bei stillem Wetter. Wenn also die Natur keine Wirkung auf uns hat – denn das andre Etwas sind eigentlich *wir*, und das übrige von uns ist nur unser Gehäuse – wenn sie also keine unmittelbare Wirkung auf uns hat, so haben wir von ihr nichts zu fürchten.

Die Aufspaltung in eine doppelte Natur des Menschseins läßt Claudius dabei bleiben, den Tod in seiner personifizierten

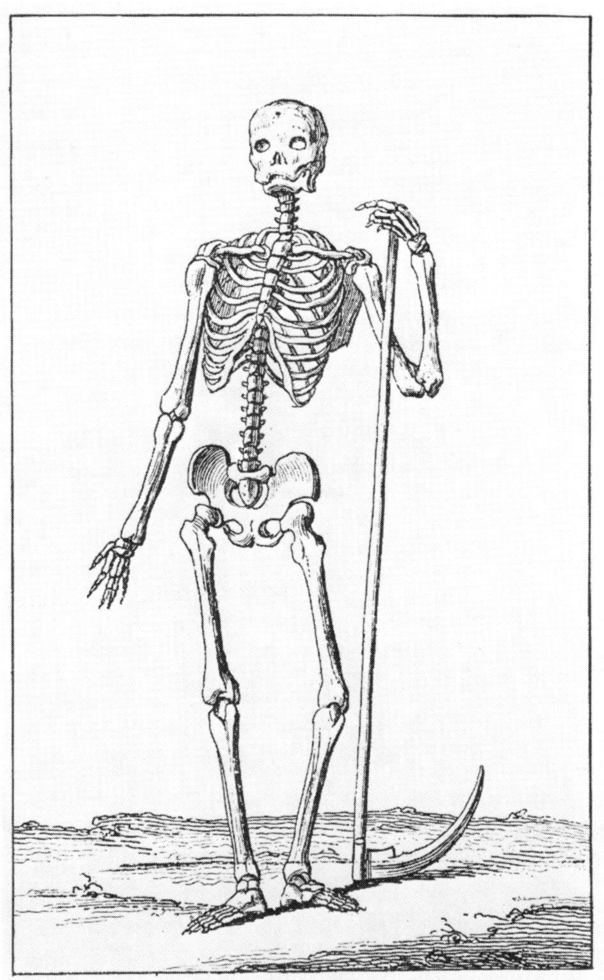

Freund Hain (Abb. 41)

Gestalt als Knochenmann freundschaftlich zu akzeptieren. Ihm, als dem »Freund Hain«, wie er auf dem Titelkupfer des *Wandsbecker Boten* erscheint, wird das Buch gewidmet: »Er soll als Schutzheiliger und Hausgott vorn an der Haustür des Buchs stehen.«
Im Gegenzug zu Lessing heißt es einleitend:

’s soll Leute geben, heißen starke Geister, die sich in ihrem Leben den Hain nichts anfechten lassen, und hinter seinem Rücken wohl gar über ihn und seine dünnen Beine spotten. Bin nicht starker Geist; ’s läuft mir, die Wahrheit zu sagen, jedesmal kalt über’n Rücken, wenn ich Sie ansehe. Und doch will ich glauben, daß Sie ’n guter Mann sind, wenn man Sie genug kennt; und doch ist’s mir, als hätt’ ich eine Art Heimweh und Mut zu Dir, Du alter Ruprecht Pförtner! daß du auch einmal kommen wirst, meinen Schmachtriemen aufzulösen und mich auf bess’re Zeiten sicher an Ort und Stelle zur Ruhe hinzulegen.

Die Schraube der ästhetisierenden Sublimierung des Todes wird vom klassischen Schiller im Gedicht *Nänie* noch um eine Windung weitergedreht und damit überdreht: Nicht nur – das wäre noch guter alter Horaz – »muß im Leben untergehn«, wie es in dem philosophischen Erguß *Die Götter Griechenlands* heißt, »was unsterblich im Gesang soll leben«, sondern »auch das Schöne muß sterben!« Mögen die »Götter« weinen und »die Göttinnen alle«, »daß das Schöne vergeht, daß das Vollkommene stirbt«, als »Klagelied« und Schwanengesang ist es ein Siegesbeweis, »denn das Gemeine geht klanglos zum Orkus hinab«. Allein: Sterben, en beauté, gelingt nur poetisch. Daß es beim schönen Sterben nicht mehr um den Verlust des Lebens geht, sondern um den erhebenden Schein, jenes los zu sein, ruft das folgende Distichon unmißverständlich in Erinnerung:

Lieblich sieht er zwar aus mit seiner erloschenen Fackel.
Aber, ihr Herren, der Tod ist so ästhetisch doch nicht.

II.

»Sterben! was heißt das? Siehe, wir träumen, wenn wir vom Tode reden [...] – Sterben! Grab! ich verstehe die Worte nicht!« Das schreibt Werther in seinem Abschiedsbrief an Lotte, kurz bevor er sich die Kugel durch den Kopf schießt. Der Erzähler rückt »absatzweise« ein, was Werther am Montag früh, drei Tage vor Weihnachten, zu schreiben beginnt und um Mitternacht, auf den Glockenschlag, beendet. Zwei ›Aufschreibesysteme‹ geraten hier in Konkurrenz, in Konflikt zwei Autorinstanzen: Werther, der nie liest, was er schreibt, und der sammelnde Herausgeber, der das fingierte Briefmaterial kommentiert und als Naturgeschichte einer auf den Tode erkrankten Seele im Hinblick auf Lektüre organisiert und nur liest und zu lesen gibt, was er selber nicht schreibt. Erst die wirkungsästhetische Ausrichtung auf den Leser verspricht, aus alledem ein Ganzes zu machen, das sich im Leseakt ›ästhetisch‹ vollendet. Im Sinne einer Identifikation, ästhetisch, aus Distanz – ein epochal innovatorisches Lektüreparadigma, wie Hans Robert Jauss gezeigt hat – durch einen in fiktiver Erfahrung blockierten Praxisbezug, analog zu Werther selbst, der fühlt ohne Realisierungsmöglichkeit. Das geben schon die Verse auf dem Titelblatt der zweiten Auflage in bezug auf die Ansteckungsgefahr des »Wertherfiebers« warnend zu bedenken:

Jeder Jüngling sehnt sich so zu lieben,
Jedes Mädchen so geliebt zu sein...
Du beweinst, du liebst ihn, liebe Seele,
Rettest sein Gedächtnis von der Schmach;
Sieh, dir winkt sein Geist aus seiner Höhle:
Sei ein Mann, und folge mir nicht nach!

Der Abschiedsbrief nun, mehr als alle andern, situiert nicht nur die Schreibsituation, bis hin zu dem kritischen Punkt, wo Schreiben umspringt in Sterben, sondern fingiert sich selbst als Werk im Werk, durch einen expliziten Bezug auf sich als gelesenes Dokument. Damit wird Schrift in der Vorwegnahme ihrer Wirkung entdeckt und eingesetzt als zeitüberdauernder Körperersatz, materialisiert als Blatt Papier, als Lebensspur nach dem eigenen Tode:

Es ist beschlossen, Lotte, ich will sterben, und das schreibe ich dir ohne romantische Überspannung, gelassen, an dem Morgen des Tages, an dem ich dich zum letzten Male sehen werde. Wenn du dieses liest, meine Beste, deckt schon das kühle Grab die erstarrten Reste des Unruhigen, Unglücklichen, der für die letzten Augenblicke seines Lebens keine größere Süßigkeit weiß, als sich mit dir zu unterhalten.

Und im nächsten Absatz des Briefs »gegen fünf«, fährt Werther fort:

Weihnachtsabend hältst du dieses Papier in deiner Hand, zitterst und benetzest es mit deinen lieben Tränen. Ich will, ich muß! O wie wohl ist es mir, daß ich entschlossen bin.

Narrensicher, man kennt's, funktioniert der Druck auf die Tränendrüse, die nach ärztlicher Auskunft mehr als einen Deziliter Salzwasser aufs mal nicht hergibt, bei der selbstmitleidigen Spiegelung des vorgestellten eigenen Totseins im Blick der andern. Auch Werther gewährt sich einen Moment lang solche Verkitschung des Todes und – flennt:

Wenn du hinaufsteigst auf den Berg, an einem schönen Sommerabende, dann erinnere dich meiner, wie ich so oft das Tal heraufkam, und dann blicke nach dem Kirchhofe hinüber nach meinem Grabe, wie der Wind das hohe Gras im Scheine der sinkenden Sonne hin und her wiegt. – Ich war ruhig, da ich anfing, nun, nun weine ich wie ein Kind, da alles so lebhaft um mich wird. –

Das Gras ist sentimentales Requisit, Hohn aber auch der noch aus dem Moder weiter wachsenden Natur, die ihm, nach Augenblicken imaginärer Verschmelzung noch mit dem kleinsten Hälmchen, als »ein ewig verschlingendes, ewig wiederkäuendes Ungeheuer« vorkommt, als »Abgrund des ewig offenen Grabes«: »Tot, Lotte! eingescharrt der kalten Erde, so eng! so finster!« Wie anders ist in Kellers *Grünem Heinrich*, zu Anfang der zweiten Fassung von jenem kleinen »Gottesacker« die Rede und seiner Erde, »so kühl und schwarz«, die »buchstäblich aus den aufgelösten Gebeinen der vorübergegangenen Geschlechter« besteht:

[...] es ist unmöglich, daß bis zur Tiefe von zehn Fuß ein Körnlein sei, welches nicht seine Wanderung durch den menschlichen Organismus gemacht und einst die übrige Erde mit umgraben geholfen hat [...] Es wächst auch das grünste Gras darauf, und die Rosen nebst dem Jasmin wuchern in göttlicher Unordnung und Überfülle, so daß nicht einzelne Stäudlein auf ein frisches Grab gesetzt, sondern das Grab muß in den Blumenwald hineingehauen werden [...]

Die symbolische Szenerie enthält schon die Matrix des Romans, der in der ersten Fassung mit dem Satz endet: »[...] und es ist auf seinem Grabe ein recht frisches und grünes Gras gewachsen.« In der Verlängerung von alledem, weg von Werthers metaphysischer, vom Grab geängstigter Todesseligkeit, stehen die Zeilen aus Walt Whitmans *Gras*-Gedicht, in dem er auf eine Kinderfrage antwortet: Gras sei »the beautiful uncut hair of graves«:

What do you think has become of the young and old men?
And what do you think has become of the women and children?
They are alive and well somewhere,
The smallest sprout shows there is really no death,
  wait at the end to arrest it,
And ceas'd the moment life appear'd.

All goes onward and outward, nothing collapses,
And to die is different from what any one supposed, and luckier.

Statt ans metamorphisierte Aufgehen hier hält sich Werther aus Verzweiflung ans Auferstehen. Nicht weil er die Freiheit entdeckt, den »Kerker« des Körpers verlassen zu können, wann er will, findet er Trost, sondern er tröstet sich durch die Fiktion eines dichotomisch gespaltenen Menschen- und Weltbildes über die Frustration seiner körperlichen Existenz hinweg, schreibt den irdischen Liebesschmerz von sich weg durch die Fiktion einer jenseitigen Liebeserwartung und setzt die Todesschwelle als Riegel des Selbstschutzes ein:

Ich gehe voran! gehe zu meinem Vater, zu deinem Vater. Dem will ich's klagen, und er wird mich trösten, bis du kommst, und ich fliege dir entgegen und fasse dich und bleibe bei dir vor dem Angesichte des Unendlichen in ewigen Umarmungen.
Ich träume nicht, ich wähne nicht! Nahe am Grabe wird mir es heller.
Wir werden sein! wir werden uns wiedersehen!

In einer reinfantilisierenden Verrenkung versucht er, der ohne Vater groß wurde, seinen Freitod als Auslöschung im Schoß des Vatergottes, Negation des Lustprinzips als dessen Aufhebung im letzten Garanten des Realitätsprinzips, an dem er sich wundgescheuert hat, zu stilisieren. Und sich selbst als Sohn Gottes, unmittelbar zum Vater, ohne Vermittlung des Gottessohnes: »Sagt nicht selbst der Sohn Gottes, daß die um ihn sein würden, die ihm der Vater gegeben hat? Wenn ich ihm nun nicht gegeben bin? Wenn mich nun der Vater für sich behalten will, wie mir mein Herz sagt?« So konstruiert er sich im Vatergott einen letzten Fluchtpunkt, im Blick auf den sich sein zerbrechendes Leben totalisieren, von dem aus dem selbst gesetzten Ende überhaupt Sinn zugesprochen werden kann.

Der Abschiedsbrief, der als einziger von Werther als Ganzheit konzipiert ist – derart auch, daß er im Sinne der Verpflichtung eines Sprechaktes, wahr zu machen nötigt, was an Endgültigem drinsteht –, wird vom Herausgeber, der die Ganzheit der Lebensgeschichte als Collageleistung für sich beansprucht, zerstückelt, aufgespleißt, als gälte es die Schreibhand Werthers in ihrer zunehmenden Verkrampfung vor dem Tod – »So kalt, so starr an der ehernen Pforte des Todes anzuklopfen« –, wie die Hand eines Sterbenden zu öffnen und zu halten. Der sich einschaltende Herausgeber ist die Instanz, die Werthers Selbstmord als Verständnis erheischende Konsequenz seines Scheiterns relativierbar macht gegen den Text, den er zitiert (vgl. Rudolf Käser, *Die Schwierigkeit, Ich zu sagen*, 1986). Doch die rücksichtslos detaillierte Schilderung seines Sterbens hat als Herausgeberrede nicht das letzte Wort. Es ist Werthers Körper, auf dessen Rechte er im Leben hat verzichten müssen, der sich auch gegen die eigene, minutiös vorweggenommene Regie seines in der Wirkung vorausgenossenen ekstatisch-erotisierten Sterbens aufbäumt, gegen die Ideologie vom freien Willen dessen auch, der sich aus der Welt, die er nicht mehr erträgt, davonstiehlt: »konvulsivisch« hat er sich nach dem Schuß um den Stuhl »herumgewälzt«, »das Gehirn war herausgetrieben«; man läßt ihn, nachdem er den Geist schon aufgegeben hat, »zum Überfluß« zur Ader, »das Blut lief«, die »Lunge röchelte noch fürchterlich«; er wird geküßt, auf Hände und Mund, einer der Söhne des alten Amtmanns hängt »an seinen Lippen, bis er verschieden war«. Die Zuwendung, deren er im Leben bedurft hätte, kommt zu spät:

Nachts gegen eilfe ließ er ihn [sc. der Amtmann] an die Stätte begraben, die er sich erwählt hatte. Der Alte folgte der Leiche und die Söhne, Albert vermocht's nicht. Man fürchtete für Lottens Leben. Handwerker trugen ihn. Kein Geistlicher hat ihn begleitet.

Die vor Schmerz stockende Sprache mimetisiert Empathie mit dem Helden, der von sich sagte, ein »inneres, unbekanntes Toben« sei es, das ihm die »Gurgel zupreßt«. Statt der geistlichen Begleitung: Empathie des Lesers. Deshalb auch der sensationelle Tempuswechsel vom epischen Präteritum ins Perfekt: Vergangenheit, die andauert bis in die Zeit des Lesens hinein, heute und morgen. Werthers Todestrieb – nichts weniger als der von Freud unterstellte Drang des Lebendigen zurück zum Anorganischen – verdankt sich nicht nur einer Hemmung, er ist selber von Grund auf gehemmt. Im »Zaudern und Zagen« ist sein »ganzes Wesen zwischen Sein und Nichtsein« zerrissen. Noch in die Erschießungsszene hinein reicht das als psychische Ladehemmung. Obwohl alles peinlich genau vorbereitet ist, gehen die Pistolen nicht von selber los. Mit dem eine längst selbstverständliche Voraussetzung reflektierenden »Sie sind geladen« wird die Aktion gebremst, droht das Ungeheuerliche des bevorstehenden kleinen Schritts mit den unabsehbaren Folgen wieder handlungshemmend ins Bewußtsein zu dringen. Obwohl die Mordwaffen erotisch geweiht sind – »du, Lotte, reichst mir das Werkzeug, du, von deren Händen ich den Tod zu empfangen wünschte, und ach! nun empfange« –, hat er Angst davor, muß er sich in biblisch überhöhender Metaphorisierung Mut zureden, das Metall anzufassen (»Ich schaudre nicht, den kalten schrecklichen Kelch zu fassen«), sich zur Ruhe zwingen (»Sei ruhig! ich bitte dich sei ruhig!«). Als deus ex machina kommt der Glockenschlag vom Turm zur Hilfe, um den Lebenswillen zu anästhesieren. Indem er zwangsneurotisch die Schläge abzählt und sich auf das symbolische ›Feuer-frei!‹ und Startzeichen Mitternacht fixiert, gibt er, beim Hand-an-sich-Legen die Entscheidung aus der Hand und läßt die ausgelaufene Uhrzeit das Schicksal aussprechen, als ob ›es‹ von selbst geschähe, als ob nicht er, sondern seine

»Krankheit zum Tode« den letzten Streich führt: »Es schlägt zwölfe! So sei es denn!« Wer nur mit Kunstgriffen der Selbstablenkung abdrückt, ist kein Selbstmörder, der, wenn anders das je gelänge, abgeschlossen hat mit sich und der Welt.

Anders ist es, wenn Faust um Mitternacht, lebensmüde, aber bereit zu kosmischer Weiterreise, die »Pforten aufzureißen« sich vermißt und jenen »Durchgang« sucht, »um dessen engen Mund die ganze Hölle flammt«, die Phiole mit dem »Auszug aller tödlich feinen Kräfte« an den Mund setzt und durch den österlichen »Glockenklang und Chorgesang«, krampflösend und handlungshemmend, zur Besinnung gebracht wird. So einfach geht das, und so ernst kann's nicht gemeint sein, wenn er mit dem braunen »letzten Trunk« dem neuen Morgen zutoastet. Zu sehr bleibt bei allem Aufbruchspathos auch die »Gefahr« bewußt, »in's Nichts dahinzufließen«, als daß die christliche Auferstehungsbotschaft nicht als Rückzugssignal begrüßt würde mit dem Gefühl, eine Mutprobe überstanden zu haben: »Die Träne quillt, die Erde hat mich wieder.«

So kraß wie im *Werther* wird sich in Goethes Werk der Körper im Sterben nie mehr verselbständigen. Der Klassiker, im Gegenteil, setzt alles daran, das Gestorbensein, wo es aus Gründen der Handlungskonsequenz unvermeidlich ist, gegen den materiellen Zerfall, dem der Körper vom Zeitpunkt des Todes an unterworfen ist, spirituell abzusichern und das factum brutum verdrängend zu übertünchen. Durch die Illusion von Unverweslichkeit. So heißt es in *Die natürliche Tochter* von der Scheintoten:

> Laß uns den schönen Körper der Verwesung
> Entreißen. Laß mit edlen Specereien
> Das unschätzbare Bild zusammenhalten!

Und wenn das auf die Dauer nicht verfängt, wird das Gewesene geistig einbalsamiert und im Magazin der Erinnerung »Ewig jung und ewig gleich« aufgebahrt. »Getrenntes Leben, wer vereinigt's wieder?/Vernichtetes, wer stellt es her?« Die Antwort: der »Geist, dem nichts verloren geht«:

> Du bist kein Traumbild, wie ich dich erblicke;
> Du warst, du bist. Die Gottheit hatte dich
> Vollendet einst gedacht und dargestellt;
> So bist du teilhaft des Unendlichen
> Des Ewigen, und bist auf ewig mein.

In *Wilhelm Meisters Lehrjahre* lädt der Abbé abends zu den »Exequien Mignons« ein, nicht umsonst im Saal der Vergangenheit, wo die Kunstwerke entzeitlicht und gleichwertig alle unmittelbar stehen zur Gegenwart des Betrachters. Dort wird Mignons Leiche zur Reliquie fetischisiert, tätowiert gar mit dem »Bild des Gekreuzigten, das auf ihren zarten Armen mit vielen hundert Punkten sehr zierlich abgebildet war«; auf den »Schein des Lebens« läßt sich mit Fingern zeigen, weil es die Weise des erzählerisch inszenierten Hinblicks ist, der ihn erzeugt:

> [...] wenn die Kunst den scheidenden Geist nicht zu fesseln vermochte, so hat sie alle ihre Mittel angewandt, den Körper zu erhalten und ihn der Vergänglichkeit zu entziehen. Eine balsamische Masse ist durch alle Adern gedrungen und färbt nun an der Stelle des Bluts die so früh verblichenen Wangen. Treten Sie näher, meine Freunde, und sehen Sie das Wunder der Kunst und Sorgfalt!

Die leiblichen Reste Ottiliens in den *Wahlverwandtschaften* verdinglichen sich als Funktion totaler Außensicht, zu der sie, in ihrer tödlichen Autosuggestion, ihre Umwelt durch sprachlosen Rückzug ins Innere verurteilt, so daß jene gleichsam zu phosphoreszieren beginnen und zu überleben scheinen. Sie soll, sagt Eduard, »gewartet, gepflegt, als eine

Lebende behandelt werden; denn sie sei nicht tot, sie könne nicht tot sein«. In einen »fortdauernde[n] schöne[n], mehr schlaf- als todtenähnliche[n] Zustand« verfällt auch er, der ihr nachstirbt, wenn er »in Gedanken an die Heilige« schließlich »selig« einschläft. Als Rokokostück hängt tröstlich über den Schlafenden der Deckenhimmel des Grabgewölbes, und so harren sie, gegen die Ironie von bröckelndem Gips, ihrem jenseitigen Erwachen entgegen:

[...] heitere, verwandte Engelsbilder schauen vom Gewölbe auf auf sie herab, und welch ein freundlicher Augenblick wird es sein, wenn sie dereinst zusammen erwachen.

Was Goethe an Lessings Aufsatz über die Todesdarstellung der Alten, so sagt er in *Dichtung und Wahrheit*, am meisten entzückte, war »die Schönheit jenes Gedankens, daß die Alten den Tod als den Bruder des Schlafs anerkannt und beide, wie es Menächmen [sc. Zwillinge] geziemt, zum Verwechseln gleich gebildet. Hier konnten wir nun erst den Triumph des Schönen höchlich feiern, und das Häßliche jeder Art, da es nun einmal aus der Welt nicht zu vertreiben ist, im Reiche der Kunst nur in den niedrigeren Kreis des Lächerlichen verweisen«. Nur in der Kunst freilich und in der Weise, wie sie mit Toten umgeht, hat der Tod scheinbar seinen Stachel verloren. So heißt es über eine Reliefdarstellung des Niobidentodes in *Der Sammler und die Seinen*:

Sind die toten Töchter und Söhne der Niobe nicht hier als Zierraten geordnet? es ist die höchste Schwelgerei der Kunst! Sie verziert nicht mehr mit Blumen und Früchten, sie verziert mit menschlichen Leichnamen, mit dem größten Elend, das einen Vater, das einer Mutter begegnen kann, eine blühende Familie auf einmal vor sich hingerafft zu sehen.

Im Leben indessen weicht Goethe dem Anblick des Leichnams aus, wo er kann. Auch Eduard »verlangt nicht«, Ottilie

»zu sehen«. Wilhelm bleibt »in seinem Sessel sitzen«, ohne die tote Mignon noch einmal sehen zu wollen, und er wünscht, aus Scheu vor dem toten Körper Aureliens, »sich auf einige Zeit zu entfernen«. Und Lotte, die am Begräbnis nicht teilnimmt – »man fürchtete um ihr Leben« –, verschanzt sich hinter ihrem Leid. Gegen diese Todesphobie baut Goethe eine ideelle Mauer auf, die zugleich eine Brücke sein soll, nicht unterbrochenes Transzendieren von hüben nach drüben, nach einem, monistisch, hier schon verankerten Drüben: »Licht, wie es mit der Finsternis die Farbe wirkt«, schreibt er an Riemer (3. 12. 1808), »ist ein schönes Symbol der Seele, welche mit der Materie den Körper bildend belebt. So wie der Purpurglanz der Abendwolke schwindet und das Grau des Stoffes zurückbleibt, so ist das Sterben des Menschen. Es ist ein Entweichen, ein Erblaßen des Seelenlichtes, das aus dem Stoffe weicht.« Statt dualistischer Dissoziation: kontinuierliches Fading, Entformung durch »Entweichen« einer Kraft, die »bildend belebt«. »Wenn einer fünfundsiebzig Jahre alt ist«, bekennt Goethe gegenüber Eckermann (2. 5. 1824), »kann es nicht fehlen, daß er mitunter an den Tod denke. Mich läßt dieser Gedanke in völliger Ruhe, denn ich habe die feste Überzeugung, daß unser Geist ein Wesen ist, ganz unzerstörbarer Natur; es ist ein fortwirkendes von Ewigkeit zu Ewigkeit. Es ist der Sonne ähnlich, die bloß in unsern irdischen Augen unterzugehen scheint, die aber eigentlich nie untergeht, sondern unaufhörlich fortleuchtet«. Aus seinen Studien zur »Metamorphose der Pflanzen« und zur »Metamorphose der Tiere« leitet Goethe seine Vorstellung von der Unsterblichkeit des »Geistes« ab. In einem Gespräch mit Johann Daniel Falk (1813) erläutert er: »Jede Sonne, jeder Planet trägt in sich eine höhere Intention, einen höheren Auftrag, vermöge dessen seine Entwickelungen ebenso regelmäßig und nach demselben Gesetze, wie die

Entwickelungen eines Rosenstockes durch Blatt, Stiel und Krone zustande kommen müssen. Mögen Sie dies eine Idee oder eine Monade nennen [...]« Und daraus folgernd dann: »Der Moment des Todes, der darum auch sehr gut eine Auflösung ist, ist eben der, wo die regierende Hauptmonas alle ihre bisherigen Untergebenen ihres treuen Dienstes entläßt. Wie das Entstehen, so betrachte ich auch das Vergehen als einen selbständigen Akt dieser, nach ihrem eigentlichen Wesen uns völlig unbekannten Hauptmonas [...]. An eine Vernichtung ist gar nicht zu denken.« Gegen die drohende Vernichtung durch den Tod, hat Goethe als stärkstes Kraut und starken unkonfessionellen Tobak die Vorstellung der Wiederkunft angepflanzt. »Ich bin gewiß«, sagt er zu Falk, »wie Sie mich hier sehen, schon tausendmal dagewesen und hoffe wohl noch tausendmal wiederzukommen.« Und in einem Brief an Frau von Stein, von der er annahm, sie sei »in abgelebten Zeiten« seine »Tochter«, seine »Frau« gewesen, schreibt er (2. 7. 1781): »Wie gut ist's, daß der Mensch stirbt, um nur die Eindrücke auszulöschen und gebadet wieder zu kommen.«

Anfang September 1789 war der damals berühmte Silhouetteur Johann Friedrich Anthing auf der Durchreise in Weimar, nicht ohne die Herzogsfamilie und Goethe im Schattenbild zu verewigen.

Die Verse, die Goethe ihm dann unter sein eigenes, getuschtes Schattenrißbild ins Stammbuch schreibt, weisen im witzelnden Überspielen auf einen ängstlich ausgesparten Assoziationshintergrund solcher mortifizierender Verewigung, schwarz auf weißem, ausgelöschtem Grund:

Es mag ganz artig seyn wenn Gleich und Gleiche
In Proserpinens Park spazieren gehn,
Doch besser scheint es mir im Schattenreiche
Herrn Anthings sich hieroben wiedersehn.

Anthing. Getuschter Schattenriß Goethes (Abb. 42)

Um das Erinnungsbild lebendig zu halten, vermeidet er jeden letzten Blick auf Tote. In den »Schriften zur Kunst« heißt es entsprechend: »Der Zustand, in welchem der Mensch zuletzt den Erdbewohnern erschien, fixiert sich für alle Zukunft. Alt oder jung, schön oder entstellt, glücklich oder unglücklich, schwebt er immer unserer Einbildungskraft auf der grauen Tafel des Hades vor.« Wie ein Schattenriß, fixiert vor dem Hintergrund des Nichts. Von hierher wird die Abneigung gegen Totenmasken verständlich. In dem besagten Gespräch mit Falk sagt Goethe in bezug auf die Bestattung Wielands: »Warum soll ich mir die lieblichsten Eindrücke von den Gesichtszügen meiner Freunde und Freundinnen durch die Entstellungen einer Maske zerstören lassen? Es wird ja dadurch etwas Fremdartiges, ja völlig Unwahres meiner Einbildungskraft aufgedrungen. Ich habe mich wohl in acht-genommen, weder Herder, Schiller, noch die verwitwete Frau Herzogin Amalia im Sarge zu sehen.« Dem Tod selbst soll die Darstellung des Toten nicht überlassen werden, denn, heißt es weiter in demselben Gespräch, der Tod »ist ein sehr mittelmäßiger Porträtmaler. Ich meinerseits will ein seelenvolleres Bild, als seine Masken von meinen sämtlichen Freunden im Gedächtnis aufbewahren. Also bitte ich es euch, wenn es dahin kommen sollte, auch einmal mit mir zu halten«. Einer der Söhne Frau von Steins berichtet: »Als Schiller starb, wollte ihn meine Mutter bereden, ihn noch zu sehen. Er antwortete aber mit Widerwillen: ›O nein! Die Zerstörung!‹« Als die Zerstörung die Knochen abgefressen hatte, wagte sich Goethe, zumindest lyrisch, ins »Beinhaus«:

Im ernsten Beinhaus war's, wo ich beschaute,
Wie Schädel Schädeln angeordnet paßten;
Die alte Zeit gedacht ich, die ergraute.
Sie stehn in Reih' geklemmt, die sonst sich haßten,
Und derbe Knochen, die sich tödlich schlugen,
Sie liegen kreuzweis zahm allhier zu rasten.

Aus Geldmangel hatte die Familie Schiller in einem billigen Tannensarg im sogenannten »Kassengewölbe« des Weimarer Jacobi-Friedhofs neben vielen andern Särgen beisetzen lassen. Die Särge zerfielen, der Platz wurde zu eng. Schillers Schädel und Gebeine wurden von Ärzten identifiziert und vom Totengräber bestätigt. Am 17. September 1826 in einem kleinen, feierlichen Akt, bei dem Goethe sich von seinem Sohn vertreten ließ, der Weimarer Bibliothek übergeben und vorläufig im Sockel der Dannecker Schiller-Büste deponiert. Bevor der Schädel im Dezember zusammen mit den Gebeinen in die Fürstengruft überführt wurde, mußte er, von einem Chirurgen und einem Bibliotheksschreiber, fachgerecht gereinigt werden. Das geschah im Untergeschoß von Goethes Haus, wo sich die Steinsammlung befand. In dieser Zeit entstand das Gedicht.

Im Sinne seiner eigenen Naturbetrachtung, die »endlos«, nie »abgeschlossen« und einem evolutionären Fortschreiten nach dem Prinzip von »Polarität und von Steigerung« verpflichtet ist, ohne daß der Forscher, das »Unerforschliche« voraussetzend, eine »Grenzlinie ziehen« dürfte, wird der Schädel lesbar als »Schrift«, jenseits der für Goethe verhängnisvollen, weil einer traditionellen Todesvorstellung verpflichteten Opposition von Innen und Außen. Das Gegenteil der barocken vanitas-Schauer also. Die Metaphorik der lesbaren »Spur« erlaubt, vom Hohlraum des Schädels abzusehen und ihn durch eine Rhetorik der Sinn-Fülle zu ersetzen. Durch die inszenierte Ver›schrift‹lichung des stofflichen Überrests wird jene monistische Devise aus den naturwissenschaftlichen Schriften befolgt, daß »die Materie nie ohne Geist, der Geist nie ohne Materie existiert und wirksam sein kann«. Offenbarung von »Gott-Natur« am Toten durch Lektüre. Genauer: als Lektüre. Lesbarkeit erst macht »Form« und »Gebild« als bloßes Zeichen von Leben zum Lebens-Zeichen. Solche Transformation jedoch, die sprachlich immer nur behauptet bleibt, hat ihren Preis. Das Textgebilde wird selbst zum »Beinhaus« des in ihm produzierten Sinns, verhärtet und entleert sich zum Textschädel im Fortgang einer Rede, die ihre Poetik in den letzten beiden Zeilen ausformuliert, Rede, die den »Tod« zum »Lebensquell« umdeuten, an der »Spur«, am Letzten also den Ursprung ablesbar machen will, Rede, die das zu Lesende fortzu als Gelesenes und Gedeutetes gleichnishaft der Sichtbarkeit und Lesbarkeit wieder entzieht und die materiellen Zeichen des Todes löscht und ersetzt durch ›Sprache des Geistes‹. Rede, die das Gleichnis der Vergänglichkeit durchschaubar machen will auf die Einsicht hin, daß »alles Vergängliche [...] nur ein Gleichnis« ist, wird selber durchsichtig aufs Tote hin, das sie vergeistigend wegblendet und durchlässig macht. So rundet und verfestigt sich der Text selbst als »geheim Gefäß«, »Orakelsprüche spendend«:

Und niemand kann die dürre Schale lieben,
Welch herrlich edlen Kern sie auch bewahrte.
Doch mir Adepten war die Schrift geschrieben,
Die heil'gen Sinn nicht jedem offenbarte,
Als ich inmitten solcher starren Menge
Unschätzbar herrlich ein Gebild gewahrte,
Daß in des Raumes Moderkält' und Enge
Ich frei und wärmefühlend mich erquickte,
Als ob ein Lebensquell dem Tod entspränge.
Wie mich geheimnisvoll die Form entzückte!
Die gottgedachte Spur, die sich erhalten!
Ein Blick, der mich an jenes Meer entrückte,
Das flutend strömt gesteigerte Gestalten.
Geheim Gefäß! Orakelsprüche spendend,
Wie bin ich wert, dich in der Hand zu halten,
Dich höchsten Schatz aus Moder fromm entwendend
Und in die freie Luft zu freiem Sinnen,
Zum Sonnenlicht andächtig hin mich wendend.
Was kann der Mensch im Leben mehr gewinnen,
Als daß sich Gott-Natur ihm offenbare?
Wie sie das Feste läßt zu Geist verrinnen,
Wie sie das Geisterzeugte fest bewahre.

Wilhelm von Humboldt, der damals in Weimar war, schreibt an seine Frau, daß Goethe und Riemer lange vor dem Schädel saßen. »Man kann sich wirklich«, schreibt er (29. 12. 1726), »an der Form dieses Kopfes nicht satt sehen. Wir hatten einen Gipsabguß von Raffaels Schädel daneben.« Den hatte sich Goethe auf seiner ›Italienischen Reise‹ in Rom besorgt – ein Jahr nach seinem Tod stellte sich heraus, daß es gar nicht Raffaels Schädel war. Am 7. März 1788 schreibt Goethe, während seines zweiten römischen Aufenthaltes: »Ich sah die Sammlung der Akademie St. Luca, wo Raffaels Schädel ist. Diese Reliquie scheint mir ungezweifelt. Ein trefflicher Knochenbau, in welchem eine schöne Seele bequem spazieren

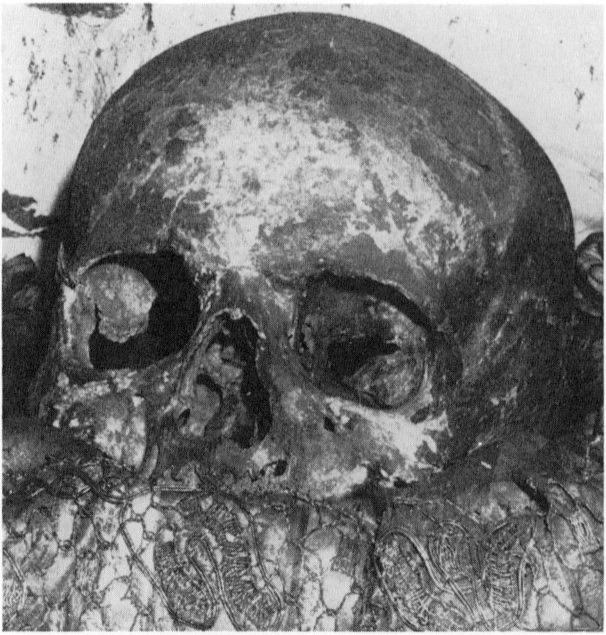

Der vermeintliche Schädel Raffaels (Abb. 43)

konnte.« Und einen Monat später noch einmal: »Ein wahrhaft wundersamer Anblick! Eine so schön als nur denkbar zusammengefaßte abgerundete Schale, ohne jede Spur von jenen Erhöhungen, Beulen und Buckeln, welche, später an anderen Schädeln bemerkt, in der Gallischen Lehre zu so mannigfaltiger Bedeutung geworden sind. Ich konnte mich von dem Anblick nicht losreißen [...]«

Während ihn umgekehrt der Anblick von Leichen an ein Sich-Losreißen-Müssen gemahnt, das er mit allen Mitteln vermeidet: »In jeder großen Trennung liegt ein Keim von Wahnsinn; man muß sich hüten, ihn nachdenklich auszubrüten und zu pflegen« *(Maximen und Reflexionen)*. Der Tod sei allemal »etwas Unglaubliches und Unerwartetes«, sagt Goethe zu Eckermann anläßlich des lange erwarteten Todes der Großherzogin Louise, »eine Unmöglichkeit, die plötzlich zur Wirklichkeit wird«, als »Übergang von einer bekannten Existenz in eine andere, von der wir auch gar nichts wissen«, etwas »so Gewaltsames, daß es für die Zurückbleibenden nicht ohne tiefste Erschütterungen abgeht« (25. 2. 1830). Dagegen bedient sich Goethe, wie er 1795 an Schiller zum Tod seines unmittelbar nach der Geburt gestorbenen Kindes schrieb, anstatt »sich dem Schmerz natürlich zu überlassen«, der »Beihülfen, die uns die Kultur anbietet«, um sich »zusammen zu nehmen«. Arbeitstherapie oder Ortswechsel oder Krankheit. Auf Schillers Anzeichen tödlicher Schwäche reagiert er mit Unpäßlichkeit, bis alles vorbei ist. Im Bett verpaßt er das Sterben seiner Frau Christiane. Am 6. Tag trägt er ins Tagebuch ein: »Gut geschlafen und viel besser. Nahes Ende meiner Frau. Letzter fürchterlicher Kampf ihrer Natur. Sie verschied gegen Mittag. Leere und Totenstille in und außer mir. Ankunft und festlicher Einzug der Prinzessin Ida und Bernhards. Hofr. Meyer, Riemer. Abends brillante Illumination der Stadt. Meine Frau um 12 Uhr nachts ins Leichenhaus. Ich den ganzen Tag im Bett.« Kaum ist die Leiche abtransportiert, steht Goethe auf und empfängt die vielen Kondolenzbesuche. Die »Farbenversuche« werden unverzüglich »fortgesetzt«. Auch am Abend des Sterbetages der Frau von Stein, die vorsorglich angeordnet hatte, daß man ihren Sarg nicht vor Goethes Haus vorbeitragen dürfe, bannt er den gefährlichen Todeszauber, indem er sich durch Flucht in den fernsten Winkel seiner Arbeit totstellt. »Studium der mongolischen Kriege und Jagden«, vermerken die Tagebücher von 1827. Im Gespräch mit Eckermann wird des in Italien gestorbenen Sohnes August »mit keiner Silbe« gedacht. Einige Wochen später rächt sich der Körper gegen solche unmenschliche Schmerzabtötung. »Plötzlich [...] riß ein Gefäß in der Lunge und der Blutauswurf war so stark: daß, wäre nicht gleich und kunstgemäß Hülfe zu erhalten gewesen, hier wohl die ultima linea rerum sich würde hingezogen haben« (an Zelter, 10. 12. 1830). Die Selbstabschirmung gegen den Tod mag auch mit einer unbewußten Angst vor solchen Somatisierungen zusammenhängen: »Ich darf mir [...] widrige Eindrücke nicht erlauben, denn in meinem Alter stellt sich das Gemüt, wenn es angegriffen wird, nicht so schnell wieder her [...]« (an Kanzler Müller, 18. 5. 1821).

Gegen die eigene Todesnähe immunisiert sich Goethe durch gesteigerte geistige Aktivität. Manche seiner späten Briefe enden mit dem Selbstansporn »und so fortan«, als ob er keine Zeit haben wollte fürs Sterben. »Dasein ist Pflicht, und wär's ein Augenblick«, sagt Faust. Darüber hinaus konnte sich Goethe an der »Überzeugung unserer Fortdauer« warm halten, die er aus seinem »Begriff der Tätigkeit« ableitete: »denn wenn ich bis an mein Ende rastlos wirke, so ist die Natur verpflichtet, mir eine andere Form des Daseins anzuweisen, wenn die jetzige meinen Geist nicht ferner auszuhalten vermag« (Eckermann, 4. 2. 1824). Am 20. März 1832 erleidet er einen Herzinfarkt, wie man heute sagen würde, dessen Symptome der Hofrat Dr. Vogel beschreibt:

[...] Fürchterliche Angst und Unruhe trieben den seit lange nur in gemessenster Haltung sich zu bewegen gewohnten, hochbetagten Greis mit jagender Hast bald ins Bett, wo er durch jeden Augenblick veränderte Lage Linderung zu erlangen vergeblich suchte, bald auf den nahe dem Bett stehenden Lehnstuhl. Die Zähne klapperten vor Frost. Der Schmerz, welcher sich mehr und mehr auf der Brust festsetzte, preßte dem Gefolterten bald Stöhnen, bald lautes Geschrei aus. Die Gesichtszüge waren verzerrt, das Antlitz aschgrau, die Augen tief in ihre lividen Höhlen gesunken, matt, trübe; der Blick drückte die gräßlichste Todesangst aus. Der ganze eiskalte Körper triefte von Schweiß [...]

Noch in der letzten Nacht vom 21. auf den 22. März, als die Herzkrämpfe sich gelegt haben, läßt Goethe sich ein Buch aufschneiden, das eben ankam, und es sich »nebst zwei Lichtern«, wie anwesende Zeugen berichten, vorlegen; er konnte darin nur blättern und soll, mit herabfallender Hand, schließlich drei Zeilen in die Luft geschrieben haben. Das wirft mehr Licht auf dieses Sterben als die ›Licht-Anekdote‹. Ein Sterben wie bei Faust im Als-ob. Als ob sich ein Lebenswerk übers Ende hinaus fortsetzen ließe, als ob es den Tod nicht gäbe, als ob das Leben weiterginge.

III.

Eine massive Erotisierung des Todes, über alle Ästhetisierungstendenzen der Klassik hinaus, setzt ein mit der deutschen Romantik. Die Analogie zwischen Todesangst und der Angst vor der Sexualität, die Ariès im 18. Jahrhundert namhaft macht, treibt aus sublimierter Trennungsangst auch Phantasmen todesseliger Vereinigung hervor. So hält der sterbende »Freigeist« in Bonaventuras *Nachtwachen* (1804) gegen die Höllenvisionen, die der »Pfaff« ihm entgegenschleudert, als wär er selber der Teufel, aufgeklärter Vernünftigkeit die Treue, »stark in seiner letzten Stunde, wie Voltaire«. Dazu kommt, neu, die »Wollust«:

Der Pfaff [...] bannte den ganzen Tartarus herauf in die letzte Stunde des Sterbenden. Dieser lächelte nur und schüttelte den Kopf. Ich war in diesem Augenblicke seiner Fortdauer gewiß; denn nur das endliche Wesen kann den Gedanken der Vernichtung nicht denken, während der unsterbliche Geist nicht vor ihr zittert [...] Ein wilder Wahnsinn schien bei diesem Anblicke den Pfaffen zu ergreifen [...] Dem Kranken wurde es zu arg. Er wendete sich finster weg, und blickte die drei Frühlingsrosen an, die um sein Bette blüheten. Da loderte die ganze heiße Liebe zum letzten Male in seinem Herzen auf, und über das blasse Antlitz flog ein leichtes Rot, wie eine Erinnerung. Er ließ sich die Knaben reichen, und küßte sie mit Anstrengung, dann legte er das schwere Haupt an die hochwallende Brust des Weibes, stieß ein leises Ach! aus, das mehr Wollust als Schmerz schien, und entschlief liebend im Arm der Liebe.

Die romantische Identifikation mit dem Tod als geliebtem, sei's gebenden, sei's nehmenden Angreifer kennt mannigfache Variationen. Am Grab seiner Braut Sophie von Kühn, die mit 15 Jahren an Schwindsucht dahingerafft wurde, erlebt Novalis in »aufblitzenden Enthusiasmusmomenten« ihre Nähe als Verbindung mit ihrem verklärten pneumatischen Leib. Die ›Überwindung‹ des Todes, die er dichterisch feiert, knüpft sich an die androgyne Mittlerfigur von Christus und Sophie in eins. So heißt es in der 6. der *Hymnen an die Nacht*, die der »Sehnsucht nach dem Tode« gilt:

Hinunter zu der süßen Braut,
Zu Jesus, dem Geliebten –
Getrost, die Abenddämmrung graut
Den Liebenden, Betrübten.
Ein Traum bricht unsre Banden los
Und senkt uns in des Vaters Schooß.

»Zum Vater wollen wir nach Haus«, zurück zum mütterlich gebärenden Erzeuger. Die Todesgöttin des Novalis ist androgyn. Der Tod: ein letzter Doppel-Inzest. Das Ziel regressiver Sehnsucht ist die liebende Selbstpreisgabe, wo verbotene Lust bei Strafe des Lebens genossen werden kann.

In den Paralipomena zu den *Hymnen an die Nacht* findet sich die folgende Notiz: »Geliebte Verbindung, die auch für den Tod geschlossen ist – ist eine Hochzeit –, die uns eine Genossin für die Nacht gibt. Im Tode ist die Liebe am süßesten; für den Liebenden ist der Tod eine Brautnacht – ein Geheimnis süßer Mysterien.« »Zur Hochzeit ruft der Tod«, dichtet er, ohne daß ihn das lyrische Pathos des Hinübergehens (»Hinüber wall ich [...]«) aus Liebe über die Todesgrenze hinweg daran hindert, diesseits solchen visionären »Nachsterbens« auf dem Boden des Alltags kurz nach Sophies Tod eine Verbindung einzugehen mit einer handfest kleinkarierten Beamtentochter. Die täglichen Besuche auf dem Grab versetzten ihn in ekstatische Erregung: »– aufblitzende Enthusiasmusmomente – das Grab blies ich wie Staub vor mir hin – Jahrhunderte waren wie Momente – ihre Nähe war fühlbar – ich glaubte, sie solle immer vortreten.« Das »Nachsterben« war ein geistiges Experiment. Novalis sichert sich ab, daß sein Todesverlangen keine Flucht und Ausflucht ist: »Mein Tod soll Beweis meiner Gefühle für das Höchste sein, echte Aufopferung – nicht Flucht – nicht Notmittel.« Fragmentarisch auf einem Blatt (Herbst 1777 wohl) heißt es: »[...] Des höchsten Wesens wird man nur durch Tod wert. Versöhnungstod.« Und: »Der echte philosophische Akt ist Selbsttötung; dies ist der reale Anfang aller Philosophie.« Und an anderer Stelle *(Poëticismen)*: »Der Act des sich selbst Überspringens ist überall der höchste – der Urpunkt – die Genesis des Lebens.« Der poetisch herbeigeredete Liebestod sucht die Schnittstelle, mit der der reale Tod der Geliebten das Begehren vom Verehren abtrennt als Konvergenzpunkt beider. Das »Nachsterben« verrät noch in den *Geistlichen Liedern*, wo es sich an Christus orientiert, den erotischen Ein-Verleibungswunsch, den es als Spiritualisierung und Ent-Leibung sublimieren möchte:

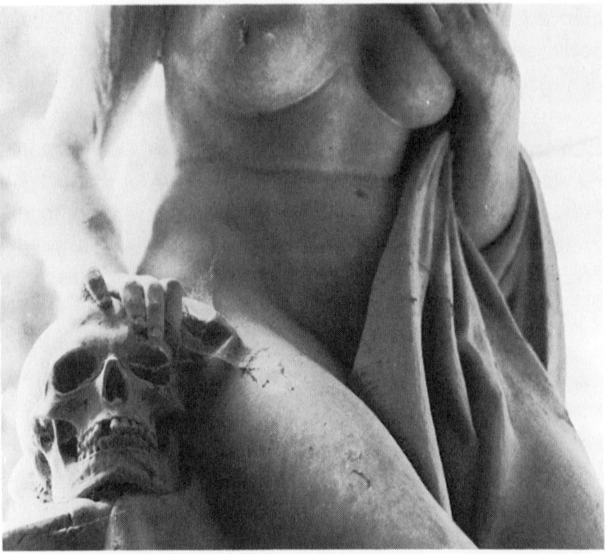

Grabmal in Genua (Abb. 44)

Wer hat des irdischen Leibes
Hohen Sinn erraten?
Wer kann sagen,
Daß er das Blut versteht?
Einst ist aller Leib,
Ein Leib! In himmlischem Blute schwimmt das selige Paar.

So wird jener Todesschlaf Lessings und Herders zum geistigen Beischlaf romantisiert.

»Wo zwei ineinander übergehen, da hebt sich die Grenze des Endlichen zwischen ihnen auf«, schreibt Bettina von Armin in ihrem *Buch der Liebe.* Analoges findet sich auch bei Runge und bei Schubert. Und Carus schreibt in seiner *Psyche*: »Einer jeden hohen menschlichen Natur wird in dem Versinken und völligen Aufgehen in einer anderen Seele am deutlichsten sich erschließen das Verständnis des Allgemeinen und alles Göttlichen. Man darf daher sagen: eine solche Liebe sei die erste Erlösung aus dem Einzelsein und der erste Schritt zur Wiederkehr in das All.« So wird der Tod, wie Novalis sagt, deutbar als »überschwänglicher Erneuerungsprozeß«, »Endigung und Anfang zugleich«. Das läuft hinaus, wie es am Ende des *Heinrich von Ofterdingen* heißt, auf die »Aufhebung des Unterschieds zwischen Leben und Tod. Annihilation des Todes.« »Vielleicht«, schrieb Friedrich Schlegel an ihn, »bist Du der erste Mensch in unserem Zeitalter, der Kunstsinn für den Tod hat.« So, als ließe dieser sich mit Kunst als dem geeigneten Vehikel des Übergangs überspringen. Das trifft, in glückloser Variante, wohl eher noch auf Karoline von Günderode zu, deren Sinn für den Tod gerade in ihrer Kunst tödlich wird. Zu schmerzlich war es für sie, sich gegenüber den Männern, die sie liebte – Savigny und Creuzer – und die sich in bürgerlichen Beziehungen gegen sie, die sie liebten, immunisierten, aufspalten zu müssen in ein Subjekt und Objekt des Begehrens einerseits, des Verehrens andrerseits, ihre Liebebedürftigkeit und -fähigkeit abzutöten. Da verfängt dann auch die Abschiedsdiät nicht, die sie sich schreibend, als Schreiben verordnet. »Triumph«, läßt sie Immortalita in dem gleichnamigen Dramolett ausrufen, »[...] von nun an sey es den Gedanken der Liebe, den Träumen der Sehnsucht, der Begeisterung der Dichter vergönnt, aus dem Lebenslande in das Schattenreich herabzusteigen und wieder zurück zu gehen.« Es mag für sie zeitweilig tröstlich gewesen sein, daß »wir in einer Verbindung mit dem Theil der Geisterwelt« stehen, »der mit uns harmonieret« *(Die Manen)* kraft der »Fähigkeit eines inneren Sinnes, Verbindungen, die andern Menschen (deren Geistesauge verschlossen ist) unsichtbar sind wahrzunehmen«. Das verhindert nicht, den unerreichbaren Geliebten, so lange sie lebt, bei lebendigem Leibe tot zu denken. »Sterben ist besser als töten.« Vom Tod aber erhofft sie dasselbe wie von der Liebe in extremis: »Daß der Zweiheit Gränzen schwinden/ Und des Daseins Pein.« Als »lebendiger Tod, im Einen sel'ges Leben« wird »Liebe« lyrisch definiert, der Tod »zur süßen Liebesfeyer« stilisiert: »Zum Lebensgipfel wird des Daseins Ende« *(Die Malabrischen Witwen)*. In dem Gedicht *Hochroth*, ihrem bekanntesten wohl, bietet die Günderode die knappen, schmucklosen Verszeilen zu einem Kreistanz auf, todernst auf stolpernden Versfüßen über die Trivialität der Reime hinweg, bis Liebe und Tod, in dem Maße, wie die Zeilen untereinander austauschbar zu werden scheinen, unversehens unter dem Aspekt des verbleichenden Rots kurzgeschlossen werden und das »bis« den Endpunkt selber, auf den es als auf etwas der Redeintention Äußeres erst nur temporal zu verweisen schien, zur Bestärkung des Gemeinten in dieses miteinschließt; nicht umsonst reimt »bleichen« auf »gleichen« in der überzähligen Schlußzeile, die den Gleichlaut farblich deutet und: daß der Tod im Rot erotischer Wallung immer schon verschluckt war, als verschwiegener Rest, unverdaubar, weder ästhetisch noch »innig«:

Du innig Roth,
Bis an den Tod
Soll meine Lieb Dir gleichen,
Soll nimmer bleichen,
Bis an den Tod,
Du glühend Roth,
Soll sie Dir gleichen.

Von »innig« bis »glühend« veräußerlicht das Rot, knospend

und blutend, die tiefe Verwundung, die eins ist mit dieser Liebe. Entsprechend heißt es in einem anderen Gedicht:

> Und es hielt ein tiefes Sehen
> In mir selber mich gefangen.
> Und mir war, als hab ich einstens
> mich von einem süßen Leibe
> los gerissen, und nun blute
> erst die Wunde alter Schmerzen.

»Sehnsuchtskrank« weiß sich dieses sich selbst aus dem Sehnen heraus dichten lassende Ich: »[...] eine Sehnsucht war in mir, die ihren Gegenstand nicht kannte, ich suchte immer, aber jedes Gefundene war nicht das Gesuchte, und sehnend trieb ich mich umher im Unendlichen« *(Apokalyptisches Fragment)*. Im Gedicht *Die Einzige*, das sie aus dem Rollentausch einer männlichen Sprechhaltung heraus, sich selbst in der »Stummheit Sprache« *(Liebe)* erhaltend, zu Papier bringt, bekennt sie:

> Eines nur mein Sinn begehret,
> Eine Sehnsucht mich verzehret;
> Eng ist meine Welt befangen,
> Nur vom einzigen Verlangen,
> Was ich liebe zu erlangen.

Jeder Text ist aufs neue Generator solcher gegenstandslos gewordenen Sehnsucht, die noch sich selbst verzehrt, um gegenstandslos und endlos zu bleiben. Diese Selbstblockade des Verlangens durch schreibendes Nachgeben belegt der Anfang des folgenden Gedichts:

> Wie ist ganz mein Sinn befangen,
> Einer, Einer anzuhangen;
> Diese Eine zu umfangen
> Treibt mich einzig nur Verlangen;
> Freude kann mir nur gewähren,

Heimlich diesen Wunsch zu nähren,
Mich in Träumen zu bethören,
Mich in Sehnen zu verzehren,
Was mich tödtet zu gebähren.

Durchs Schreiben, »weil Mitteilung mir Bedürfnis ist«, in der öffentlich dafür damals reservierten Männerrolle unter dem Pseudonym ›Tian‹. So entfremdet sie sich denn auch brieflich gegenüber Creuzer, indem sie von sich selbst in der dritten Person als vom »Freund« spricht. »Eins in Zwei zu sein« *(Die eine Klage)* – das macht, daß sie sich »so arm mitten im Reichtum« (November 1804) fühlt. »Deswegen kömmt es mir aber vor, als sähe ich mich im Sarg liegen und meine beiden Ichs starren sich ganz verwundert an.« Selbstentfremdung als antizipierte Erfahrung des Totseins. Wie sie sich dabei, nicht zuletzt durch schriftliche Rationalisierung, wie gefühlvoll immer im Wortlaut, in eine Beziehungsfalle begibt, schildert sie als Kampf, den ihre »stolze Vernunft« gegen ihre Natur führt:

Barbar! freue dich nicht deines Sieges, du hast einen Bürgerkrieg geführt, die Überwundenen waren Kinder deiner eigenen Natur, du hast dich selbst getötet in deinen Siegen, du bist gefallen in deinen Schlachten. Der Friede, mit solchen Opfern erkauft, war mir zu teuer, und ich konnte den Gedanken nicht mehr ertragen, mich teilweise zu vernichten, um mich teilweise desto besser erhalten zu können. *(Geschichte eines Braminen)*

Daß sie »früh sterben« wollte, hat sie, die den Dolch lange mit sich trug, früh gesagt. Am Ende: »Ich bin eigentlich lebensmüde, ich fühle, daß meine Zeit aus ist, und daß ich nur fortlebe durch einen Irrthum der Natur; dies Gefühl ist zuweilen lebhafter in mir, zuweilen blässer. Das ist mein Lebenslauf« (Juli 1867). Das Bewußtsein, schreibend aus der Rolle zu fallen, die ihr die Gesellschaft sonst zuschreibt, erleichtert ihr nicht, dies mit Bewußtsein zu tun. In dem oben zitierten Stück Rollenprosa sagt sie weiter:

Wie kann ich wissen [...], was zu der eigentlichen Natur und Harmonie meines Wesens gehört, und was durch Erziehung und Verhältnisse Fremdes in mich übertragen wurde? Vielleicht, wenn mein Gemüth noch unvermischt von fremdem Zusatz wäre, vielleicht gäbe es dann in mir kein Sollen, keine Ertödtung des Einen, damit das Andre besser gedeihe. Gewiß nur die Welt, ihre Verwirrungen, der Strom ihres tiefen Verderbens, die feige Gefälligkeit, die sie uns oft auferlegt, haben mich mir selber entrückt, und mich zu einem Wesen widersprechender Natur gemacht. Von dem Augenblick an, da mir das klar wurde, entriß ich mich allen Verhältnissen [...]

Karoline von Günderode hat die Spaltung, die sie tötet, herbeigeschrieben, vergrößert, indem sie sie schreibend zu füllen versuchte, hervorgebacht, was sie tötet. »Es ist hier eine Lücke in meiner Seele; umsonst suche ich sie zu erfüllen, umsonst sie weg zu raisonnieren [...]« (24. Nov. 1801) Selten war Schreiben so tödlich.

In radikalisierender Verlängerung der ›Schwarzen Romantik‹ unternimmt es Georges Bataille, inspiriert nicht zuletzt von de Sades Phantasien orgiastischer Extermination, den Tod zu sexualisieren und als Luxus äußerster Intensität und Verausgabung des Lebens zu zelebrieren: als »Verlangen, kopfüber zu versinken, das jeden Menschen in Innersten befällt«, denn Liebe gibt es nicht, »wenn sie uns nicht *wie der Tod* ist [...] *(Der heilige Eros)*. »In ihrer anfänglichen Regung ist die Liebe die Sehnsucht nach dem Tod. Doch die Sehnsucht nach dem Tod ist selbst die Regung, in der der Tod überschritten wird« (*Œuvres complètes*, V, S. 409). Als Regung, in der das Leben, im ekstatischen Ausnahmezustand auf der Höhe des Todes exzessiv lebbar werden soll. In solcher Todeslust reduziert sich der »Besitz der Lust [...] schnell auf den entwaffnenden

Ruysch. Thesaurus anatomicus (Abb. 45)

Besitz des Todes. Doch den Tod kann man nicht besitzen: er enteignet« (ebd., S. 402). Was die Lust der Ich-Entbindung stimuliert und das Lachen »des Verschwindens« *(Die Tränen des Eros)*. Der genießerisch sakralisierte Bruch der Tabuverschränkung von Eros und Thanatos gilt der emotionalen Inszenierung von Transzendenz im Rahmen gesellschaftlicher Regeln, die für Bataille da sind, um die Ausnahme zu bestätigen und die Möglichkeit, sie auszuleben. Als Opferpriester, artifiziell. Wer das Opfer vollzieht, identifiziert sich mit dem geschlachteten Tier wie die Zuschauerschaft, wie die Leser einer solchen Szene. Er stirbt, wie Bataille in *Hegel, la mort et le sacrifice* weiter erörtert, in der Opfertat, während er sich selbst sterben sieht, einen projizierten Selbstmord. Woraus folgt, daß ohne Darstellungsfeld der Tod uns so fremd bliebe wie den Tieren, vorausgesetzt, man stellt sich das vor oder nicht vor wie die Metzger. (Abb. 45)

Man mag es drehen, wie man will: ob man den Tod als Lust des Überlaufens sich wünscht oder des Auslaufens, ob er konvergieren soll mit dem Moment, in dem der Sack mit dem maximierten Lebensreichtum platzt, oder zusammenfallen mit dem Schlitz, in den der letzte gesparte Pfennig schlüpft – die tödliche Verausgabung des Lebens als dessen Kapitalisierung, so oder so, unterliegt einer Dialektik des Tauschs, in dem Leben und Tod gegeneinander aufgerechnet werden. Dem Tod ist längst preisgegeben, wer, um ihn kalkulierbar und verfügbar zu machen – und sei's im Über-Maß des Umschlagens von Fülle in Leere –, solchen Wechsel unterschreibt.

IV.

»Die barocke Allegorie«, sagt Benjamin in seinen Baudelairestudien, »sieht die Leiche nur von außen. Baudelaire sieht sie auch von innen.« Was das heißt, läßt sich am Beispiel des Gedichts *Une Charogne* erörtern:

Gedenke des Dinges, das wir sahen, meine Seele, an jenem Sommermorgen, der so lieblich war: an eines Weges Biegung lag schändlich auf kieselübersätem Bett ein Aas;

Die Beine abgespreizt, gleich einem geilen Weib, heiß seine Gifte schwitzend, bot es schamlos lässig den offnen Bauch voll übler Dünste dar.

Die Sonne strahlte auf diese Fäulnis nieder, als gälte es, sie garzukochen und hundertfach der mächtigen Natur, was sie vereinigt hatte, zu erstatten;
Und der Himmel sah, wie prächtig das Gerippe sich gleich einer Blume hob und auftat. So stark war der Gestank, daß du ohnmächtig ins Gras zu sinken drohtest.
Die Fliegen summten über diesem fauligen Bauch; in schwarzen Bataillonen krochen die Maden aus und quollen wie eine zähe Flüssigkeit diese lebenden Fetzen entlang.
Das alles senkte sich und hob sich einer Woge gleich, stob schillernd auf; es schien, als ob der Leib, von ungewissem Hauch gebläht, vielfältig sich vermehrend lebte.
Und diese Welt ertönte von einer seltsamen Musik, wie Wasserrieseln und wie Wind, oder wie das Korn, das der Worfler mit rhythmischer Gebärde auf seiner Schwinge wirft und wendet.
Die Formen schwanden hin und waren nur ein Traum noch, fast nicht erkennbar auf vergessner Leinwand ein Entwurf, den der Künstler aus dem Gedächtnis nur vollendet.
Hinter den Felsen spähte unruhig eine Hündin mit bösem Blick zu uns herüber, lauernd auf den Augenblick, wo sie dem Skelett den Fetzen wieder rauben könnte, den sie fahren ließ.
– Und dennoch wirst du diesem Unrat gleichen, diesem ganz durchseuchten Greuel, Stern meiner Augen, Sonne meines ganzen Wesens, mein Engel du und meine Leidenschaft!
Ja! derart wirst du sein, o Königin an Reiz und Anmut, wenn, nach den Sterbesakramenten, du unter Gras und fette Blumen dich betten wirst, zu schimmeln zwischen dem Gebein.
Dann, o meine Schönste! sage dem Gewürm, das küssend dich verspeisen wird, daß ich die Form, den göttlichen Gehalt bewahrte meiner Liebe, die in dir zerfällt! (Übersetzung: Friedhelm Kemp)

Ästhetisierung des ekelhaften Inhalts oder Verekelung der ästhetischen Form, die den Kadaver präsentiert? Darstellung im Clinch mit dem Dargestellten? Um nicht hinter diese für Baudelaires Modernität charakteristische Spannung zurückzufallen, die das Gedicht aufbaut und durchhält, ist es

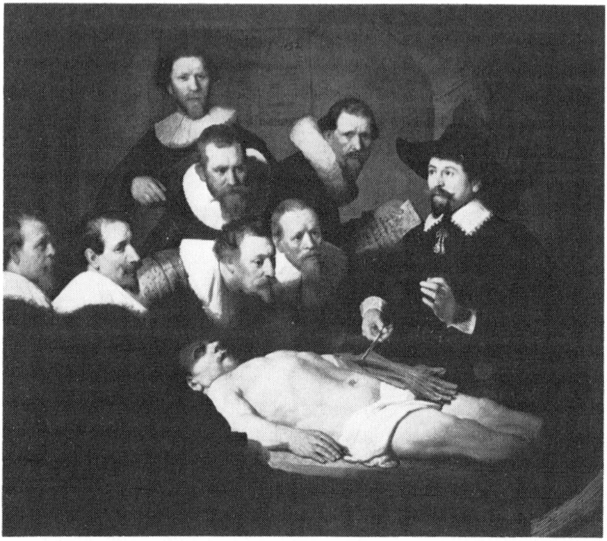

Rembrandt. Die Anatomie des Professor Tulp (Abb. 46)

nützlich, sich jener Stelle in der Aristotelischen *Poetik* zu erinnern, wo das Widerwärtige durch seine Darstellung gleichsam zwischen Anführungszeichen gerät, so daß die Nachahmung das Vergnügen bereitet, an und aus ihr zu lernen, oder, »wenn man das Modell nicht vorher gesehen hat,« das Vergnügen an der »Kunstfertigkeit«: »Was wir nämlich in der Wirklichkeit nur mit Unbehagen anschauen, das betrachten wir mit Vergnügen, wenn wir möglichst getreue Abbildungen vor uns haben, wie etwa die Gestalten von abstoßenden Tieren oder von Leichnamen.« Baudelaires Gedicht ist vom Abstoßenden angezogen, und Darstellung holt das Tote, bar jeder Transzendenz, in Großaufnahme unterm lyrischen Mikroskop ungerührt heran, bis es lebendig kribbelt und krabbelt. Eine »anatomische Stunde« also. Aber ohne jene Zurückhaltung, die Rembrandts Bild der Neugier gegenüber dem Körperinnern schon allein nur deshalb noch entgegensetzt, weil die aus dem Bild herausblickenden Ärzte den Betrachterblick abfangen.

In einem Brief an seine Frau (29. Oktober 1907) hat Rilke, im Anschluß an den Besuch einer Cézanne-Ausstellung, das Neue an Baudelaires Sicht aufs Tote herausgestellt:

Du erinnerst sicher [...] aus den Aufzeichnungen des Malte Laurids die Stelle, die von Baudelaire handelt und von seinem Gedicht: ›Das Aas.‹ Ich mußte daran denken, daß ohne dieses Gedicht die ganze Entwicklung zum sachlichen Sagen, die wir jetzt in Cézanne zu erkennen glauben, nicht hätte anheben können; erst mußte es da sein in seiner Unerbittlichkeit. Erst mußte das künstlerische Anschauen sich so weit überwunden haben, auch im Schrecklichen und Widerwärtigen das Seiende zu sehen, das, mit allen anderen Seienden, gilt.

Schon im ersten Vers wird das »Objekt« der Anschauung doppelt distanziert: als eines der Erinnerung zum einen, als bezogen auf die ganz traditionell rhetorisch angesprochene Geliebte zum andern. Es trifft sich indessen, daß die gemeinsame Erinnerung, in der sich im folgenden die ›Form‹ der toten Materie herausbildet, von einer synthetisierenden »Wir«-Instanz getragen wird, die gespalten ist in einen Körper- und Seelendiskurs. Die in vereinnahmender Rede von der eigenen besetzte andere »Seele« ist auch, wenn auch aus fast schon schäkernder Sie-Distanz, die eigene: »Rappelez-vous l'objet que nous vîmes, mon âme [...].« An einem schönen, sanften Sommermorgen liegt das Anstößige da, am Wegrand, auf seinem Steinbett, wie eine Frau, geil die Beine in die Luft mit offenem Bauch. Das Minnelied als Schocker untergräbt sich von hier an selbst, indem es die reine Spröde, die sich im Leben verweigert, implizit als »charogne«-Luder, und ganz in der Tradition der französischen Klassik barockisierend warnt, daß sie der thematisch vorgeschobenen

»charogne«-Leiche, die alles hergibt, was sie hat und mehr, erst nach dem Tode gleichen wird. Und dann, zu spät, eben so: so abstoßend anziehend. Auch diese Tradition als Widerlager des Sprechens hier ist Kadaver. Absprungspunkt und Anziehungspunkt. Weil mit dem unausgeprochenen Wunschbild gedroht wird, das nur als Aas sich lieben läßt, steht die gesperrte Wunscherfüllung, wie so oft bei Baudelaire, der zuerst mortifizieren muß, was er lieben will, im Zeichen des Todes.

Es geht, in penetranter Aufdringlichkeit, ganz diesseitig um das Leben nach dem Tode, das sich zunächst durch wimmelnde Multiplikation in einem progressiven Verkleinerungsprozeß entgrenzt (»Vivait en se multipliant«). Die Wie-Vergleiche tun dazu das ihre. Die totalisierenden Wendungen (»Tout cela«, »le corps«, »ce monde«) manifestieren als sprachlicher Gegendruck, das Aus-der-Form-Gehen erst recht. Mit »einer fremden Musik«, die von den Fliegen, Maden und Würmern herrührt, setzt eine Ästhetisierung ein, die der Text im Medium der Erinnerung zu betreiben vorgibt: als Formfindungsprozeß gegen den Verfall der Materie:

> Les formes s'effaçaient et n'étaient plus qu'un rêve,
> Une ébauche lente à venir,
> Sur la toile oubliée, et que l'artiste achève
> Seulement par le souvenir.

Die Auflösung der Form, bezeichnenderweise in ihrer Pluralisierung, entspricht, gegenläufig, einer Resynthetisierung, einer Skizze, vergessen auf einer Leinwand, die unter Absehung von der unmittelbaren Realität und frei von kopierender Verdoppelung in der ›Verinnerung‹ vollendet wird. Das Spätere ist das Frühere, vergleichbar dem Entwickeln einer Photographie. Was hervorkommt, geht zugleich rückwärts. Gegen die Gefahr, das als ästhetischen Voyeurismus auszulegen, wird in der nächsten Strophe die Hündin aufgeboten mit ihrem Freßblick.

Mit dem Zeigefinger identifiziert das sprechende Ich anschließend die Angesprochene in bezug auf ihr Verenden mit dem Tierkadaver. Das ist gute alte Tradition, und man könnte den Appell zum ›Carpe diem‹ erwarten, wie in den Zeilen Andrew Marvells aus dem Gedicht *To His Coy Mistress*:

> The grave's a fine and private place,
> But none, I think, do there embrace.

Bei Baudelaire indessen wird das traditionelle Paradigma eingesetzt und zugleich unterhöhlt. Wieder ist jene prozeßhafte Gegenläufigkeit im Spiel. Durch Archaisierung der Todesauffassung gerade gelingt ihre Modernisierung. Es gilt deshalb auf die lyrische Dekonstruktionsstrategie des Textes zu achten, der unter der Hand zurücknimmt, was er sagt, durch die Weise, wie er's tut, indem er aus den Versen, die im Französischen auch ›Würmer‹ heißen, aus der Darstellung von Zerfall, aus der Formauflösung durch Darstellung ein work-in-progress-Konzept herausarbeitet und einen Begriff von Form als Prozeß:

> Alors, ô ma beauté! dites à la vermine
> Qui vous mangera de baisers,
> Que j'ai gardé la forme et l'essence divine,
> De mes amours décomposés!

Man hat die letzte Strophe überlesen, wenn man darin eine Bestätigung dessen sieht, was Baudelaire selbst in den *Fusées* apodiktisch formuliert: »Ce qui est créé par l'esprit est plus vivant que la matière.« Oder, schon fast thomistisch, in *Mon cœur mis à nu*: »Toute forme, créé par l'homme, est immortelle. Car la forme est indépendante de la matière, et ce ne sont pas les molécules qui constituent la forme.« Von den sich auflösenden Formen (»Les formes qui s'effaçaient«) ist »die« Form als angeblich »göttliche Essenz« kraft der Erinnerung geblieben, aber die Liebe hat sich dabei durch die lyrische Dekompositionsarbeit des Gedichts pluralisiert (»Mes amours«). Wichtiger noch: die Rede des sprechenden Ich wird einbezogen in den Verwesungsprozeß selbst, von dem sie spricht und den sie in Gang setzt. Form, »die der Künstler vollbringt«, *ist* Verwesung: durch erinnerndes Darstellen übers Ende hinaus festgehaltenes Enden. So wird dem Tod, der als Muse des dekomponierenden Schreibens gefeiert wird, eine Prozeßhaftigkeit zugesprochen, die er traditionellerweise gerade suspendiert. So wird die faulende, stinkende charogne zur modernen Allegorie eines Todes, der gerade als Auflösungs- und Formzerfallserscheinung das Leben bezeugt. Weil, nach Benjamins bekannter Formulierung im Trauerspielbuch, »am tiefsten der Tod die zackige Demarkationslinie zwischen Physis und Bedeutung eingräbt«, ist das allegorische Zeichen – für das, insofern es selber nicht ist, was es bedeutet, solche Trennung konstitutiv ist – ein Zeichen des Todes. Paul de Man hat in seinem Aufsatz über *The Rhetoric of Temporality* deutlich gemacht, daß Zeitlichkeit die entscheidende Kategorie der Allegorese ist: »[...] in the world of allegory time is the originary constitutive category [...] it remains necessary, if there is to be allegory, that the allegorical sign refers to another sign that procedes it [...] allegory designates primarily a distance in relation to its own origin, and, renouncing the nostalgia and the desire to coincide, it establishes its language in the void of this temporal difference.« Baudelaire bringt das lapidar auf den Punkt: »Maintenant dit: Je suis Autrefois« *(L'horloge)*. Am Schluß der *Fleurs du mal* steht der Vers: »O Mort, vieux capitaine, il est temps! levons l'ancre!« Was sich im Text auf Tinte reimt (»encre«). Es ist das Resultat von Schreibarbeit, wenn sich das Subjekt

Genga. Anatomie. 1691 (Abb. 47)

der Schrift auf Todesfahrt begibt und sich von sich selber abspaltet und den Text ersatzweise als »Körper«-Ruine ablegt, aus dem die »Seele« ausgezogen ist, der »Tortur« des gegenseitigen Sich-Zernagens entronnen:

A travers ma ruine allez donc sans remords,
Et dites-mois s'il est encor quelque torture
Pour ce vieux corps sans âme et mort parmi les morts!

Der Text des *Charogne*-Gedichts mit seinem insistierenden Erinnerungsappell, der den Zerfall, den es festzuhalten gilt, nur beschleunigt, öffnet sich der Lektüre als Grab der Erinnerung, in dem das Entscheidende weg ist: Liebe. In Gestalt des Textes – das Härteste, was der in ihm generierten Auflösung widersteht – läßt sich deren Leichnam »von innen« besichtigen.

V.

Dantons Rede über den Tod ist ambivalent: »[...] – das Leben ist mir zur Last, man mag mir es entreißen, ich sehne mich danach, es abzuschütteln,« sagt er einmal, ein andermal, nicht minder pathetisch, »ich kann nicht sterben, nein, ich kann nicht sterben [...] sie müssen mir jeden Lebenstropfen aus den Gliedern reißen.« Wonach sich der lebensmüde Epikuräer sehnt, ist »Ruhe«, Ruhe auch von sich und den blutbeschmierten Erinnerungen seines Lebens, Ruhe freilich, die er noch nicht einmal im Nichts zu finden hoffen kann: »Der verfluchte Satz: Etwas kann nicht zu nichts werden! Und ich bin etwas, das ist der Jammer! Die Schöpfung hat sich so breit gemacht, da ist nichts leer, alles voll Gewimmels.« Wo die Welt schon das Grab ist, in dem das Leben fault, ist das Grab keine Alternative:

Wir sind alle lebendig begraben und wie Könige in drei- oder vierfachen Särgen beigesetzt, unter dem Himmel, in unseren Häusern, in unseren Röcken und Hemden. – Wir kratzen fünfzig Jahre lang am Sargdeckel. Ja, wer an Vernichtung glauben könnte, dem wäre geholfen! – Da ist keine Hoffnung im Tod; er ist nur eine einfachere, das Leben eine verwickeltere, organisiertere Fäulnis, das ist der ganze Unterschied!

Dieses Lebens- und Körpergefühl regelt auch Dantons Mitmenschlichkeit oder was er dafür hält und, als deren Steigerungsform, die Liebe, die er in der ›Sprache des Todes‹ artikuliert: »[...] ich liebe dich wie das Grab [...] Du süßes Grab, deine Lippen sind Totenglocken, deine Stimme ist mein Grabgeläute, deine Brust mein Grabhügel und dein Herz mein Sarg.« Der durch die Grabes- und Einsargungsmetaphorik gesperrte Verschmelzungswunsch pervertiert rhetorisch zum tötenden Durchbrechen trennender Verschalung und zum Eindringen ins letztlich doch nur wieder leere Grabloch der andern:

Wir wissen wenig voneinander. Wir sind Dickhäuter, wir strecken die Hände nacheinander aus, aber es ist vergebliche Mühe, wir reiben nur das grobe Leder aneinander ab – wir sind sehr einsam [...] Geh, wir haben grobe Sinne. Einander kennen? Wir müßten uns die Schädeldecke aufbrechen und die Gedanken einander aus den Hirnfasern zerren.

Von hier aus ist jene Grunderfahrung eines unaussprechlichen Defizits verständlich: »es fehlt uns etwas, ich habe keinen Namen dafür.« Es ist zu bedenken, daß der Revolutionsheld, den die Geschichte überholt hat und der von Anfang an als »toter Heiliger«, als »Monument«, als »Relique«, als »großer Leichnam« erscheint – den die neuen Machthaber wie einen Priester, nicht wie einen Mörder begraben sollten, also »nicht zerstücken« dürften –, die Artikulation seines Lebensgefühls in Todesbildern gerade gegen die Tödlichkeit einer Staatsmaschinerie aufbietet, die im Namen eines geplanten besseren Lebens von Robespierre und seinesgleichen eingesetzt wird. Dem steht die Utopie einer »Staatsform« entgegen, die, so sagt es Dantons Freund

Camille, »ein durchsichtiges Gewand« wäre, »das sich dicht an den Leib des Volkes schmiegt«, wobei eben dieses Volk, wie Danton kritisch bemerkt, auf dem jetzigen Stand des revolutionären Fortschritts, mehr einem Kind gleicht: »es muß alles zerbrechen, um zu sehen, was darin steckt.« Wiederum also die zerstörerische, Löcher produzierende Schalenmetaphorik. »Morgen«, sagt Danton, »bist du eine leere Bouteille.« Während er in melancholischer Handlungslähmung dem nachhängt, was »fehlt«, in Höhlen, in Hohlräumen unzugänglich versteckt, wird Robespierre nicht müde, sich der Guillotine als neu erfundenen Instruments eines sauberen Todes zum Zweck revolutionärer Gleichmacherei zu bedienen, um abzuhacken, was heraussteht und zuviel ist. Die Revolution, nunmehr im Stillstand, tötet, um sich selbst zu stabilisieren. Das Sterben ist eine öffentliche »Formalität« geworden, »mechanisch«. Es »ist mir«, sagt Danton, »als wäre ich in ein Mühlwerk gefallen, und die Glieder würden mir langsam systematisch von der kalten physischen Gewalt abgedreht. So mechanisch getötet zu werden!« Und »so öffentlich«, heißt es an anderer Stelle. Vital und lebensfreundlich dagegen das ganze Fäulnispathos der Settembristen. Die Zeit, die ihnen vor der Vollstreckung des Todesurteils noch bleibt, ist schlechte Endlichkeit, ein stehendes Gewässer, schal geworden und krank fast; keiner von den Feinschmeckern des Lebens mag das auslöffeln. Gegenüber ihrer Sprache des leiblichen Wohls und des Genusses, in den noch der Tod als äußerste Verfeinerung, vorausgesetzt, er tut nicht weh, einbezogen werden soll, gegenüber ihrem Diskurs des Lebendigbegrabenseins, der den politischen Barometerstand angibt, verkörpern sich die Worte der Wortführer tödlich und »riechen nach Leichen«: »Geht einmal euren Phrasen nach bis zu dem Punkt, wo sie verkörpert werden. – Blickt um euch, das alles habt ihr gesprochen; es ist eine mimische Übersetzung eurer Worte. Diese Elenden, ihre Henker und die Guillotine sind eure lebendig gewordnen Reden.« Von St. Justs Reden vor dem Konvent heißt es: »jedes Komma ein Säbelhieb, jeder Punkt ein abgeschlagener Kopf.« Die verknorpelte Logik des Totschlagens, welche durch den Zweck die Mittel heiligt, ließe sich in seiner großen Rede bis in die Sprachmittel hinein nachweisen. Karikiert erscheint sie noch einmal in der Argumentation der Bürger: »Wir sind das Volk, und wir wollen, daß kein Gesetz sei: ergo ist dieser Wille das Gesetz, ergo im Namen des Gesetzes gibt's kein Gesetz mehr, ergo totgeschlagen.« Es ist Zufall geworden, im sterilen Automatismus des sich durch Töten am Leben erhaltenden Staatsapparates, »ob der Gedanke Tat wird, der Körper ihm nachspringt«. Im Gegensatz dazu: Luciles Wörtlichnehmen des Sterbens, körperlich, in einem Schub scheinbarer Verwirrung, im Gegenzug zum tödlichen Körperlichwerden der politischen Sprache: »Sterben! Was ist das für ein Wort? [...] Ich will nachdenken. Da, da ist's. Ich will ihm nachlaufen; komm süßer Freund, hilf mir fangen, komm, komm!« Einfangen und damit verkörperlichen wird sie das Wort in ihrem Ausruf am Schluß, diesem »Akt der Freiheit«, wie Celan in seiner Büchner-Rede sagte, dieser Huldigung »der für die Gegenwart des Menschlichen zeugenden Majestät des Absurden«, Ausruf, der den Tod performativ herausfordert und herbeiruft: »Es lebe der König!« Mit der Replik der Bürger – »Im Namen der Republik!« – wird Lucile, bevor sie von der Wache abgeführt wird, eingeholt von jener andern Sprache, die tötet. Im Sinne des ›Schnitterlieds‹, das sie auf den Stufen der Schneidemaschine – zärtlich, als »stillen Todesengel«, spricht sie die Guillotine an, auf deren »Schoß« sie sich setzt – zu singen beginnt, scheint sie sich noch einmal, »sinnend und wie einen Entschluß fassend, plötzlich« aufzubäumen gegen den Tod. Anders aber als das

Volkslied – »Trutz, Tod komm her, ich fürcht dich nit! Trutz, komme und tu ein Schnitt!« – trotzt Lucile, nicht zuletzt auch weil sie jenes durch eigene Rede zerschneidet und dessen christliche Hoffnungsbotschaft unterschlägt (»Freu dich schöns Blümelein«), der ideologischen Berufung auf den Sensemann, der alle gleich macht, und sie trotzt der politischen Versachlichung des Sterbens durch metaphorische Verklärung, deren Ironie über den verwirrten Kopf der Sprecherin hinausgeht: »Du liebe Wiege, die du meinen Camille in Schlaf gelullt, ihn unter deinen Rosen erstickt hast. Du Totenglocke, die du ihn mit deiner süßen Zunge zu Grabe sangst.« Das Lied, das sie vor dem Zerstümmelungsapparat nur zerstümmelt zitiert, klingt schon vorher in ihrer großen Rede vom Leben und Sterben an:

Heut wetzt er das Messer,
Er schneid't schon viel besser,
Bald wird er drein schneiden,
Wir müssens nur leiden.
Hüt dich schön's Blümelein!

Das eben ist das Skandalon, daß wir's »nur leiden« müssen, und daß das Leben im natürlichen Kreislauf weitergeht ohne Ende, als wäre nichts geschehen:

Sterben – Sterben! – Es darf ja alles leben, alles, die kleine Mücke, da, der Vogel. Warum denn er nicht? Der Strom des Lebens müßte stocken, wenn nur der eine Tropfen verschüttet würde. Die Erde müßte eine Wunde bekommen von dem Streich.
Es regt sich alles, die Uhren gehen, die Glocken schlagen, die Leute laufen, das Wasser rinnt, und so alles weiter, bis da, dahin – nein, es darf nicht geschehen, nein, ich will mich auf den Boden setzen und schreien, daß erschrocken alles stehn bleibt, alles stockt, sich nichts mehr regt. *(Sie setzt sich nieder, verhüllt sich die Augen und stößt einen Schrei aus. Nach einer Pause erhebt sie sich)*: Das hilft nichts,

da ist noch alles wie sonst: die Häuser, die Gasse, der Wind geht, die Wolke zieht. – Wir müssen's wohl leiden.

Luciles Gang in den Tod entzieht sich dem Zuschauen. Und doch ist er, auch wenn er wie der Tod Dantons und seiner Freunde hinter der Bühne, in der Vorstellung des Zuschauers stattfindet, eine politisch-öffentliche Geste, anders freilich als die gaff- und klatschsüchtigen Weiber eine auf Sichtbarkeit reduzierte Zuschaueröffentlichkeit des Sterbens genießen: »Man muß die Leute in allen Verhältnissen sehen; es ist recht gut, daß das Sterben so öffentlich wird«, sagt die eine, und, weil die Kinder vor Hunger schreien, die andre: »Ich muß sie zusehen machen, daß sie still sind. Platz!« Das ist aus dem revolutionären Ziel gleicher Nahrung für alle geworden: Plätze für alle im politischen Theater des Tötens. Theatralische Sichtbarkeit des Sterbens als Abspeisung des öffentlichen Gerechtigkeitsbedürfnisses. Von hier aus steht Julies Selbstmord, wie privat immer er in ihrem »Zimmer« von ihr gemeint sein mag, als sichtbares, opernhaftes Theaterereignis auf der Bühne unter kritischem Vorzeichen: »Es ist so hübsch, Abschied zu nehmen.« Und dann nimmt sie, am Fenster stehend, Gift. Als Sonnenuntergang, den sie in ihrem Monolog dem Zuschauer sich vorzustellen aufgibt, verklärt sie ihr eigenes Sterben; ihr selbst gilt das Wiegenlied für die Erde:

Die Sonne ist hinunter; der Erde Züge waren so scharf in ihrem Licht, doch jetzt ist ihr Gesicht so still und ernst wie einer Sterbenden. – Wie schön das Abendlicht ihr um Stirn und Wangen spielt. – Stets bleicher und bleicher wird sie, wie eine Leiche treibt sie abwärts in der Flut des Äthers. Will denn kein Arm sie bei den goldnen Locken fassen und aus dem Strom ziehen und sie begraben? Ich gehe leise. Ich küsse sie nicht, daß kein Hauch, kein Seufzer sie aus dem Schlummer wecke. – Schlafe, schlafe! *(Sie stirbt)*

Die sprachliche Inszenierung bleibt in ihrer auf den

Zuschauer angewiesenen metaphorischen Übertragbarkeit ein Ausdruck sprachlicher Hilflosigkeit gegenüber dem eigenen Sterben und dem Tod. Im Gegensatz zur sterilen Politsprache, die, wie Pygmalions Statue – nicht umsonst ist davon die Rede – keine Kinder bekommt, zeugt Danton in seiner ›schönen‹, Verzweiflung verdeckenden Sprache, wenn er ans Sterben denkt, unerschöpflich Metaphern, welche die zu erwartende Leere, vor der er sich ebenso fürchtet, wie er sie ersehnt, vorweg schon spürbar machen, indem sie sie als Sprechblase auffüllen:

Ich werde nicht allein gehn: ich danke dir, Julie! Doch hätte ich anders sterben mögen, so ganz mühelos, so wie ein Stein fällt, wie ein Ton sich selbst aushaucht, sich mit den eignen Lippen totküßt, wie ein Lichtstrahl in klaren Fluten sich begräbt [...]

Mit Entsetzen imaginiert dagegen Camille im Halbschlaf, der die Zunge löst, sein eigenes Sterben voraus:

Da schwand die Decke, und der Mond sank herein, ganz nahe, ganz dicht, mein Arm erfaßt' ihn. Die Himmelsdecke mit ihren Lichtern hatte sich gesenkt, ich stieß daran, ich betastete die Sterne, ich taumelte wie ein Ertrinkender unter der Eisdecke [...]

Der Katzenjammer danach ist immer noch besser und die Einsicht, daß nur eine Lampe »einen runden Schein an die Decke« warf. Sprachlich ist das Ende, auf welchen Umwegen auch immer, nicht zu erreichen. Um so mehr wird das vielberedete »Nichts« erfahrbar als ein Nicht-Sprachliches. Deutlicher als mit Camilles Worten wird das im Stück nirgends gesagt: »Du magst die Zunge noch so weit zum Hals heraushängen, du kannst dir damit doch nicht den Todesschweiß von der Stirne lecken.« Julies Sterben wird vorgeführt. Dantons Tod und der seiner Freunde bleibt vorzustellen. Und der Vorstellung des Zuschauers gegenüber, die mit Dantons letzten Worten rücksichtslos gefüttert wird, der

Metapher politischer Freundschaft und überlebender Solidarität und Liebe gegenüber, gibt es kein Wegsehen. Danton zum Henker: »Willst du grausamer sein als der Tod? Kannst du verhindern, daß unsere Köpfe sich auf dem Boden des Korbes küssen?« Solche Solidarität des Körpers und seiner zerstückten Teile spottet noch über den Tod hinaus des Fallbeils und einer Todesauffassung, die mit einem Schnitt Schluß zu machen und aufräumen zu können meint.

VI.

Das Verwesungspathos von Brechts *Baal* ist gesellschaftskritisch. Nicht bloß in dem Sinn allerdings, daß einem bürgerlichen Publikum die Verkörperung des Lustprinzips als geheim-verdrängte Identifikationsfigur, nur in der Kunst zugelassen, hinter schützendem Glas zurückgespiegelt wird, gezeigt wird, wo's hinführt, wenn einer Ernst macht mit der Décadence und dem Ausstieg über alles Kokettieren mit jener damals modischen Mischung aus Schopenhauer, Bohème und Anarchismus hinaus. Brecht, dem eben dies bei der Durchsicht seiner Stücke am Ende seines Lebens im Rückblick auf den Erstling nicht mehr geheuer war, hatte den asozialen Vitalprotz, der über Leichen geht und dem Gesellschaft nicht mehr bedeutet als ein Reservoir von Möglichkeiten zur Befriedigung seines ekstatischen Glücksverlangens, mit einem Dreh dem Mißverständnis einer Heroisierung des einsam-egoistischen, triebhaft ungebremsten Individuums entrückt und ins ›rechte‹, will sagen sozialkritische Licht gerückt: Wenn sich der Dichter Baal mit seiner Lebenskunst wehrt gegen die »Verwurstung seiner Talente«, so ist er »asozial, aber in einer asozialen Gesellschaft«. Im Außenseiter hat sie ihren Helden. Kritischer Abschaum. Wenn er sich expressionistisch gibt und radikalisierend ausspricht, was ohnehin im Schwange ist, so ist das im Bühnenraum allemal kritisch ausgestellt und einem versachlichenden Blick preisgegeben.

Brecht hatte den ursprünglichen Titel »Lebenslauf des Mannes Baal« verworfen. In der Tat ist denn auch das übliche auf den Ton hin gespannte dramatische Telos, das eine syntaktische Dramaturgie bedingt, außer Kraft gesetzt, zugunsten einer parataktischen Struktur. Baal zentriert die Tragödien nicht, die er auslöst, reißt von sich ab, was sich an ihm anlagert. Sein Leben präsentiert sich als vitaler Exzeß und genußfähige, ja-süchtige Aufbäumung, als Kreislauf zugleich des Lebens und des Sterbens. Vom »weißen Mutterschoße« bis zum »dunklen Erdenschoße«. Als Garant für die Dauer des Wechsels steht der Himmel, den Baal, als Projektionsraum seiner Lust, »mit hinab nimmt«:

> Und wenn Baal der dunkle Schoß hinunter zieht:
> Was ist Welt für Baal noch? Baal ist satt.
> Soviel Himmel hat Baal unterm Lid,
> Daß er tot noch grad gnug Himmel hat.

Baal, der bedauert, nicht mit den Pflanzen schlafen zu können, will sich anschließen an den großen Stromkreislauf der Natur, sich ihrem Stoffwechsel einverleiben. So wird auch der »Abort«, wie es im »Orge«-Lied heißt, zum »liebsten Ort«, dem »Ort der Demut« und der »Weisheit«, wo man weiß, daß man »ein Mensch nur ist, der nichts behalten darf«, wo »man zufrieden ist, daß drüber Sterne sind und drunter Mist«. Den Raum zwischen Oben und Unten füllt »Liebe«: »Es ist Liebe da zwischen Himmel und Boden.« Aber die Liebe, die Baal auslebt, tötet, weil er, ob Mann oder Frau, in die Hohl- und Innenräume anderer eindringt, um sie gefräßig auszunehmen und, wenn er sich's einverleibt hat, wieder auszuspeien:

Man muß Zähne haben, dann ist die Liebe, wie wenn man eine Orange zerfleischt, daß der Saft einem in die Zähne schießt [...] Aber die Liebe ist auch wie eine Kokosnuß, die gut ist, solange sie frisch ist, und die man ausspeien muß, wenn der Saft ausgequetscht ist und das Fleisch bleibt über, welches bitter schmeckt.

In der Metaphorik des Knackens, Aufbrechens, Aushöhlens wird die Sehnsucht nach Rückkehr in den verlorenen Schoß aggressiv und destruktiv. In seinem Lebenshunger, dem alles nach mehr schmeckt und den nichts sättigt, womit er sich vollstopft und vollaufen läßt, höhlt er auch sich selber aus: »Ich bin ganz ausgehöhlt, aber ich habe Hunger wie ein Raubtier.« In diesem Sinn zumal hat er, ganz unmetaphysisch, »Religion im Leibe«, eine individuelle Glücksreligion, deren Gott er selber ist, eine Religion, der er mit Leib und Seele verfallen ist, die er lebt und die er vorstirbt, ein glühendes, krampflösendes Bekenntnis zur Einheit von Leben und Tod, Geborenwerden und Verfaulen, Einverleiben und Ausspeien. Daß drinnen nichts ist und daß man auf diesen harten Kern nicht beißen kann, hält die Bewegung in Gang. Als imaginäre Füllung des Körperinnenraums kehrt das verdrängte Nichts wieder. Auf die Frage eines Holzfällers, wo der tödlich verunfallte Teddy »wohl jetzt ist«, antwortet Baal, »auf den Toten deutend«, »da ist er«. Und er spricht mit ihm und er hält ihn, als ob er nicht tot wäre und weg, sondern einer, der seine »Ruhe gefunden« hat hier auf der Erde unterm Himmel. Für Baal selbst ist noch das Sterben ein Akt des Verzehrens: »Ich will noch ohne Haut leben, ich ziehe mich noch in die Zehen zurück. Ich falle wie ein Stier: ins Gras, da, wo es am weichsten ist. Ich schlucke den Tod hinunter und weiß von nichts.« In der Szene auf der »hölzernen braunen Diele« singt der besoffene Gougou, der »Madensack«, seine »Arie« vom Sterben:

Es ist wie zitternde Luft an Sommerabenden, Sonne. Aber es zittert nicht. Nichts. Gar nichts. Man hört einfach auf. Wind geht, man friert nimmer. Regen geht, man wird nimmer naß. Witze passieren, man lacht nicht mit. Man verfault, man braucht nicht zu warten. Generalstreik [...] Es kommt kein Schluß. Nichts dauert ewig.

Aber ewig dauert das Nichts, und das ist »das Schönste«. Das sind nicht Baals Töne, oder gerade doch? Sprachlich herausgestülpt kommt ihm sein eigenes Inneres entgegen, wird er ausgeweidet, auch er: »Das Gewürm bläht sich. Die Verwesung kriecht heran. Die Würmer singen und preisen sich an [...] Hier werden meine Gedärme demonstriert [...]« Deshalb will er weg, als wäre er »unter Mörder gefallen«. Natur wird immer wieder herausgelockt aus dem Naturprotz durch Sprache, das Tier soll herauskommen, bis es schließlich »verreckt wie eine Ratte«, und er reagiert mit seinen Liedern, in die sich sein Leben fortsetzt. Der Apologie des Verfaulens zu nichts setzt er wenig später sein Lied von der Wasserleiche entgegen, die, jenseits des Todes, auf ihrer »letzten Fahrt« lyrisch begleitet wird, bis zur völligen Auflösung und Heimkehr in die allgemeine Fäulnis der Welt als dem »Exkrement Gottes«. Auch wenn es ihn nicht mehr gibt, bedarf das Gedicht seiner als eines zentralen Computers, in dessen Gedächtnis das auf Körperlichkeit reduzierte Menschsein in diesem Sterben nach dem Sterben »sehr langsam« gelöscht wird und das Löschen vermerkt: Unkenntlich werden durch den natürlichen, kollektivierenden Zerfallsprozeß:

Als ihr bleicher Leib im Wasser verfaulet war
Geschah es, sehr langsam, daß Gott sie allmählich vergaß:
Erst ihr Gesicht, dann die Hände und ganz zuletzt erst ihr Haar.
Dann ward sie Aas in Flüssen mit vielem Aas.

Als Baal todesmatt wie ein Tier auf allen vieren zur »Schwelle« der Bretterhütte im Wald kriecht, sieht er noch einmal den Himmel: »Sterne ... hm.« Das ist das letzte, was er sichtbar und hörbar spricht. Was er sterbend, hinter der Bühne, sagt, berichten die Holzfäller nachher:

Ich frage ihn, wie er schon röchelt in der Gurgel hinten: An was denkst du? Ich will immer wissen, was man da denkt. Da sagte er: Ich horche noch auf den Regen. Mir lief eine Gänsehaut über den Buckel. Ich horche noch auf den Regen, sagte er.

Regen, die letzte Wahrnehmung, die dem feuchten Kreislauf gilt zwischen dem Himmel, der für Baal zeitlebens »voller Leiber« war, und der Erde, auf die er seinen Leib legt »wie in ein gemachtes Bett«.

VII.

»Meine Krankheit ist weltberühmt, mein Sterben eine öffentliche Angelegenheit, aber ich riß aus. Ich bestieg den städtischen Autobus und bin hier.« Mit diesen Worten kehrt der Nobelpreisträger Wolfgang Schwitter, eine öffentliche Person, in sein altes Atelier zurück, fröstelnd im Pelz bei mörderischer Hitze. Weil sein Tod als Tod für die andern mißlingt, versucht er einen privaten und eigenen Tod in vertrauter Umgebung zu inszenieren. Auch das mißlingt. Das Todesurteil: daß er nicht sterben, nicht heraus kann aus dem »alten, fetten, brandigen Leib«. Das ist das Skandalon des Stücks, das die Schweigeglocke über dem Todestabu lüftet durch rückhaltloses Zerreden des ersehnten Sterbens und doch wieder auf hinterhältige Weise zu verstehen gibt, daß der angedrehte, zuschauerbezogene, also öffentliche

Diskurs über den Tod eine versteckte Weise sein könnte, ihn zu verschweigen. Schwitters »ich auferstehe immer« meint die Auferstehung des Körpers gegen den Text, gegens Totreden von außen, das sich immer aufs neue, wie auf Knopfdruck, im komischen Effekt gleichsam abschuppt. Man kichert mechanisch und wird nicht froh dabei. Die durch den Tabubruch freiwerdende Zerstörungsenergie wird in Nachdenklichkeit umgeleitet. Gegenüber Pfarrer Lutz, der den dem Sterbebett Entlaufenen im Krankenhaus bigott für von den Toten auferstanden hält, zetert Schwitter: »Ich will ehrlich sterben ohne Fiktion und ohne Literatur. Ich will nichts als noch einmal die reine Zeit spüren, dieses sanfte Verfließen, ich will nichts als noch einmal eine Minute als Wirklichkeit erleben, nichts als noch einmal eine Sekunde voller Gegenwart.« Gegen die »Fiktion« des erfüllten Lebensaugenblicks, gegen das Vor-Bild Fausts, wird der Tod mobilisiert als Fiktion wiederum erfüllter Erlebnisgegenwart. Der Tod ist hier nur durch Rede zu haben, also ist er nicht zu haben. Schwitter glaubt, der diesseitigen Auferstehung wegen schließlich nicht mehr an den Tod. Er verhängt, als wären es Spiegel, im Sterbezimmer die miserablen Aktbilder des Malers Nyffenschwander, der nur das nackte Leben, »das unerhörte, gewaltige, grandiose Leben« in Gestalt seiner Frau darstellen will. Das freilich entzieht sich solcher Verkitschung – »Zieh dich aus! Ich male dich vor dem Totenbett. Leben und Tod. Ein atmender Leib und Totenkränze« –, nicht anders als der Tod, der sie anzieht, weil er in keiner Aussage, auch keiner bildlichen, zu fassen ist. Faßbar ist er immer nur für die anderen, die ihn darstellen. Das ist Schwitters Problem, solange er dabei sein will und angewiesen bleibt auf die Quittung seines angeblichen Totseins durch ein Darstellungsritual. Noch nicht einmal Professor Schlatter kann ihm zu einem klinisch sachgerechten Tod verhelfen. Ein

Theatertod, alles – und man müßte die ganze Bühne am Ende abräumen, um mit dem Nichtsterbenkönnen endlich Schluß zu machen und, todmüde, die drückende, vorgespielte Lebenslast endlich loszuwerden. Das ganze Repertoire von Sterbemöglichkeiten auf der Bühne wird durchgespielt: im Bett der Pfarrer, im Lehnstuhl Frau Nomsen, Mord und Selbstmord. Für Schwitter selbst sind diese Möglichkeiten von den Nebenfiguren schon besetzt. Es bleibt ihm nur, das Sterben als kreativen Akt in Szene zu setzen. Der Tod müßte – anders als bei Bernhard, anders als bei Canetti – erfunden werden, damit es ihn gäbe. Bei allen Toten um Schwitter herum wird durch das Abbrechen von Lebensentwürfen die jeweilige Sinngebung des Lebens in Frage gestellt. Bei Schwitter selbst geht es um die Sinngebung des Todes vom Ende eines durch seine Endlosigkeit sinnlos gewordenen Lebens her. Davon ist in der Szene mit Frau Nomsen, der Abortfrau und Zuhälterin und Schwiegermutter, die Rede. Wieder, wenn auch umgekehrt als bei Schwitter, dissoziiert sich mit ironischer Wirkung der Körper von der Rede, die ihm gilt. Mit ihr kann er, zum ersten- und letztenmal, ohne Zynismus reden, auch über sich selbst, nur daß sie, ohne daß er's merkt, unterdessen stirbt, während er ihr im Gegensatz zu sich ein sinnvolles Leben buchstäblich zuspricht. Gemeinsam mit ihr hat er das geschäftstüchtige Verhältnis zur Hurerei der Gefühle und der Phantasie. Sie: »Sie, als Schriftsteller, leisten Sie sich je Gefühle in ihrem Beruf? Sehn Sie! Gefühle hat man nicht zu haben, die hat man zu machen. Wenn der Kunde es verlangt.« Er: »Ich erfand Geschichten und nichts weiter. Ich beschäftigte die Phantasie derer, die meine Geschichten kauften und dafür das Recht zu kassieren, und kassierte [...] Vor der ungeheuerlichen Unordnung der Dinge kerkerte ich mich in ein Hirngespinst aus Vernunft und Logik ein. Ich umstellte mich mit erfundenen Geschöpfen, weil ich mich mit wirklichen nicht abgeben konnte, denn die Wirklichkeit ist nicht am Schreibtisch faßbar.« Schließlich läßt ihn die Literatur im Stich. Das Werk als Fluchtraum wird durch den Tod ersetzt als »das einzig Wirkliche«, deshalb, weil es sich der Verfügungs- und Verführungskraft seiner Sprache entzieht: »Da ließ ich mich fallen. Ich fiel und fiel und fiel. Nichts mehr hatte Gewicht, nichts mehr einen Wert, nichts mehr einen Sinn. Der Tod ist das einzig Wirkliche, Frau Nomsen, das einzig Unvergängliche. Ich fürchte ihn nicht mehr.« Wie ein Meteor wirkt die Gravitation des Leibes, der er nachgibt im freien Fall, ohne Gewähr, einmal auf Grund zu fallen. Nicht weil es ein Ende hätte, staut sich Lebenssinn, sondern weil es keinen Sinn mehr hat, hat es kein Ende, als ob er es erst gewinnen müßte, um es verlieren zu können: »Das Leben ist eine Schindluderei der Natur sondergleichen, eine obszöne Verirrung des Kohlenstoffs, eine bösartige Wucherung der Erdoberfläche, ein unheilbarer Schorf. Aus Totem zusammengesetzt, zerfallen wir zu Totem.« Wenn Schwitter am Schluß, ein letztes Mal wieder, sich vom Sterbebett aufrichtet mit seinem verzweifelten »Wann krepiere ich denn endlich!«, steht, noch einmal und wörtlich, der Körper auf gegen Rede, das Auferstehungshalleluja der Heilsarmee. Dabei zergeht, auf Kosten Schwitters, in tragikomischem Doppeleffekt die Grenzlinie zwischen diesseitigem und jenseitigem Auferstehen. Indem das Wiederaufstehen als Auferstehung gefeiert wird, werden der Schlaf des Scheintoten vor dem Tod und der Schlaf danach bis zum »Jüngsten Tage« übereinandergeblendet, zwei Wartesäle ineinander geschoben. Auch wenn alledem schließlich gewaltsam ein Ende gemacht wird, indem »der Vorhang fällt«, ist Schwitter vom Leben nicht erlöst, es sei denn, man reduziert ihn zur Rolle, die ein heimkehrender Schauspieler wie einen Körper ablegt. Alles nur Theater. Ein Spiel ohne

Gegenspieler, es sei denn der Tod. Ein Totentanz mit abwesendem Partner.

VIII.

Das ist freilich so nur auf der Bühne umstandslos möglich: daß die Toten und die Lebendigen sich vermischen, als wäre dazwischen nichts als eine offene Pforte, oder wie in Thornton Wilders *Our town* nur die Rampe zwischen Bühne und Zuschauerraum. Die Gräber der Toten auf der leeren Bühne werden im dritten Akt durch zwölf Stühle dargestellt, in drei Reihen. Die Toten nehmen darauf Platz »ruhig, aber nicht steif, geduldig, aber nicht teilnahmslos«. Einer bleibt frei für Emily, die in ihrem zweiten Kindbett stirbt. In ihrem Brautkleid, wie wir sie vom zweiten Akt her kennen, löst sie sich aus dem Trauerzug der Lebenden und geht zu den Toten hinüber, um sich auf den leeren Platz zu setzen. Ein idyllischer Ort, dieser Friedhof auf dem Hügel, mit viel Himmel, Sonne, Wind, wie der ›Stage manager‹, der dort oben steht, dem Publikum erläutert, mit Fernsicht und Berglorbeer und Flieder: »I often wonder why people like to be burried in Woodlawn and Brooklyn when they might pass the same time up here in New Hampshire.« Das klingt gemütlich, ist es indessen mitnichten, insofern der Schauplatz für die teilnehmenden Zuschauer von Anfang an beides ist, wie diese auch selber gleichzeitig beides sind: diesseitig und jenseitig in eins. Da aber das Zuschauen, je nachdem, ob es den Toten oder den Lebenden gilt, immer auch von der andern Seite erfolgt, verflüssigt sich der Standpunkt an der Grenze, der ihm von der Bühne aus zugesprochen wird, und die Grenze selbst verfließt. Dort werden die Toten, heißt es, allmählich dem Leben entwöhnt:

Allmählich, sehr allmählich lösen sie sich von der Erde [...] von den Dingen, die sie planten [...] von den Freuden, die sie genossen [...] von den Leiden, die sie litten [...] und von den Menschen, die sie liebten. Sie werden der Erde entwöhnt [...] Sie warten. Sie warten auf etwas, das sie kommen fühlen. Etwas Großes und Bedeutendes. Warten sie nicht darauf, daß das, was ewig ist an ihnen, klar hervortrete?

In einer nachtodlichen Entschlackung verbrennen alle irdischen Reste, erlischt schließlich auch die Identität. »Und was bleibt übrig, wenn das Gedächtnis weg ist und ihre Identität, Mrs. Smith?« fragt der Spielleiter und blickt »eine Minute lang ins Publikum«. Der schweigende Blick würde jucken, wäre da nicht als letzter, bergender Horizont in zeitlicher Ferne »the Mind of God«, in dem alles verschwinden wird. Nicht auszuhalten ist für Emily die ihr gewährte Erfahrung, noch einmal ihren zwölften Geburtstag erleben zu dürfen – »you not only live it, but you watch yourself living it« –, und sie bricht erschreckt das Experiment, das Leben vom Tode aus zu leben, ab:

Begreifen die Menschen jemals das Leben, während sie leben – jeder jeden Augenblick?

Spielleiter: Nein *(Pause)*. Die Heiligen und die Dichter vielleicht bis zu einem gewissen Grade.

Emily: Ich bin bereit zurückzugehen *(sie kehrt langsam zu ihrem Stuhl neben Mrs. Gibbs zurück).*

So mutet sie zum drittenmal der Zusammenschau der Zuschauer den fließenden Übergang zu zwischen Leben und Tod. In diesem Vakuum spielt das Stück, abendfüllend, das mit einem ›Gutenacht‹ das Publikum nach Haus zum Schlafen schickt, nach planetarischer Ausweitung der Optik, so, daß das Nest New Hampshire zum Punkt schrumpft und das triviale Alltagsleben dort ins Unsichtbare verflacht. Und doch erscheint die Erde unter allen Himmelskörpern als der einzige, der noch etwas mit sich vorzuhaben scheint, nicht anders als seine Bewohner, noch nachdem sie ihn verlassen haben: als gälte es, wenn's ums Sterben des Kleinen ins Große und Größte hinein geht, bei sich selber anzukommen.

Anders im *Triptychon* von Max Frisch. »Die Ewigkeit«, so heißt's im zweiten der drei »szenischen Bilder«, das unter den Toten spielt am Styx, »ist banal«: »Hier gibt's keine Erwartung mehr«, keine Zukunft, nur ewige kreisende Wiederholung des Immergleichen, metaphysische Tiefkühltruhe, aufgetaut durch den bühnenwirksamen Einfallsblitz des Autors. Mit erschreckendem Ergebnis. Im ersten Bild – peinliches Blabla der Trauergäste nach einer Beerdigung – sitzt der Verstorbene »im weißen Schaukelsessel«, »ein Mann um Siebzig, nicht als Leiche, aber reglos, seine Augen sind offen, er wird nicht wahrgenommen«. Außer von der Witwe, die mit dem Stummen spricht, während die Trauerparty drumherum weiterläuft. Nachdem die Gäste gegangen sind, verschwindet auch der Verstorbene, als wäre das Phantom nur Funktion ihrer Rede über ihn. Immerhin war er im Wegsein sprachlich da. Jetzt ist er weg. Gestorben mit Hilfe eines Bühnentricks noch einmal, wie das Abscheiden ja auch sonst in der feierlichen Theatralik des versenkten Sarges pars pro toto reinszeniert wird:

Die Witwe kommt zurück und sieht den leeren Sessel und erstarrt.
WITWE: Mathis!
Die Tochter kommt mit den leeren Gläsern.
TOCHTER: Hast du gehört, was sie so reden? – irgendwie hat der Mensch eine Seele, es kommt nicht auf die Kalorien an [...]
Die Tochter geht weiter und weg
WITWE: Mathis, wo bist du?

Eindrucksvoll quittiert er sein Totsein als annullierte Ansprechbarkeit: mit sprachloser Leere. Diese solchermaßen wahrnehmbar zu machen, vermag nur die Bühne. So auch am

Schluß, wenn sich Roger eine Kugel in den Kopf schießt nach der Begegnung mit der toten Partnerin, auf einer Bank im Park, weil sich alles, was im Leben zur Katastrophe geführt hatte, nur wiederholt und sich der Bann nicht brechen läßt. Auch durch den Tod nicht, der vom Leben nichts wegzunehmen und ihm nichts hinzuzufügen fähig ist:

Sie sieht zu, wie er ohne Hast den entsicherten Revolver an die Schläfe hält, als sei er allein: – kein Knall, aber plötzlich Finsternis, dann Tageslicht: die Bank ist leer, man hört wieder den Verkehrslärm, der jetzt stark ist, alle fünfzig Sekunden, die Stille zwischen dem Wechsel ist kurz.

Wenn das Licht angeht im Saal, statt daß der ›tödliche‹ Schuß hörbar wird, wird der Zuschauer ins Jenseits seiner eigenen Lebenswelt zurückbefördert, die so lange ein Totenreich bleibt, als er zu permanentem »Umdenken« nicht willens und fähig ist.

IX.

»Du stirbst in anderthalb Stunden«, wird in Eugène Ionescos *Der König stirbt* der Hauptfigur, Bérenger, dem Herrscher ohne Besitz und Macht, beschieden: »Am Ende der Vorstellung bist du tot.« Aufgelöst in Nichts. Soweit das möglich ist auf der Bühne. Ausgangspunkt, so erfährt man aus Ionescos »Einfachen Gedanken über das Theater«, ist Shakespeares abgesetzter, aus der Rolle gefallener Richard II. mit seinem Identitätsverlust und seinem Todeswunsch:

Wenn der abgesetzte Richard verlassen und gefangen in seiner Zelle sitzt, so ist das nicht allein Richard II, den ich dort sehe, sondern alle heruntergekommenen Könige der Erde. Und mit den entthronten Königen zusammen sehe ich unsere verbrauchten, zerstörten und entheiligten Glaubensgehalte: unsere Werte, unsere Wahrheiten, die zusammenbrechenden Kulturen – ich sehe hier ein Bild unseres Schicksals. Wenn Richard II stirbt, stehe ich am Totenbett des Liebsten, des Liebsten, was ich besitze; Richard II macht mir eine ewige Wahrheit hell bewußt, eine Wahrheit, die wir im Fluß der Begebenheiten immer wieder vergessen und die im Grunde einfach und beinahe banal ist: ich sterbe, du stirbst, er stirbt.

Richard, der sich in seinem imaginativen Rollenspiel immer wieder als ›nichts‹ erfährt, gibt sich grüblerisch, wie jedermann, der nichts als »nur ein Mensch ist«, mit nichts zufrieden, »till he be eased / With being nothing«. Béranger: ein Jedermann, der das Sterben in der jahrtausendelangen Geschichte der Menschheit noch immer nicht gelernt hat. Lieber wäre ihm, alle andern stürben, damit er, der nur sich selber liebt, über »alle Hingeschiedenen« trauern könnte: »Ihr seht, immer denke ich an die andern.« Ionesco, so sagt er in seinem von Todesängsten durchzogenen ›Tagebuch‹, hat das Stück geschrieben, »um Sterben zu lernen«, ohne daß das geholfen hätte:

Wenn ich es fertig brächte, mich schon als gestorben zu betrachten, wäre auch meine Angst gestorben. Mich als tot betrachten? Das würde ich nicht schaffen, ehe ich wirklich durch den Tod gerettet bin. Und da ich es für unmöglich halte, nützt es mir auch nicht mehr, daran zu denken. Es ist nur noch Literatur.

Das muß sich auch der sterbende Béranger eingestehen: »Ich will sagen, daß ich sterbe, aber es gelingt mir nicht, das zu sagen. Statt dessen mache ich nur Literatur.« Noch am Ende holt er, was über alle sprachlich artikulierbare Erfahrung hinausgeht, metaphorisch in Sprache zurück. Als Todesengel führt ihn Margarethe, die ältere der beiden Königinnen, bei den letzten Schritten über die schon erreichte Schwerelosigkeit hinaus durch den Zerfall, nachdem alles andere sonst schon von ihm abgefallen ist, nunmehr auch seiner physischen Existenz:

DER KÖNIG (geht immer noch an der Hand, mit geschlossenen Augen):
Wer hat je ein solches Reich gekannt [...] ein Bereich, der größer als alle Meeresbecken ist, größer noch als alle Meere, in denen die Meere ertrinken.
MARGARETHE: Durchquere sie.
DER KÖNIG: Über die 777 Pole hinaus.
MARGARETHE: Weiter, weiter, weiter. Lauf los, lauf.
DER KÖNIG: Blau, blau.

Wie das szenische Symbol des wachsenden Risses in der Wand ist auch das Farbsymbol einer letzten, umfangenden Bläue nur ein Zeichen äußerster Annäherung ans Nichts, trotz allem, aus sprachlicher Distanz. Nicht umsonst urteilt Margarethe, wer weiß in Anspielung auf Ives Klein, kritisch: »Er ist ein Maler [...] Ein zu großer Anhänger der Monochromie.« In der Tat hatte Ives Klein die unendlichen Tonwerte des Himmels studiert, das Blau bei Mallarmé, bei Eluard, die Luft als Überwindung der Schwere. In einem Vortrag an der Sorbonne mit dem Titel »Vers l'immatériel« (1959) sagte er: »Der blaue Luftraum ist bald nichts mehr als die Dimension der Tiefe. Es gibt ein reines Jenseits ohne Fuß im Diesseits. Zunächst das Nichts, dann ein tiefes Nichts, dann zuletzt eine blaue Tiefe.« Gegenüber dem blauen Dunst, der uns sprachlich vorgemacht wird, ist das Bühnengeschehen in Grisaille getaucht.

[...]du kannst nicht mehr sprechen. Dein Herz braucht nicht mehr zu schlagen. Es lohnt sich nicht mehr zu atmen. Wozu soviel Unruhe, nicht wahr? Du kannst dich setzen. Überraschend verschwindet die Königin Margarethe nach rechts. Der König sitzt auf seinem Thron. Während der letzten Szene sind die Türen, die

Fenster und die Wände des Thronsaals nach und nach verschwunden [...] Jetzt ist auf der Bühne nur noch der König, der in grauem Licht auf seinem Thron sitzt. Dann verschwinden auch König und Thron. Zum Schluß bleibt nur das graue Licht [...] Der König, der auf seinem Thron sitzt, muß noch eine Weile zu sehen sein, ehe er in einer Art Nebel verschwindet.

Ein beneidenswerter Abgang. Der Tod: ein absurder Spuk und Theaternebel. Das Beste, was man draus machen kann, denn »nur das Unerträgliche«, sagt Ionesco, sei »wirkliches Theater«. Gegenüber der Absurdität der Sterblichkeit ist hier die Sprache, die das Letzte verfehlt, dennoch aus härterem – weil absurdem – Stoff als aller Bühnenzauber. »Es lebe der König«, rufen die Umstehenden sinnlos magisch fast, während sich der Sterbende im »living room« mit letzter Kraft vom Boden immer wieder aufrichtet. Und dessen obstinat repetiertes »Ich sterbe« genügt, um alle Trostmittelchen, die von seiner Umgebung gegen den Tod aufgeboten und ihm gereicht werden, ad absurdum zu führen. Nicht der Tod ist das letzte Absurde, sondern die Weise, wie wir über ihn, über ihn hinweg, auf ihn zu und an ihm vorbeireden. Das kann auf der Bühne nur wiederum die Sprache zeigen. Auch im *Triumph des Todes* (*Jeux de massacre*, 1970) ist das so, wo nicht der König, sondern das verpestete Volk stirbt, auf tausend und zurück in allen Variationen, als würden die Fäden durchgeschnitten, an denen die zappelnden Marionetten hängen. So erscheint die reductio ad absurdum im Todestheater Ionescos nicht als Reduktion des Menschseins auf den Tod, sondern als dessen reductio ad hominem. (Abb. 48)

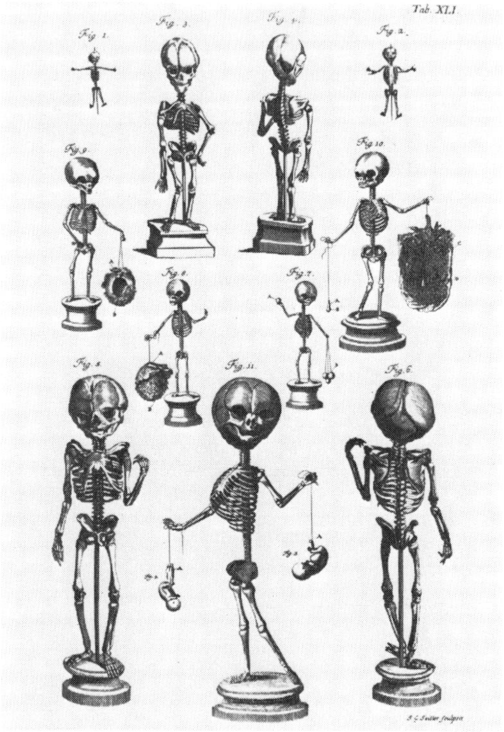

Manget. Theatrum anatomicum. 1717 (Abb. 48)

X.

Als einen Weg ins Freie aus einem falschen Leben in ein besseres erfährt Leo Tolstojs *Iwan Iljitsch* den Todeskampf gerade rechtzeitig noch vor dem Ende, lernt sterbend loszulassen, von der Vorstellung auch vom Ende, vom Aufprall endlich nach langem Sturz in die tödliche Krankheit:

Nur ein lichter Punkt war da: weit zurück, zu Beginn des Lebens, und dann wurde es immer schwärzer und schwärzer und ging schneller und schneller. ›Im umgekehrten Verhältnis zum Quadrat der Entfernung vom Tode‹, dachte Iwan Iljitsch. Und dieses Bild des Steines, der mit wachsender Geschwindigkeit fällt, verließ ihn nicht mehr. Das Leben, eine Reihe immer wachsender Leiden, fliegt immer schneller dem Ende zu, diesem furchtbarsten aller Leiden. ›Ich fliege ...‹ Er zitterte, wurde unruhig, wollte sich wehren, doch er wußte schon, daß man sich nicht dagegen wehren konnte. Und wieder blickte er mit Augen, die vom Sehen müde waren, aber dennoch auf das schauen mußten, was vor ihm war, auf die Rücklehne des Sofas und wartete – wartete auf den fürchterlichen Fall, auf den Stoß, auf die Vernichtung.

Solange er sich wehrt gegen den freien Fall, bleibt er im double-bind gefangen, ein Leben nicht verlassen zu können, in dem er lebendig schon gestorben ist. Er fühlt, »daß die Pein sowohl darin lag, daß er in dieses schwarze Loch gestoßen wurde, und noch mehr darin, daß er nicht hineinkam«. Und dann folgt, im Durchgang durch äußersten Schmerz und Verzweiflung, gestoßen durch »irgendeine geheimnisvolle Kraft«, die Wandlung im Durchgang durch ein das äußere antizipierendes inneres Sterben, in dem er den Zerfall einer Existenz überlebt, die ihn in karrieresüchtiger Anpassungsbereitschaft wie eine Festung gesellschaftlicher Wohlanständigkeit und Achtung von sich selbst und seinem Leben abtrennte. Das schwarze »Loch«, in dem das Bewußtsein des Sterbenden die Erfahrung des Zuendegehens imaginiert, als Erfahrung dessen, was mit ihm geschieht von außen, tut sich nunmehr als Bewußtseinserfahrung in ihm selber auf und wird zum Tunnel:

Er drang in das Loch hinein, und dort am Ende des Loches leuchtete etwas auf. Ihm ging es so, wie es einem in der Eisenbahn geht: man glaubt vorwärts zu fahren und fährt rückwärts, und dann plötzlich weiß man die Richtung. ›Ja, es war alles nichts‹, sagte er zu sich, ›doch das hat nichts zu bedeuten. Aus dem Nichts kann ein Etwas werden. Wie soll aber dieses Etwas sein?‹ fragte er sich und wurde plötzlich still.

»Das war am Ende des dritten Tages«, nach ununterbrochenem Schreien, »eine Stunde vor seinem Tod.« Was Tolstoj seine Erzählfigur hier durchmachen läßt, ist die Probe aufs Exempel jenes mystischen Denkverses:

Wer nicht stirbt, eh er stirbt.
Der verdirbt, wenn er stirbt.

Die Trennung von dem, was für Iwan lebensverhindernd sein Leben ausmacht, ja beherrscht, weil er es, um sein Ich-Gefühl zu bereichern, mit all seiner Lebensenergie besetzt, ist die verfügbare Chiffre eines psychisch antizipierten realen Todes, die, im selbstbewußten Durchleben äußerster Ich-Verarmung, die Neugeburt eines davon unabhängigen Ich-Selbst, genauer: dessen Darstellbarkeit, überhaupt erst ermöglicht. Als Repräsentation dessen, was für ihn von ihm selbst auch nach seinem materiellen Verschwinden verbleibt. Mit anderen Worten: der Tod als Darstellungsfigur der Selbst-Überschreitung, die Instrumentalisierung des Endes zugunsten der Erneuerung. Nicht umsonst betont Tolstoj die Reflexivität des Zu-sich-selber-Sprechens:

Anstelle des Todes war ein Licht da... ›Es ist zu Ende‹, sagte jemand über ihm. Er hörte diese Worte und wiederholte sie in seiner Seele. ›Der Tod ist zu Ende‹, sagte er sich, ›er ist nicht mehr.‹ Er schöpfte Luft, blieb mitten im Atemzug stecken, streckte sich aus und starb.

Als wär's eine bewußte Verrichtung, Anspannung, Lösung – wie eine Kinderhand sich öffnet. Iwan Iljitsch wußte, »daß er sterben müsse, und war in ununterbrochener Verzweiflung«.

Diese Verzweiflung hat die Struktur von Kierkegaards *Krankheit zum Tode*:

[...]weit entfernt davon, daß man, direkt verstanden, an dieser Krankheit stirbt oder daß diese Krankheit mit dem leiblichen Tode endet. Im Gegenteil, die Qual der Verzweiflung ist eben, nicht sterben zu können. Sie hat somit mehr mit dem Zustand der Todkranken zu tun, wenn er daliegt und mit dem Tode ringt und nicht sterben kann. So heißt also krank *zum* Tode sein, nicht sterben können, doch nicht so, als wäre noch Hoffnung auf Leben, nein, die Hoffnungslosigkeit ist, daß selbst die letzte Hoffnung, der Tod, nicht besteht [...] Indem er über *etwas* verzweifelt, verzweifelt er eigentlich über *sich selbst* und will nun von sich selbst los. Wenn so der Herrschsüchtige, dessen Losung ›entweder Cäsar oder gar nichts‹ lautet, nicht Cäsar wird, so verzweifelt er darüber. Aber das bedeutet etwas anderes: daß er, gerade weil er nicht Cäsar wurde, nun nicht aushalten kann, er selbst zu sein. Er verzweifelt also eigentlich nicht darüber, daß er nicht Cäsar wurde, sondern über sich selbst, daß er nicht Cäsar wurde [...] Wenn er Cäsar geworden wäre, wäre er doch nicht er selbst, sondern sich selbst los geworden; und da er nicht Cäsar wird, verzweifelt er darüber, daß er sich selbst nicht loswerden kann.

So ist denn »Feuer in etwas geraten, was nicht brennen kann, im Selbst« als einem Selbstverhältnis. Die Reflexionslogik, die über Seiten hin entfacht wird, gilt seiner Entschlackung, indem es – auch das lesende Subjekt muß soweit wie möglich mit – zum Ort einer Katastrophe gemacht wird, wo der Konflikt zwischen Tod und Leben, zwischen sich und sich, auch zwischen gedachtem und denkendem, ausgesprochenem und sprechendem Ich aufhört, einer zu sein, und wo nur der Tod der völligen Selbstpreisgabe noch als lebensrettender Ausweg in Frage zu kommen scheint: Sprung des Gläubigen schließlich in den Abgrund Gottes, der sich als Spalt stillgestellter Gegensätzlichkeit auftut, ohne daß ich wüßte, ob er mich annimmt oder nicht.

Tolstojs verzweifelter Iljitsch lernt, in Gedanken zu sterben, durch den tödlichen Schließmuskel des Syllogismus ›Barbara‹ hindurch erst und dann, in einer tieferen Erfahrungsschicht, zurück auf dem Weg einer Selbstverallgemeinerung:

Jener bekannte Syllogismus, den er in der Logik Kiesewetters gelernt hatte: Cajus ist ein Mensch, alle Menschen sind sterblich, also ist auch Cajus sterblich – war ihm sein ganzes Leben lang sehr richtig in bezug auf Cajus erschienen, in keinem Falle aber in bezug auf sich selber. Cajus – das war der Mensch, der Mensch im allgemeinen [...] Aber er war gar nicht Cajus und durchaus nicht der Mensch im allgemeinen, sondern er war immer ein ganz und gar besonderes, von allen anderen verschiedenes Geschöpf [...] hatte vielleicht Cajus den Geruch eines Lederballes auch so gerne wie Wanja? Küßte vielleicht Cajus die Hand seiner Mutter so wie er? [...] Cajus ist sterblich, und es ist ganz in der Ordnung, daß Cajus sterblich ist, aber ich, Wanja, Iwan Iljitsch, mit all meinen Gedanken und Gefühlen – das ist eine ganz andere Sache, es kann nicht sein, daß auch ich sterben muß [...] er konnte es nicht verstehen und bemühte sich, den Gedanken als verkehrt, irrig, krankhaft zu verjagen und ihn durch andere, richtige, gesunde Gedanken zu verdrängen. Aber dieser Gedanke war eben nicht Gedanke, sondern war Wirklichkeit und kam immer wieder und blieb bei ihm.

Gedankenwirklichkeit und Denkerfahrung. Nicht die Privatisierung der conditio humana steht an, sondern, im Tod des eigenen Todes, dessen allgemeine Menschlichkeit. Ein großes Wort für die kleinste Erfahrung, die Erfahrung letzter Verkleinerung, deren Muster die logische Schlußfolgerung vorgibt: im Durchgang durch monologische Vereinsamung eine allgemein teilbare Mitteilung zu machen, das Subjekt, aus Rücksicht auf seinesgleichen, im tödlichen Sprung vom Besonderen zum Allgemeinen und zurück, wenn auch nicht als das gleiche, so doch als dasselbe am Leben zu erhalten. (Abb. 49)

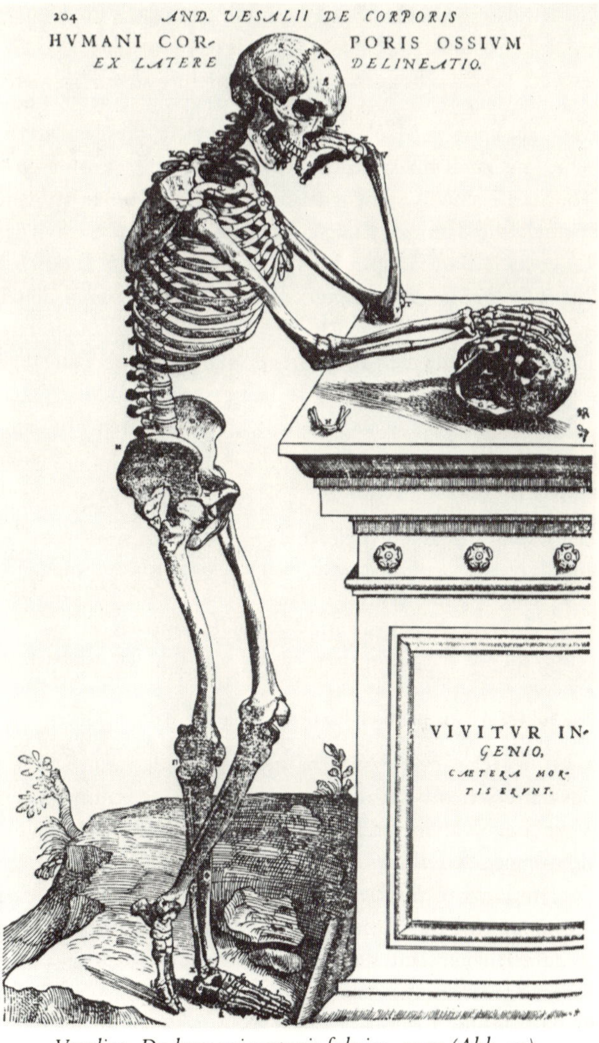

Vesalius. De humani corporis fabrica. 1543 (Abb. 49)

XI.

Der ›Zauberberg‹ war auf bestem Wege zu seiner Beendigung, als Thomas Mann die »Zauberformel«, diese »unsterbliche, nie zu banalisierende«, wagnerisierende Formel von ›Tod und Liebe‹ beschwor, als gelte es, den Roman auf eine Formel, und damit zu Ende zu bringen. So sagt er 1922 in der Rede zu Gerhart Hauptmanns 60. Geburtstag *Von Deutscher Republik* im Blick auf die jugendlichen Zuhörer zumal, denen er politisch Mut zu machen versuchte zum Aufbruch nach dem Zusammenbruch des Krieges mit einem, auf ziemlich verschlungenen Wegen dem Tode, besser der Todesseligkeit sei's Novalis, sei's Walt Whitmans, abgeluchsten Humanitätsideal:

> [...] ist Sympathie mit dem Tode nicht lasterhafte Romantik nur dann, wenn der Tod als selbständige geistige Macht dem Leben entgegengestellt wird, statt heiligend-geheiligt darin aufgenommen zu werden? Das Interesse für Tod und Krankheit, für das Pathologische, den Verfall ist nur eine Art von Ausdruck für das Interesse am Leben, am Menschen, wie die humanistische Fakultät der Medizin beweist; wer sich für das Organische, das Leben, interessiert, der interessiert sich namentlich für den Tod; und es könnte Gegenstand eines Bildungsromanes sein, zu zeigen, daß es zum *Menschen* führt.

Das hätte Settembrini auch sagen können, und dann wäre es, gegenüber Naphtas asketischer Todverfallenheit, nur die Meinung eines Teils des Ganzen übers Ganze und damit nicht das letzte Wort darüber. Auch dann nicht, wenn Thomas Mann hier in der Rolle Hans Castorps spräche, der die gegensätzlichen Todeskonzeptionen seit der fiebrig-kalten Vision im Schneekapitel zu bilanzieren lernt. Und nicht einmal dann und dann schon gar nicht, wenn Thomas Mann selber hier ein vorletztes Wort vor Abschluß des Werks gesprochen hätte. Der Tod hat gerade nicht das letzte Wort in diesem Buch, und keine in ihm ausgesprochene Todeskonzeption vermöchte die Öffnung seines Endes zu schließen und zu überdachen. Eher ist es umgekehrt: das Ende, das offenläßt, ob Castorp im Krieg nun umkommt oder nicht, hat das letzte Wort über den Tod. Das läßt sich »zeigen«, und nicht, wie sich, gemäß jenem Vortrag, aus irgendeiner Todesphilosophie Humanität ableiten läßt und noch dazu als »Gegenstand« eines »Bildungsromans«. Thomas Mann merkte bei der Arbeit bald, so erzählt er den Studenten in Princeton später, »daß die Davoser Geschichte es in sich hatte und über sich selbst ganz anders dachte als ich«. Glücklicherweise. Dieser Verselbständigung der Darstellung gegenüber dem Dargestellten gälte es nachzufragen, ohne der Versuchung nachzugeben, immer wieder nachzurechnen, wie virtuos der Roman erzählerisch dem nachkommt, was der Autor konzeptuell damit vorhatte:

Er ist ein Zeitroman in doppeltem Sinn: einmal historisch, indem er das innere Bild einer Epoche, der europäischen Vorkriegszeit, zu entwerfen versucht, dann aber, weil die reine Zeit selbst sein Gegenstand ist, den er nicht nur als die Erfahrung seines Helden, sondern auch in und durch sich selbst behandelt. Das Buch ist selbst das, wovon es erzählt, denn indem es die hermetische Verzauberung seines jungen Helden ins Zeitlose schildert, strebt es selbst durch seine künstlerischen Mittel die Aufhebung der Zeit an durch den Versuch, der musikalisch-ideellen Gesamtwelt, die es umfaßt, in jedem Augenblick volle Präsenz zu verleihen und ein magisches ›nunc stans‹ herzustellen.

Allerdings, dreht man den Spieß einmal versuchsweise um und nimmt man den Inhalt als abgestorbene Schlacke der Form, die von sich aus als Steigerung des Inhalts reden möchte, und nimmt man die Spekulationen über Tod und Leben als Auskunft auch übers Erzählen selbst, das sich darin, mit einem Vorsprung über sich selbst und seine Inhalte allegorisiert, dann ist das auch: ein narrativ bewerkstelligter Gerinnungs- und Absterbeprozeß. Lektüre gegen den Strich eines Textes, der erklärtermaßen im humanisierenden Dienste des Lebens zu stehen behauptet. Liest man, sub specie mortis, und unterhalb der vielgerühmten Mannschen Ironie so, dann bekommt das Werk, das zweimal zu lesen der Verfasser in der ›Vorrede‹ erbittet, gerade in seinem mit dem Todesthema fermentierten, durchgekneteten Gemachtsein, dessen Spuren, als wäre es ein Wurf aus einem Guß, weggewerkelt wurden, eine neue Lebenschance über alle pralle Realistik und leitmotivisch vernetzende Symbolik hinaus. Die Chance lesender Begegnung mit einem sterblichen Lebewesen fast. Das aber hat's auf der Lunge. Der lange Atem täuscht. Da ist, analog zum Lebensgefühl der Kränkelnden und der Kranken dort oben, umgekehrt proportional zur Beschleunigung der erzählten Zeit gegenüber der des Erzählens, die infinitesimale Schrumpfung zur ausdehnungslosen Gegenwart. Da ist weiter die Knötchen-, ja Geschwulstbildung der insulären reflektierenden Passagen, wo Zeit zum Stillstand gebracht zu sein scheint. Das aber ist immer auch ein letales Symptom. Jenseits der Alternative von Kurzweil und Langeweile. »Erschlaffung und Abstumpfung« dessen, was Castorp das »Zeitorgan« nennt:

Was man Langeweile nennt, ist also vielmehr eine krankhafte Kurzweiligkeit der Zeit infolge von Monotonie: große Zeiträume schrumpfen bei ununterbrochener Gleichförmigkeit auf eine das Herz zu Tode erschreckende Weise zusammen; wenn ein Tag wie alle ist, so sind sie alle wie einer; und bei vollkommener Einförmigkeit würde das längste Leben als ganz kurz erlebt werden und unversehens verflogen sein. Gewöhnung ist ein Einschlafen oder doch ein Mattwerden des Zeitsinnes [...] (IV. Kap.)

Das hat der todesselige Text auch mit dem Leser vor, den er süchtig macht nach Ansteckung. Und erlösungsbedürftig, therapieanfällig aufs Stichwort ›Leben‹. Man sollte, mißtrauisch, sich vorsehen. Der Erzähler räsonniert über luxuriöse Bettlägerigkeit: »es ist immer derselbe Tag, der sich wiederholt; aber da es immer derselbe ist, so ist es im Grunde wenig korrekt, von ›Wiederholung‹ zu sprechen; es sollte von Einerleiheit, von einem stehenden Jetzt oder von der Ewigkeit die Rede sein« (V. Kap). Erzählerische Mimesis daran macht einen Salto mortale und führt Leben über in Tod durch entleerendes Absaugen von Zeit. Und wiederum ist es so, daß das Erzählen weniger seinem Thema sich anpaßt, als das Thema, bis zu unkenntlicher Verwechselbarkeit, seinem Verfahren seiner Darstellung. So heißt es über den erzählerisch in Gang gesetzten, in seiner Wirkung nacherzählten »Rundlauf« der Tage und Wochen:

Man brauchte nur immer nach Wert und Bedeutung der nächstkleineren Einheit zu fragen, um zu verstehen, daß bei der Summierung nicht viel herauskommen konnte, deren Wirkung überdies und zugleich ja auch eine sehr starke Verkürzung, Verwischung, Schrumpfung und Zernichtung war. Was war ein Tag, gerechnet etwa von dem Augenblick an, wo man sich zum Mittagessen setzte, bis zu dem Wiedereintritt dieses Augenblicks in vierundzwanzig Stunden? Nichts – obgleich es doch vierundzwanzig Stunden waren. Was war denn aber auch eine Stunde, verbracht etwa in der Liegekur, auf einem Spaziergang oder beim Essen – womit die Möglichkeiten, diese Einheit zu verbringen, so gut wie erschöpft waren? Wiederum nichts. Aber die Summierung des Nichts war wenig ernst ihrer Natur nach. Am ernstesten wurde die Sache, wenn man ins Kleinste stieg: jene siebenmal sechzig Sekunden, während derer man das Thermometer zwischen den Lippen hielt, um die Kurve fortführen zu können, waren überaus zählebig und gewichtig; sie weiteten sich zu einer kleinen Ewigkeit, bildeten Einlagerungen von höchster Solidität in dem schattenhaften Huschen der großen Zeit [...] (V. Kap.)

Und doch zielt additive Reihung entleerter Zeiteinheiten auf die große Entleerung und zugleich auf den Stillstand solcher »zählebigen« Ewigkeiten. Das bekannteste und auffallendste Beispiel ist jene Schneevision, wo die Uhr, ohne stehen zu bleiben, doch nicht weiterrückt. Das hängt zusammen mit der kalkulierten Aufhebung homogener Einheiten, mit deren Hilfe sich inneres Zeiterleben von außen messen ließe, durch deren Homogenisierung, mit der Aufhebung von Meßbarkeit überhaupt. Unter Castorps Schädeldecke überlegt der Erzähler:

Da aber die Bewegung, an der man die Zeit mißt, kreisläufig ist, in sich selber beschlossen, so ist das eine Bewegung und Veränderung, die man fast ebensogut als Ruhe und Stillstand bezeichnen könnte [...] Bedeutet aber nicht die Statuierung des Ewigen und Unendlichen die logisch-rechnerische Vernichtung alles Begrenzten und Endlichen, seine verhältnismäßige Reduzierung auf Null? Ist im Ewigen ein Nacheinander möglich, im Unendlichen ein Nebeneinander? (VI. Kap.)

Daraus ergeben sich Probleme fürs traditionelle Erzählen, eins nach dem andern. Die richtigen Probleme: die der Auflösung, des Todes. Die drohende Entgrenzung ist das Äußerste, was Thomas Mann seinem klassisch begrenzenden Formwillen abringen kann. Rundung also: ein Phänomen der Stillstellung. Das merkt sich der Text bis zu seinem Ende und ruft es dort wieder ab. Die erzählerischen Anfangsakkorde aus dem ›Vorsatz‹ werden wieder angeschlagen, als wäre nichts gewesen. Im Getümmel des Krieges »kommt« Hans Castorp, sagt der Erzähler, den Leser einschließend, »uns aus den Augen«:

Lebe wohl, Hans Castorp, des Lebens treuherziges Sorgenkind! Deine Geschichte ist aus. Zu Ende haben wir sie erzählt; sie war weder kurzweilig noch langweilig, es war eine hermetische Geschichte. Wir haben sie erzählt um ihretwillen, nicht deinethalben, denn du warst simpel. Aber zuletzt war es deine Geschichte [...]

Pädagogisches Interesse, heißt es, war im Spiel. Interesse an »Steigerung« des Helden im Schmelztiegel seiner »hermetischen« Geschichte. Das weist mit dem Zaunpfahl zurück auf jenes große Gespräch Castorps mit Naphta, und der Leser ist gehalten, die beiden Stellen kurzzuschließen:

›[...] das Prinzip der Steigerung, der Hinauftreibung durch äußere Einwirkungen – magische Pädagogik, wenn Sie wollen.‹
Hans Castorp schwieg. Er blickte augenblinzelnd schräg empor.
›Ein Symbol alchimistischer Transmutation‹, fuhr Naphta fort, ›war vor allem die Gruft.‹
›Das Grab?‹
›Ja die Stätte der Verwesung. Sie ist der Inbegriff aller Hermetik, nichts anderes als das Gefäß, die wohlverwahrte Kristallretorte, worin der Stoff seiner letzten Wandlung und Läuterung entgegengezwängt wird.‹

Nichts anderes ist der Text, »Kristallretorte« und zweibändige Wälzer-»Gruft«. Castorp hat bei dem »Zauberwort« – »Hermetik« – weitläufige Assoziationen. Er erinnert sich der Einmachgläser in der Speisekammer der »Hamburger Hausdame«:

Sie stehen Jahr und Tag, und wenn man eines aufmacht, nach Bedarf, so ist der Inhalt ganz frisch und unberührt, weder Jahr noch Tag hat ihm etwas anhaben können, man kann ihn genießen, wie er da ist. Das ist nun allerdings nicht Alchimie und Läuterung, es ist bloß Bewahrung, daher der Name Konserve. Aber das Zauberhafte daran ist, daß das Eingeweckte der Zeit entzogen war; es war hermetisch von ihr abgesperrt, die Zeit ging daran vorüber, es hatte keine Zeit, sondern stand außerhalb ihrer auf seinem Bort [...]

Wie die Passagen erzählerisch eingemachter Erlebniszeit auch. Es entspricht solcher Hermetik eine Optik der Durchleuchtung, auch im Sinne narrativer Praxis, mit »durchschauenden, voraussehenden Augen«, auf strukturelle Skelettierung hin und auf allgemeine Sterblichkeit. Castorp »sah in sein eigenes Grab«, als er seine eigene Hand auf dem Leuchtschirm betrachten darf. (V. Kap.) In jener monderhellten Winternacht gleitet er, in Decken gehüllt, von der Lektüre naturwissenschaftlicher Folianten, die er sich in Davos besorgt hatte – schwer drücken sie auf Brust und Magen –, ab oder besser: durch sie hindurch in ein wachträumendes Sinnieren über die Frage »Was war das Leben?«. Dabei gerät er, im Versuch sie zu überbrücken, hinein in die »Kluft zwischen Materie und Nicht-Materie«. Den imaginären Trip in der Verlängerung einer Lektüre, die der Durchleuchtung des Leibes gilt, gibt der Erzähler zu lesen als Durchleuchtung des Lesenden. Und zu bedenken gibt er dabei das Lesen als Durchleuchten. Dem Röntgenblick freilich entzieht sich der Gegenstand bei zunehmender Präzisierung ins Kleinere und Kleinste, aus dem sich das Leben zusammensetzen könnte: »[...] angelangt beim ›nicht einmal mehr klein‹ entglitt der Maßstab; ›nicht einmal mehr klein‹, das galt bereits soviel wie ›ungeheuer groß‹; und der Schritt zum Atom erwies sich ohne Übertreibung als im höchsten Grade verhängnisvoll [...] denn der Maßstab von groß und klein war spätestens damals abhanden gekommen, als der kosmische Charakter der ›kleinsten‹ Stoffteile sich offenbart hatte, und die Begriffe des Innen und Außen hatten nachgerade gleichfalls in ihrer Standfestigkeit gelitten.« Die Vision von der Entstehung des Lebens steigert sich, in einer Mischung von »Lust« und »Ekel«, zur Annahme, Leben sei – »nicht materiell« und »nicht Geist«, sondern »etwas zwischen beidem« – eine »infektiöse Krankheit der Materie«, eine rauschhafte Steigerung der »zur Wollust erwachten Substanz, der organischen, verwesend-wesenden Materie selbst, dem riechenden Fleische«. (Kap. V)

Das *Tagebuch* vermerkt, Dienstag, den 24. Mai 1921: »Gestern um 9 Uhr aufgestanden und vormittags die Kapitelüberschriften bis zum Schluß von Kap. V eingesetzt. Mittags im Park gelesen: den Neuen Merkur, worin interessante Dinge, namentlich ein Aufsatz über ein neues Buch von Freud, der mich sehr anregte, auf schicksalsbestätigende Weise.« Es geht um *Jenseits des Lustprinzips*, wo Freud den umstrittenen Begriff des ›Todestriebs‹ entwickelt: »Die Libido trifft in (vielzelligen) Lebewesen auf den dort herrschenden Todes- oder Destruktionstrieb, welcher dies Zellenwesen zersetzen und jeden einzelnen Elementarorganismus in den Zustand der anorganischen Stabilität [...] überführen möchte.«

Was beim Durchleuchten zum Vorschein kommt, ist ein Späteres, von dem sich die Gegenwart als von ihrem zukünftigen Vergangensein immer schon abgeschnitten weiß. Der harte Kern, der ans Licht kommt und dort ungreifbar zerrinnt, ist immer nur eines: Tod. An der Hand des »raunenden Beschwörers des Imperfekts« steigt der Leser hinunter in das »Schattenreich« (III. Kap.) einer Geschichte, die »um so besser« ist, »je vergangener« sie ist. Und am Ende, als schräg vor Castorp eine Granate platzt, »einen haushohen Springbrunnen von Erdreich, Feuer, Eisen, Blei und zerstückeltem Menschentum in die Lüfte« flog – zwei Freunde, die sich zusammengelegt hatten in der Not: »nun sind sie vermengt und verschwunden«; eine letzte Probe gleichsam noch einmal aus Naphtas wollüstiger Alchemie des Todes – am Ende hier schämt sich der Erzähler seiner voyeuristischen »Schattensicherheit« und nimmt den Lift des Verdrängens mit entsprechendem Auftrieb: »Hinweg! Wir erzählen das nicht!« Zwischen sich und das Erzählte hatte das Erzählen schon am Anfang den Krieg als eine »Leben und Bewußtsein tief zerklüftende Wende und Grenze« gelegt. Am Ende ist sie wieder da, ohne daß sie als Bedingung der Möglichkeit solchen Erzählens selber sichtbar werden könnte. Die Hoffnung, die mit aller angesammelten geistigen Energie übers Ende hinausschießen möchte, kann nur aufgehen im Schattenreich des erzählerischen futurum exactum, und die Schlußfrage nach der aus »diesem Weltfest des Todes« vielleicht einmal auferstehenden »Liebe« bleibt textimmanent rhetorisch und verweist zurück auf das, was der Held des »Bildungsromans« gelernt hat. Von Settembrini zumal: daß der Tod, »vom Leben getrennt gesehen«, »zum Gespenst, zur Fratze« wird und sein Erlebnis »zuletzt das Erlebnis des Lebens« sein müsse. »Le corps, l'amour, la mort«, sagt Castorp zu Clawdia Chauchat, »ces trois ne font qu'un.« Darüber gelangt er hinaus in seinem »Traumgedicht vom Menschen« im Schnee:

Tod oder Leben – Krankheit, Gesundheit – Geist und Natur. Sind das wohl Widersprüche? Ich frage: sind das Fragen? [...] Der Mensch ist Herr der Gegensätze, sie sind durch ihn, und also ist er vornehmer als sie. Vornehmer als der Tod, zu vornehm für diesen, – das ist die Freiheit des Kopfes. Vornehmer als das Leben, zu vornehm für dieses, – das ist die Frömmigkeit in seinem Herzen [...] Die Liebe steht dem Tod entgegen, nur sie, nicht die Vernunft, ist stärker als er. Nur sie, nicht die Vernunft gibt gütige Gedanken. Auch die Form ist nur aus Liebe und Güte: Form und Gesittung verständig-freundlicher Gemeinschaft und schönen Menschenstaates – in stillem Hinblick auf das Blutmahl [...] Ich will dem Tode Treue halten in meinem Herzen, doch mich hell erinnern, daß Treue zum Tode und Gewesenen nur Bosheit und finstere Wollust und Menschenfeindschaft ist, bestimmt sie unser Denken und Regieren. *Der Mensch soll um der Güte und Liebe willen dem Tode keine*

Herrschaft einräumen über seine Gedanken. Und damit wach' ich auf...

Entsprechend wird denn auch der offene Schluß am Ende noch einmal eingeholt und geschlossen vom Text, und Liebe ist nur ein Wort. Und nicht das letzte, weil es mehr sein soll und doch die »Form« nicht leistet, es sei denn als Grab des innerhalb ihrer in letzter Kontrolle vergegenwärtigten Lebens. Statt dessen: »FINIS OPERIS.« Man darf sich daran erinnern, daß das Latein für Castorp die »offizielle Sprache« des Todes ist und dann »in Kraft« tritt, »wenn es sich um den Tod handelt und man zu Toten spricht oder von Toten«. (V. Kap.) So riecht denn das Pathos der Menschenfreundlichkeit am Ende, wie Pathos meistens, nach Papier, aber auch: nach der Verwesung des Gewesenen.

Bezeichnend bei alledem und letzter Kunstkniff ist, daß der Erzähler die »Herrschaft über die Gegensätze« zwischen Tod und Leben unter der durchgreifenden Herrschaft des Autors ostentativ aufzugeben genötigt ist, um endgültig den Zwischenbereich der Unentscheidbarkeit zu statuieren, in den der Roman sich als ein von Seite zu Seite verbreitender Keil füllend hineinschiebt. Die Frage, wie's weiter geht mit Hans Castorp – »Fahr wohl – du lebest nun oder bleibest« – wird »ziemlich unbekümmert [...] offen« gelassen; und doch ist deine Geschichte »aus«; »zu Ende haben wir sie erzählt«. Erzählerisch ausgenommen und ausgeweidet. Als wäre nicht drin, was nicht rauskommt. Aber was rauskommt ist, wie beim Durchleuchten, weder Lebendes noch Totes, sondern das Todgeweihte am Lebendigen, äußerste Außenwelt der Innenwelt der Außenwelt. Weil Form und Inhalt eben so verschränkt sind, läßt sich jene Passage, wo Dr. Behrens, ruppig und genüßlich wie immer, den Zerfall des menschlichen Körpers erläutert, poetologisch durchleuchten und als implizite Durchleuchtung zugleich des Darstellungsverfahrens lesen:

Vor allen Dingen platzt ihnen der Bauch [...] Sie liegen da auf Ihren Hobelspänen und Ihrem Sägemehl, und die Gase, verstehen Sie, treiben Sie auf, sie blähen Sie mächtig [...] der reine Ballon sind Sie schließlich, und dann hält Ihre Bauchdecke die Hochspannung nicht mehr aus und platzt [...] Sie schütten sich aus. Tja, und danach sind Sie eigentlich wieder gesellschaftsfähig [...] Man nennt das ausgestunken haben.

Hier erzählt das Erzählen, ob es will oder nicht – wie in anderer Weise auch überall sonst –, sich selber mit. Anstatt das Ende mit dem Tod zusammenfallen zu lassen und mit ihm zu besiegeln, subvertiert es den schließenden Anspruch des Todes durch sein Ende. Im Niemandsland zwischen Tod und Leben, wo er spielt, verschwindet der Roman an seinem Ende.

XII.

Der Todesnachen schaukelt sprachrhythmisch auf epischer Dünung von Anfang an in Hermann Brochs *Der Tod des Vergil.* An Aldous Huxley, der das Buch wegen überbordender Irrationalität öffentlich kritisiert hatte, schrieb er: »My task was to transmit to the reader perception as it came to me. I had the reader re-experience how a person draws near to the knowledge of death (draws near, but never reaches it while still alive) through *Zerknirschung* and self-extinction.« Dazu gehört auch jene Erkenntnistat, für die dem Sterbenden gerade noch Zeit bleibt: in der Fieberorgie des dritten Kapitels auf die Vernichtung seines Werks zu verzichten. Womit die thematische Alternative zwischen Schönheit und Nützlichkeit, Kunst und Leben aufgehoben wird in einer Einheit der Gegensätzlichkeit, die, wie Broch in seinen »Bemerkungen« zum Roman postuliert, sich löst im »Ausdruck des Zwischenraums«. So wird Raum geschaffen fürs schöne Sterben im letzten Kapitel. Über die Ethik einer Abwertung des Schönen, angesichts des Todes und im Blick auf ein häßliches Leben, hinaus. »Das Antlitz des Todes«, heißt es in dem Aufsatz über *Das Böse im Wertsystem der Kunst,* »ist der große Erwecker [...] Alles, was Wert genannt wird und Wert genannt zu werden verdient, zielt auf Aufhebung und Überwindung des Todes. Der Tod ist der eigentliche Unwert an sich, der dem Wert des Lebens gegenüberzustellen ist [...]« Daraus folgt für Broch der »Akt der Humanität schlechthin«: »Wertsetzung und Wertbildung.« Und dies im Streben nach absoluter Geltung aus Trotz gegen die Absolutheit des Todes, »selbst dann noch, wenn er nur mehr durch sich selber zu überwinden ist, wenn der Tod selber es ist, der den Tod aufhebt, wenn er selber zum Lebenswert umschlägt, in einem letzten Sinn der Todeserlösung die beiden Unendlichkeiten zum Kreise fügend«. Das ist zugleich das Programm des Schlußkapitels »Äther – Die Heimkehr«, in dem solche Absolutheit des Todes trotz allem noch relativ bleibt zur Sprache, die sie in lyrischem Krampf inszeniert. Nicht ums Erreichen einer Grenze geht es hier, nicht ums Ende, sondern ums Enden selbst, nicht ums Hinübergehen in die Ewigkeit, sondern ums Übergehen in Ewigkeit. Sprachlich festgehalten, so gut sich das eben machen läßt. Als kosmische Reise in schwindelerregenden visionären Dimensionen, begleitet von einem Auge, das trotz der beschriebenen Auflösung ins ungeschieden All-Eine mitwandernd bis zuletzt die »Schiedkraft« bewahrt, wenn »er«, der sterbende Vergil, mit den Wahrnehmungsinhalten eins wird. Aus einem Murmeln entsteht ein »Fließen«, das »selber das Tragende« ist. So ist das

Unterwegs-Sein zum unendlichen Ziel selber schon dort und das Dort immer schon hier. Daß das nicht mit rechten Dingen zugeht, kann nur die Sprache, Außenbordmotor des kosmonautischen Raum- und Zeitschiffs, widerlegen, indem sie das Transzendieren immer wieder andreht und das ganze Kapitel hindurch in Gang hält, ohne haltzumachen bei Sinnbildern der Grenze und des Endes, die unterwegs aufleuchten. Die erzählten Übergänge sowohl wie das Erzählen selbst, das sich als permanentes Überschreiten von Grenzen präsentiert, bleiben an die Grenzen gebunden, die es aufzuheben gilt: zwischen hier und dort, noch und schon. Gerade das immer wieder formgebend auftauchende Trennende wird bei der fortschreitenden Übertragung von räumlicher Bewegung auf Zeit und umgekehrt zum notwendigen Rückstau für die narrative Schubleistung des nicht zu stoppenden Drangs über alle Begrenzungen hinaus. Wo sie sich solchermaßen einstellen und die Reise, »in der Gegenrichtung«, »heimkehrend zum Ausgangshafen«, bremsen, werden sie zu konzentrisch angelegten Horizontlinien gekrümmt und geschlossen: »die Grenze war allseits geöffnet.« Wachsende Entleerung – das ist das Prinzip erzählerischer Progression – füllt ein schwellendes All. Dazu gehört auch das aus mystischer Rhetorik bekannte Verfahren negativ entleerter Nominalaufschwemmungen. Die intendierte Ununterscheidbarkeit des Getrennten wird wiederholt in Metaphern der Einschachtelung, der Ein- und Ausstülpung und der Spiegelung anvisiert, als wäre solche Veranschaulichung selber schon die Bewegung, die sie meint und die sie doch auch wieder stillzustellen droht: »so daß nun – oh, Verdoppelung innerhalb der Verdoppelung, Spiegelung innerhalb der Spiegelung, Unsichtbarkeit innerhalb der Unsichtbarkeit – es hier keines Mittlers und keines Gerätes mehr bedurfte [...].« Dabei geht es auch um die Annullierung aller Gegenüber-Relationen: der Wartende verschmilzt mit dem Erwarteten, das Getrennte kommt sich entgegen und geht ein ins Andere seiner selbst. Die letzte Unio jedoch wird von außen nur beschrieben. Es entspricht diese große, lange nicht endenwollende Heimfahrt einer umgekehrten Genesis der Welt, rückwärts, durch die Seinshierarchien des Sterbenden hindurch, an denen er Anteil hat und die dann von ihm abfallen, wenn er sich damit verbindet und in sie eingeht, ohne sich dabei zu verlieren: Tierheit, Pflanzenwelt, Steinwelt. Was hier erzählerisch aufgewendet wird, gilt einer Degeneration im kosmischen Maßstab. Mimesis des Sterbens, auch in der Erzählweise selbst. Weiter vor hat sich bisher keiner gewagt. Sich selbst überschreitendes, wucherndes Wachstum geht jedesmal über in welkendes Absterben, während die Überfüllung des Raums diesen entleert und erstarren läßt bis zum Übergangspunkt, wo er einen neuen Seinsbereich aus sich herausgebiert: »Die Grenze des Pflanzlichen war erreicht, die Wachstumsausdehnung bedeckte alle Räume, bedeckte alle Himmel, die Sternfülle war einverleibt, der quellend flutende, lebensspendende Brunnen der Mitte war versiegt, hatte sich in kühles Leuchten aufgelöst, der Höhepunkt war überschritten [...]« Der Faden droht zu reißen, und wieder peitscht sich das Erzählen zum nächsten Übergang an, zur Darstellung dessen, was zum unendlichen Ganzen noch immer fehlt und fehlen wird. Je mehr dazu kommt, desto mehr. Broch bekannte, selber schon genau zu wissen, »wo die hypnotische Konzentration abgerissen ist, um wieder dem Literarisch-Pathetischen Platz zu machen«: »Wäre sie nicht abgerissen, so wäre ich wahrscheinlich ganz konkret gestorben.« Die Übergänge, wenn das endlose Weitersterben innezuhalten droht, sind solche Knotenpunkte. Ohne daß etwas verloren ginge, soll losgelassen und vergessen werden, was visionär aufeinandergetürmt wird: »Soviel auch zurückgelassen wurde und im Nimmerauffindbaren zurückblieb, nichts konnte im Gleichgewicht des Allkreises verloren gehen; wahrlich, soviel auch zurückgelassen wurde, es war weder Verarmung noch Vereinsamung, ja fast bedeutete es Bereicherung, da das Vergessene aufbewahrt blieb.«

Durch das systematische Wegnehmen aller Bezugs- und Haltepunkte, das Suspendieren des tertium comparationis bei den sich steigernden Vergleichen, welche die Steigerung als solche verabsolutieren, entsteht ein »Zwischenzustand«, in dem nicht mehr ausgemacht werden kann, ob »dies noch Fahrt zu nennen« ist, »dieses Gleiten«, oder »Stillstand«. Das ist: »fließende Gleichzeitigkeit«, die Broch, nicht ohne Stolz auf dieses Eigene und Neue, für die Musikalität seines Textes verantwortlich macht:

> Das flüssige Element lag hinter ihm, das feste vor ihm, grenzenlos beides, aber auch grenzenlos ineinander übergehend, Landung und noch nicht Ende der Fahrt, denn es gab kein Vorher, kaum ein Nachher, und obwohl er festen Boden unter den Füßen spürte, war es weder Stehen noch Gehen, sondern weit eher ein Zwischenzustand der Bewegung, ein Bleiben im Hingewehtwerden, festgehalten im Grenzzustand ohne Grenze, festgehalten im grenzenlosen Mittelpunkt des Seins, der alles an sich heranzieht und alles festhält zur Einheit des Innen und Außen [...] verfließend die Grenze zwischen Bleiben und Vorwärtsstreben: gelandet war er, doch auch das Landen war kein Ende [...]

Am Ende transzendiert der Text, crescendo und accelerando, die Visualität des schließlich nur noch »körperfreien Schauens« und richtet sich ans Ohr, das zur Distanzbildung sich nicht eignet. Im pfingstlichen »Brausen« wird der göttliche Logos vernehmbar für den Sterbenden, in dessen Namen zu sprechen der Erzähler im richtigen Augenblick, im letzten Nebensatz, aufhört, aus dessen Erfahrung er aussteigt. Damit kein Ende sei, muß die Bewegung irgendwann einmal anderswo weitergehen, »jenseits der Sprache«, sonst müßte das alles endlos weiterleiern:

[...] das Wort schwebte über dem All, schwebte über dem Nichts, schwebte jenseits von Ausdrückbarem und Nicht-Ausdrückbarem, und er, von dem Wort überbraust und von dem Brausen eingeschlossen, er schwebte mit dem Wort, indes, je mehr es ihn einhüllte, je mehr er in den flutenden Klang eindrang und von ihm durchdrungen wurde, desto unerreichbarer und größer, desto gewichtiger und entschwebender wurde das Wort, ein schwebendes Meer, ein schwebendes Feuer, meeresschwer und meeresleicht, trotzdem immer noch Wort: er konnte es nicht festhalten, und er durfte es nicht festhalten; unerfaßlich unaussprechbar war es für ihn, denn es war jenseits der Sprache.

Sprache hat das letzte Wort. Aber das Fortbewegungsmittel der letzten Reise hat sich abgekoppelt vom erzählten Sterben, hat dessen Prozeßhaftigkeit als Effekt der Darstellung ausgeklinkt. Der Sprachnachen ist leer. Zurückgetrieben ans diesseitige Ufer. So läßt Sprache schließlich ab von der künstlichen Beatmung des Sterbenden und schickt ihn endgültig auf die endlose Fahrt eines entzeitlichten Grenzübergangs ohne Ende.

7

I.

Musik als Zeitkunst, als Kunst der Zeitgestaltung, inhaltslos und bilderlos, scheint es in ihrer feinstofflich durchlässigen Körperlichkeit leichter zu haben mit der Darstellung des sogenannten letzten Augenblicks, der als Lücke kein faßbarer, bildlich oder sprachlich auffüllbarer Inhalt ist. Da waren wir schon, ganz am Anfang. Dennoch schließt sich hier nichts. Auch wenn das Ende daran wieder anknüpft. Im Gegenteil. Wenn der Ton, der die Musik macht, recht eigentlich zwischen den Tönen liegt, in den Spannungsbeziehungen zwischen den Punkten eines wandernden Kreuzes harmonisch-räumlich-vertikal, melodisch-zeitlich-horizontal, dann erklingt sie, zwischen dem metronomischen Tick und Tack, letztlich dort, wo sie nicht erklingt. Media musica in morte sumus.

In seiner ›h-Moll-Messe‹ setzte Bach den Tod, unvertont, in die Lücke zwischen den Sätzen. Im Piano verklingt das ›sepultus est‹, nachdem die oberen Begleitstimmen verstummt sind, bevor in strahlendem D-Dur-forte-Aufstieg bei vollregistriertem Orchester das ›resurrexit‹ einsetzt. Der durchgehende ground-bass bewirkt ein dissonantes Sauerwerden der Harmonien, Auflösung von unten. In eherner Notwendigkeit gravitieren die Oktaven abwärts. In der Rahmen sichernden Oktave ist der chromatische Quartabstieg jeweils aufgehoben: zwölfmaliges Ostinato, beim dreizehntenmal dann die erlösende Rückung von e-Moll in die Paralleltonart (G-Dur). Im Spiel ist hier, mit dem Quartabstieg von der Tonika zur Dominante, ein traditioneller Klangtopos des Todes: schon im Madrigal des 16. Jahrhunderts

J. S. Bach. h-Moll-Messe (Notenbeispiel I)

6.
Tromba I
Tromba II
Tromba III
Timpani
Flauto traverso I
Flauto traverso II
Oboe I
Oboe II
Violino I
Violino II
Viola
Soprano I
Et re-sur-re - - xit, re-sur-re - xit,
Soprano II
Et re-sur-re - - xit, re-sur-re - xit,
Alto
Et re-sur-re - xit, re - sur-re - xit,
Tenore
Et re-sur-re - xit, re - sur-re - xit,
Basso
Et re-sur-re - xit, re - sur-re - xit,
Continuo

hatten die Italiener Abschiedsschmerz in diese Lamentofigur übersetzt. Der Topos meint auch hier, wie später in der *Don-Giovanni*-Ouvertüre, der Komthurszene: ein aufgehaltenes Fallen durch enharmonische Destabilisierung, ein ruinöses Unterlaufen der Erwartung von zielgerichteten Ganztonschritten, ein kontrolliertes Gleiten ins Leere, Auflösung des tonalen Gefüges innerhalb seines noch unbeschädigten Funktionierens (Notenbeispiel I).
Der Musik transzendierende Tod fällt aus dem nachzählbaren Takt. Um so mehr ist das Ende Durchgang, an den Musik aus Scheu nur negativ rührt, indem sie sich unterbricht.

II.

DEN TOD ALS PAUSE auszukomponieren, hatte sich Heinrich Schütz in *Die Sieben Worte des Erlösers am Kreuz* noch zugetraut: Nach einer großen entrückenden Aufwärtsbewegung in allen Stimmen – »und gab seinen Geist auf ...–« – zwei ausgezählte Takte lang, ohne daß ein Bogen gesenkt, ein Blasinstrument von den Lippen genommen würde. Die instrumentell verklärende Aura einer Musik, die das Sterben bis zuletzt begleitet und noch innerhalb ihrer Möglichkeiten zu bewältigen sucht, findet sich schon in Monteverdis *Combattimento di Tancredi e di Clorinda.* Die Worte schildern nach Tassos *Befreitem Jerusalem* jenen Zweikampf der Liebenden, die sich im nächtlichen Dunkel für Feinde halten. Die Singstimme der Sterbenden gleitet in chromatischem Descensus abwärts. Sie spricht in kurzen, abgerissenen Phrasen. Das Schwinden ihrer Körperkräfte, in letzter gesanglicher Kraftanstrengung, machen die Bratschenakkorde hörbar, die taktweise von forte zu piano decrescendieren. In den

Schlußtakten sieht Clorinda den Himmel offen. Dabei löst sich harmonisch der tonale Zusammenhang auf. Mit einem E-Dur-Dreiklang setzt die Sterbende an, um bei den Worten »io vado« auf B-Dur anzugelangen. Der Schlußakkord – in der Singstimme, als wäre sie schon am Ziel, über dem instrumentalen Dominantakkord schon antizipiertes D-Dur – vertont das Ankommen drüben. Monteverdi schreibt dafür ein leises, langes Verklingen vor.

Auch in Purcells *Dido und Aeneas* geht das musikalisierte Sterben einher mit einem Tonart- und Stimmungswechsel, der das Geschehen in eine befremdende Raumlosigkeit verlegt:

Thy hand, Belinda, darkness shades me,
on thy bosom let me rest,
More I would, but Death invades me;
Death is now a welcome guest.
When I am laid in earth,
May my wrongs create
No trouble in thy breast;
Remember me, but ah! forget my fate.
(Cupids appear in the clouds o'er her Tomb)

Bei Gluck, zu Beginn des *Orpheus*, wird das vierstimmige Lamento der Totenklage als zu hörendes charakterisiert, unterbrochen vom Sehnsuchtsruf des Orpheus nach Euridice in Oktave: »O wenn in diesen dunklen Hainen, Euridice, noch dein Schatten um dein ödes Grabmal schwebt, ach, so höre diese Klagen [...]« Das solchermaßen reflektierte gesungene Singen indessen verdankt seine Kraft, die Schwelle zum Totenreich zu überschreiten, dem Tod, keineswegs den dadurch gerührten Göttern, die für den Aufklärer Gluck nur mythologische Staffage bleiben: insofern die Tote hören soll, was schon zu hören ist, ist der zuhörende Zuschauer schon drüben mit dem Ohr und dem Auge: »Sieh deinen Gatten, den Verlassnen, weinen [...]« Die Oboe antwortet als Echo auf die Frage »wo weilest du?« und simuliert zusammen mit der Geige »die Winde«, denen Orpheus sein ganztaktiges »ach!« übergibt, damit sie sein Klagen »entführen«. Wieder ist das klingende Kommunikationsmittel reflektiert, verstärkt, ein Vehikel des Transzendierens. Mit diesem Zaubermittel steigt Orpheus hinab. Die großen Furienchöre des Totenreiches in düstrem c-Moll eröffnen einen Raum der Fremde, dessen herbe Harmonik und starren rhythmischen Gesetze in ihrem übersubjektiven Pathos erst von dem klagend fließenden Schmelz des Gesangs erweicht werden müssen: repetitive Zweitaktgruppen, punktiert nach dem sprachrhythmischen Muster von »Wer ist der Sterbliche«? Die Struktur, durch den Tod geschieden und doch innerhalb eines gemeinsamen Hörraums zu sein mit den Sängern, wird dramatisch gewendet, insofern Orpheus, nach Ratschluß der Götter, sich nicht nach Euridice umblicken darf: »Welch grausame Wandlung, vom Frieden des Todes hinüber ins Leben voll Qualen zu gehn [...] Mein teurer Orpheus, bleibst du ferne?« Die Reduktion der musikalischen Als-ob-Gemeinschaft auf sichtbare Lebensnähe ist in dem Vorgang des umgekehrten Sterbens tödlich erst recht. Die nur im Klang verbundenen Bereiche treten auseinander. Für die Dauer von drei Achteln verschmelzen die Stimmen im Nennen des anderen Namens: tödliche Trennung. Trennung auch von Ohr und Auge. Geburt der Oper als synästhetischer Illusionsmaschine (Notenbeispiel II).

Im Gegensatz zu alledem hat Beethoven in der *Missa solemnis* das Sterben naturalisierend vermenschlicht, indem er es, nach den Sforzato-Nägeln des »crucifixus est« im »sepultus est«, hauchdünn verschwindend auf einem gläsernen Trugschluß auspulsieren und das »resurrexit« nach drei Tagen, überbrückt von einem monotonen Rezitativ, in der gleichen Tonart als durchaus hiesige Auferstehungsfeier fortgehen läßt.

Gluck. Orpheus und Eurydike (Notenbeispiel II)

III.

Weil er lebt, als ob es ihn nicht gäbe, gehört der Tod zu *Don Giovannis* Wesen, und er muß ihn, als Kontrapunkt seiner Lebensbesessenheit, suchen. »An sich selber«, sagt Kierkegaard, »eilt er vorüber, immer schneller, immer unaufhaltsamer.« Furcht, gegenstandsbezogen, kennt er nicht. Um so mehr ist Angst für ihn »substantiell«, nicht »reflektiert«, identisch mit seiner »dämonischen Lebenslust«. Seine unlöschbare Begier, begehrt zu werden, in der er bindungslos sich verzehrt, tötet das Gegenüber letztlich zur Statue ab. Der »steinerne Gast« ist das personifizierte Zeichen solcher Partnerschaft, und Don Giovannis Untergang entspricht einer Heiratsszene mit dem Tod. »Dammi la mano in pegno« – zum Pfande, zum Bunde. Gegen das »Si! Si!« wehrt er sich mit seinem »Ja« zum Leben, zu seinem Leben: »No! – No!« Die anschließende Generalpause macht hörbar, wie die Aufbäumung des Lebens überschnappt und abstürzt schon als Todeskampf von einem, der nicht sterben will und doch den Tod bejaht, Tod als das Andere und als den verdrängten Grund eines zu letzter Öffnung versperrten Liebens. Wo sonst als hier werden die Urworte ›Ja‹ und ›Nein‹ so ineinandergeschoben, als durchdrängten sich zwei Kegel, um in der zwei Viertelschläge dauernden Stille eine bewegliche Sattellinie in den inneren Hörraum zu schreiben. Trotz und Bereitschaft mischen sich auch insofern, als Don Giovanni den Duktus des Gegners, ja schließlich auch die Sprache des Todes übernimmt: syllabisch gefestigte Melodiebildung sowohl wie die rhythmische Symbolik des unerbittlich anklopfenden Todesgeschicks. Im Gegensatz dazu schlottert Leporello vorher in Triolen. Der punktierte Rhythmus der Singstimme, auf dem Hintergrund der Streichersynkopen, wirkt als letzter Widerstand gegen die zunehmende störende Entsicherung, als ein Zögern und zugleich als ein Müssen: rhythmisch übersetzte, objektivierte Todesangst vor dem eigenen verdrängten Todeswunsch. Da ist kein Halten mehr, und noch, was zu bremsen scheint, ist Ausdruck von Gefälle. Don Giovannis Ausrufe, die in dem zweifachen »Ah!« in einem verzweifelten Lustschrei gipfeln, werden vom allgemeinen Aufruhr des Orchesters überflutet. Der Chor springt ab von der akzentuierten Dominante a, um in dem dreifachen

W. A. Mozart. Don Giovanni (Notenbeispiel III)

592
Fl.
Ob.
Clar. (in Si♭)
Fag.
Cor. (in Fa)
Cl. (in Re)
Trbne. alto
Trbne. ten.
Trbne. basso
Timp. (in Re-La)
V. I
V. II
Va.
D. G.
L.
Coro
Vc. e B.
a 2
muta in Sol/G
[Il foco cresce; si sprofonda.]
(Resta inghiottito dalla terra.)
ror!
Ah! –
ror!
Ah! –
vie - ni: c'è un mal peg - gior!

»Vieni«-Ruf die ganze Oktave der Tonika zu umfassen, und kadenziert dann im Unisono mit Hörnern, Baßposaunen und Streichern nach d-Moll. Mit dem erreichten Grundton stößt Don Giovanni seinen letzten Schrei aus und wird von der flammenden Tiefe verschlungen, begleitet von der barocken Figur des Descensus in den Violinen, als entleerte sich in der niederprasselnden Tonleiter das Leben in einer letzten Manifestation seiner Fülle. Allein: Mozart verweigert den erwarteten d-Moll-Akkord und moduliert nach D-Dur, Tonart und Tonfall von Don Giovannis erotischen Beziehungen. So schließt sich der Höllenschlund, so legt sich der Sturm. Sakral-plagal und diesseitig (Notenbeispiel III).

Im *Requiem* – nachdem im ›Dies irae‹ eine durch und durch irdische Windmaschine die Wirkung von drüben hereinbrechender Eisluft produziert und die Oktaven, ausgehöhlt, wie Garben niedergesichelt werden – folgt jene schönste vielleicht und zugleich erschreckendste Stelle: »gere curam mei finis« nimm dich meines Endes an. Das ist nicht der Tod in theologischer Verallgemeinerung und Ferne für alle, sondern *mein* Ende. Es entspricht musikalisch einer chromatischen Auflösung des strengen tonalen Gefüges, das sonst waltet, über alle internen Bindekräfte hinaus. Der vieldeutige verminderte Septakkord des a-Moll-Schlusses gleitet nach einer Viertelpause – mit Fermate jeder Nachzählbarkeit entrückt – nach F (Beispiel IV).

Dann, nach einer weiteren frei gedehnten Pause, »unmittelbar anschließend«, wie Mozart notiert, die abgeklärten, süßen Reif-sein-zum-Tode-Klänge des ›Lacrimosa‹ bis hin zum »Schenk den Toten ew'ge Ruh. Amen«. Ein milder Schocker, dieses Amen, krampflösend wie nichts sonst, Appell, wenn auch leise, den, der gegangen ist, von hier aus endlich auch gehen zu lassen (Notenbeispiel V).

Mozart. Requiem (Notenbeispiel IV)

Mozart. Requiem (Notenbeispiel V)

IV.

Den bekannten Todesknüller *Der Erlkönig* komponierte Schubert, zum Sterben schön, mit 18 Jahren. »Mein Vater, mein Vater, jetzt faßt er mich an – Erlkönig«, so singt der Knabe, elektrisiert vor Todesangst, »hat mir ein Leids getan.« Im Rezitativ dann, vor Schreck ernüchtert und stockend, die Aufklärung dessen, was mit dem Kind in den Armen des Vaters geschehen ist. Syntaktische und musikalische Mimesis an den Wahrnehmungsablauf, der unterbrochen ist: »In seinen Armen – das Kind« – gestisches Sichdarüberbeugen – Großaufnahme – Black out: »war tot.« Der Tod kommt am Schluß, doch mit sprachlicher Verspätung, übersprungen. Synkopisch setzt der Dominantseptakkord mit dem befremdenden Cis im Baß – klanggewordene Gänsehaut – das Erwartungssignal eines akustischen Doppelpunkts. In der durch Fermate, wie bei Mozart durch freies – aber was heißt hier frei? – Ermessen zu verlängernden Achtelpause liegt die eigentliche Darstellung des Endes als eines durch die Wahrnehmungs- und Darstellungslücke immer schon entschlüpften, immer schon verpaßten. Die Klaviermusik doppelt nur nach in ihrem Sprechcharakter, daß der Tod sich nicht aussprechen, sondern nur in nichtssagender oberflächlicher Außensicht besprechen, also nur verfehlen läßt. Selten darf Klavier so klimpern wie hier am Schluß: pathetisch laut, aber ausdruckslos. Mit der in ihrer Perfektion, ihrem Zuschnappen und Einrasten fast schon trivial und leer wirkenden Kadenz betont die Musik ihr eigenes Ende gegenüber dem Ende auch in dem Sinne, daß sie dem nichts beizufügen, nichts zu besiegeln hat. Der Tod wird hörbar übertönt (Notenbeispiel VI, 4. Fassung).

Auch in der *Winterreise*, deren Korrekturbögen Schubert auf

Schubert. Der Erlkönig (Notenbeispiel VI)

dem Sterbelager durchsieht, wird die Todesthematik einer charakteristischen musikalischen Auszehrung ausgesetzt, bis hin zur hypnotischen Motorik leiernden Leerlaufs: »Eine Straße muß ich gehen, die noch keiner ging zurück.« Tödliche Eintönigkeit wie hier charakterisiert auch den als tröstender Freund deklamierenden Tod in *Der Tod und das Mädchen*: »sollst sanft in meinen Armen schlafen.« Das Erschrekkende an der Tröstlichkeit des Schlusses, in dem sich das sanfte Wiegen der Wellenschläge mit einem Wechsel von d-Moll zu D-Dur bis zur Spiegelglätte beruhigt – Hamlet hätte sich daran berauschen mögen, Schopenhauer nicht minder –, ist der hörbare Verdacht, daß es so weitergehen könnte im Stillstand, unhörbar, tot.

Im *Schwanengesang*, ein einziges Mal, hat Schubert im Unterschied zu alledem versucht, den Gesang selbst als Sterben zu inszenieren. Kein letzter Schritt, kein Schnitt, keine Lücke. Der Liedtext von Johann Chr. Senn lautet so:

Schubert. Schwanengesang (Notenbeispiel VII)

›Wie klag ich's aus
Das Sterbegefühl,
Das auflösend
Durch meine Glieder rinnt?

Wie sing ich's aus
Das Werdegefühl,
Das erlösend
Dich, o Geist, anweht?‹

Es klagt', es sang
Vernichtungsbang,
Verklärungsfroh,
Bis das Leben floh.

Das ist des Schwanen Gesang!

Die Gegenläufigkeit von Ausdruck als sprachlichem Inhalt, der der Auflösung, und von musikalischer Entäußerung, die der Erlösung gilt, kommt erst in der dritten Strophe zum Tragen in einem dritten Element des vertonten Ausdrucks. Klingende Sprache, sprechende Klänge: Schubert hat die vom Text behauptete gelungene Vertonung im Sterben als Herausforderung angenommen zur Vertonung solcher Vertonung. Bezeichnend, daß er, den daktylischen Todesrhythmus stärkend, von der Vorlage abweicht: »Das *bedeutet* der Schwanen Gesang!« Da das Lied hörbar *ist*, was es bedeutet, bedeutet Bedeutung, der der Tod innewohnt, ein übergängliches Ineins von Werden und Vergehen, das nur in der Darstellung eines gegenläufigen Prozesses aufblitzend im Erlöschen hörbar wird. Bemerkenswert die kostbar seltene, ganz und gar ver-rückte übermäßige Quart – jener lange Zeit verbotene Tritonus, der auch in der Umkehrung noch sich hält, sich scheiden lassend in äußerster Auflösung – auf »bedeutet« (Notenbeispiel VII).

V.

Vom Tod, auch wenn er mehrfach zugeschlagen hatte in seinem Leben, ließ Verdi sich nichts vormachen. Er war, seine Briefe bezeugen es hinlänglich, ein überzeugter Skeptiker und Pessimist und Agnostiker, dem nichts, es sei denn Musik als höchster Lebensgenuß, heilig war, und man wird sich beim Ohrenschmaus nicht hinreißen lassen dürfen, die berückend schönen Klänge, die auf seiner Opernbühne das Sterben begleiten, als musikalischen Ausdruck der Entrükkung und des Transzendierens zu hören. Das ist dann alles doch zu diesseitig, zu realistisch und sinnlich auch inszeniert als »effetto« – Hauptbegriff seiner Regieführung – auf die Zeugen des Todes hin, gespiegelt im Echo ihrer Schmerzresonanz. Wenn Othello, unbegleitet, in der Weise Monteverdis fast, mit keineswegs süßem Schluchzen sich an das Opfer seiner durch Eifersucht mörderisch verengten Liebe wendet – »e tu-come sei pallida, e stanca, e muta, e bella« –, dann ist Desdemona nichts als tot, aber das Defizit, das die Leiche, so besungen, im Leerraum des schmerzlichen Verlusts bewußt macht, kompensiert sich zugleich in der unvergeßlich schlichten Tonfolge als Zeugnis einer Liebe, die, auch wenn sie sich so zu spät erfüllt, ein Bleibendes ist, wenn auch nur hinieden. Das gilt auch für den Tod der Violetta, mit dem *La Traviata* zu Ende geht. Alfredos Liebesmelodie, Ausdruck bleibender Verbundenheit, der sich leitmotivisch durch die Oper zieht, verklingt bei ihrem Tode wehmütig noch einmal in den Violinen. Nachdem der Arzt, beiseite flüsternd, die Schwindsüchtige aufgegeben hat, singt sie gegen die Zuschauererwartung an, es müsse doch jetzt, jeden Moment, endlich zu Ende sein. Das im Singsang gedehnte Sterben wird damit zugleich, Takt für Takt, zum Zeichen ausdauernden Lebenswillens. Im Wechsel zwischen Anfällen fiebrigen Sichaufbäumens und tödlicher Mattigkeit, morendo. Zwischen die großen lyrischen Arien mit ihrem lebensmüden Schmalz schiebt sich von der Straße her der Festtrubel des ausklingenden Karnevals; dann das Duett mit dem unverhofft zurückgekehrten Alfredo, in dem sich Violetta, als würde sie beim Aussingen gemeinsamer Zukunftspläne wiederaufleben, vollends verausgabt. Im Pianissimo, als kraftlose Hoffnung:

Verdi. La Traviata (Notenbeispiel VIII)

»la mia salute refiorirà«. Weder als gutes noch als schlechtes Ende wird der Tod besungen. Schon vorher hindert Verdi die Stimme, das Ende zu Ende zu sprechen, und läßt es auf einem vibrierenden Ton – »un fil di voce« – ausschwingen, während das Orchester in sturer Monotonie die sechs Achtel des Taktes auszählt (Beispiel VIII).
Wenn sie schließlich in ihrer Glücksvision mitten im Singen stirbt, bleibt gerade das ein trostloses Ende, mitverschuldet von einer Gesellschaft, welche eine vom Weg abgekommene »Traviata«, Schmetterling halb, halb Schmeißfliege, am Leben gehindert hat. Stellvertretend fällt den Zuhörern ihres Todes – durch ihr »ascolta« wird der erwartete Tod ausdrücklich aufs Hören bezogen – der Himmel auf den Kopf, der eigene Werthimmel, der in den absteigenden Sechzehntel-oktaven im Fortissimo einstürzt (»Oh cielo!«), während ihr tödlicher Freudeschrei, wie illusionär immer, oben hängen bleibt (Beispiel IX).
Die Sprache des Schmerzes ist Sprechgesang (»Oh mio dolor!«), während die Oberstimmen des Orchesters in chromatischem Abstieg zwei Oktaven heruntersausen; freier Fall der Tonalität nur vorübergehend zum Schein, aufgehalten wieder und umgesetzt schließlich in das für Verdi so charakteristische Kopfhoch des rhythmischen Weitermarschierens.

Verdi. La Traviata (Notenbeispiel IX)

Allegro
Fl.
Ott.
Ob.
Clar. in Sib
Fag.
in Mib
Corni
in Lab
Trbe in Mib
Trbni
Cimb.
Timp.
V.
p cresc.
cresc. sempre
p cresc. sempre
agitatissimo
i - o... ah! ma io ri - tor - no a vi - - ver!!. oh gio - - ia!..
(ricade sul canapè)
Annina
Germont
Dottore
Oh
Viol.
V-le
Vc.
Cb.
4 I.
4 II.
2 V-le
poco
Tutti
Tutte
Allegro

Fl.
Ott.
Ob.
Clar. in Sib
Fag.
in Mib
Corni
in Lab
Trbe in Mib
Trbni
Cimb.
Timp.
An.
cie-lo!.. muor!.. Oh Dio, soc - cor-ra-si...
Alfredo
Vio - let-ta?
G.
cie-lo!.. muor!.. Oh Dio, soc - cor-ra-si...
(dopo averle toccato il polso)
D.
cie-lo!.. muor!..
È
Viol.
V-le
Vc.
Cb.

VI.

LETZTE RUHE und Gewißheit, in einen jenseitigen Hafen nach dem Tode endgültig ein für alle Male einzulaufen, läßt *Ein Deutsches Requiem* von Brahms, gegen den Strich des Oratoriums, durch die symphonische Durchwirkung seines Motettcharakters, nicht so recht aufkommen. Ist das Gehör einmal auf tönendes Zweifeln eingestellt, vernimmt man's noch im Ausdruck stärksten, tröstenden Zuspruchs: den drohenden Zug, das unterschwellige Grollen. »Langsam, marschmäßig«, wenn auch im Dreiertakt, kommt im zweiten Satz das Vergänglichkeitsthema daher, schleppend, seltsam fahl und hohl im unisono:

> Denn alles Fleisch
> es ist wie Gras,
> und alle Herrlichkeit der
> Menschen wie des Grases Blumen.
> Das Gras ist verdorret,
> und die Blumen abgefallen.

(Notenbeispiel X)
Die kreisende Repetivität verstärkt die Gebundenheit des Körpers an seine Gravitation, seinen Zerfall. Das Auf und Ab der Dynamik macht deutlich, daß im Forte das gleiche nicht mehr dasselbe ist wie im Piano. Wortklänge werden aufgetürmt und abgetragen, als würde in letzter Aufbäumung etwas gerade zugemauert: So sei es, verdammt! in Gottes Namen. Klingende Schmerzschwiele, das Crescendo auf »abgefallen«, von der Arbeit des Hinnehmens. Das Crescendo im Baßchor des dritten Satzes entspricht einer konvexen Ausbeulung, bughaftem Sichwehren noch, Sichausreden, daß das Ende nicht auch das Ziel sein müßte, während das

Brahms. Ein Deutsches Requiem (Notenbeispiel X)

kl. Fl.
Fl.
Ob.
Klar. (B)
Fag.
K.-Fag.
Hr. (B)
Hr. (C)
Trpt. (B)
Pos.
3. Pos. Tuba
Pk.
Harfe
und die Blu - me ab - ge - fal - - - len.
div.
div. a 3
pp
p marc.
a 2
p ben marc
G
(Pedal)

Decrescendo den Gestus eines resignativen Hinnehmens des Endes hat, übers Ziel hinausschießend, sich einredend, konkav sich einfaltend, daß das Ende als Ziel Sinn macht. Aus- und einatmend macht Musik einmal den Tod vom Standpunkt des Lebens, dann das Leben vom Standpunkt des Todes aus hörbar – Unerhört:

> Herr, lehre doch mich,
> daß ein Ende mit mir haben muß,
> und ich davon muß [...]

Das steigert sich in der Wiederholung bis zum f, verglimmt dann fast im pp, wobei mit dem abschließenden »muß« ein jähes ff einsetzt, selbstquälerisch trotzig, begleitet von unruhigen, monotonen Triolenbewegungen. Auch nachher tönt's in der Musik anders, als es sprachlich klingt: »Ach, wie gar nichts sind alle Menschen«, seufzt's schmelzend herab, und die Oboe pfeift darauf und macht so erst recht ernst daraus, so sehr, daß der biblische Trost dann auch nicht mehr verfängt, den der Text rhetorisch herauslockt. Satzübergreifende Motivbeziehungen sorgen für die zyklische Geschlossenheit dieses Werks. Charakteristisch dabei ist die durchgehende Spannung zwischen vorausschreitenden Passagen, die zur Fuge hinstreben, und solchen, die nach liedhafter Rundung durch bogenförmige Rückkehr tendieren. Überschaubare Statik symmetrischer Verstrebungen, gegen den Fortlauf der Hörzeit, und kadenzbetonte Endlichkeit vor allem in den analogen Ecksätzen binden jedes Aufsteigen in Räume der jenseitigen Seligkeit wie einen Fesselballon an die Erde. So wird etwa das variierende Vorwärtstranszendieren des sechsten Satzes gestoppt – »Denn wir haben hier keine bleibende Statt, sondern die zukünftige suchen wir« – und alles Abspringen des Textes auf den Boden der Klangwelt hier und jetzt zurückgepfiffen. Hic salta, hic musica.

VII.

»Wonne des Sterbens, des Nichtmehrseins, der letzten Erlösung«, so nennt Wagner, Schopenhauer, Feuerbach und die Romantik kurzschließend, den verklärten Liebestod in *Tristan und Isolde* und erläutert programmatisch: »Was das Schicksal für das Leben trennte, lebt nun verklärt im Tode auf; die Pforte der Vereinigung ist geöffnet. Über Tristans Leiche gewahrt die sterbende Isolde die seligste Erfüllung des glühenden Sehnens, ewige Vereinigung in ungemessenen Räumen, ohne Schranken, ohne Banden, unzertrennbar!« Weil die »höchste Lust«, wie Isolde, Tristan nachsterbend am Ende, morendo, singt, »unbewußt« ist, löscht sich das Subjekt der Triebbefriedigung gemeinsamer Umnachtung in der Vereinigung mit dem im »wogenden Schwall, in dem tönenden Schall, in des Welt-Atems wehendem All« gelöschten und aufgehobenen Triebobjekt. Nicht dabei sein, wenn's soweit ist. Das klingt schon an in der Liebesnacht des zweiten Auftritts: »Gib Vergessen, daß ich lebe – nimm mich auf in deinen Schoß, löse von der Welt mich los.« Da hat Adorno nicht mitmachen wollen: »Wenn endlich Tristan die Minne verflucht, so gilt der Fluch der unstillbaren Sehnsucht der Individuation, die ›gestillt‹ werden kann in der Ruhe des Todes wie in der Lust. Nimmt für Wagner die Lust das Bild von Zerstörung und Tod an, so wird im Spiegel des Werkes dafür der Tod als ›höchste Lust‹ und höchstes Gut angepriesen. Schon macht Glanz für den Tod Reklame [...] Die metaphysisch-psychologische Konstruktion des Tristan muß den Tod, um ihn aus der Individuation zu rechtfertigen, die er tilgt, mit der Lust in eins setzen« *(Versuch über Wagner)*. Nein; um Lust aus der regressiven Aufhebung bewußter Individuation zu rechtfertigen, wird sie mit dem Tod in eins gesetzt. Todeslust indessen bleibt ultimativ aufgeschoben, wird aus dem Erleben, das gesanglicher Artikulation noch fähig ist, evakuiert: als Anhang, als sprachlicher Verweis auf das, was hörbar schon darüber hinausgeht (»Freunde! Seht! Fühlt und seht ihr's nicht? Hör ich nur diese Weise [...]?«). Daß sie inhaltlich nicht einzukassieren sind, hier, haben Lust und Tod gemeinsam. Statt dessen zittert ein orchestrierter Klangkörper, in dem die Einzelstimme erlischt, von Todesschauer, von Lust. Daß sich Musik abkoppelt vom Wort gerade im stärksten Bezug – nicht begleitend übersetzend, sondern über-setzend –, macht diese Sterbeszene zu einem großen Beispiel diesseitig veranstalteten Übergangs. Und der Tonmagier wußte selbst gut genug, was er konnte: »Meine feinste und tiefste Kunst«, schreibt er an Mathilde Wesendonk über die neuerworbene Kompositionstechnik in *Tristan*, »möchte ich jetzt die Kunst des Übergangs nennen.« Ein auskomponiertes ›Übergehen‹, an dem unter Hörzwang teilzunehmen der gesungene Text die Zuhörer nötigt. Wen sonst sollte die ekstatisch ihrer Umwelt entrückte Isolde mit ihren Fragen ins zu Vernehmende einbeziehen? Und was ist zu hören? Sequenzen, noch und noch, eindringlich, obsessiv die letzten Glieder wiederholend, kreiselnd, rauschhaft, nach oben. Die musikalische Grundsubstanz ist zunächst das ›Sterbelied‹ des zweiten Aktes (»So stürben wir, um ungetrennt...«), dann, im Abgesang, das sogenannte Seligkeitsmotiv, schließlich das Sehnsuchtsmotiv, fünf Töne vor Schluß über dem Tristan-Akkord, der sich endlich nach H-Dur auflöst in den langen, leisen, anschwellend-verdämmernden Schlußakkord. Bezeichnenderweise fehlt als einziges Instrument das für den Ausdruck der Sehnsucht im dritten Akt charakteristische: das Englischhorn (Notenbeispiel XI).

Wagner. Tristan und Isolde (Notenbeispiel XI)

rallent.
I. Gr. Fl. II.
Hob.
più p
Klar. in A.
Engl. H.
in F. Hr. in E.
Fag.
Baßkl. in A.
Trp. in E.
Pos.
B. T.
Pk.
Hrfe.
I. Viol. II.
morendo
Br.
pizz.
Bog.
stans Leiche. Große Rührung und Entrücktheit unter den Umstehenden.)
(Marke segnet die Leichen.)
(Der Vorhang fällt während der letzten Fermate.)
Vcl.
K. B.

Rhetorik der Erlösung. Eben dazu gehören die Erinnerungszitate aus dem Liebesduett, die, prophetisch in die Zukunft projiziert, die musikalisch fließende Gegenwart vollzumachen scheinen. Sehnsucht vergeht im tonalen Himmel ihrer Erfüllung. Das hatte Wagner beim Tode Tristans noch verweigert. Auf dem dramatischen Höhepunkt der Szene, als Tristan, bei der ersehnten Ankunft Isoldes (III, 2), ihr entgegentaumelt, werden wie im Brennpunkt eines Hohlspiegels alle wesentlichen Motive gebündelt, geschichtet, verkürzt bis zum Gerippe, ineinander-, durcheinanderspielend. Der tonale Boden wankt. Das Todesmotiv, das sich am deutlichsten heraushören läßt, geht bruchlos in die Vorspielmusik mit ihrer Chromatik über, während Tristan in Isoldes Armen zu Boden sinkt. Zwischen »Isolde«, seinem letzten Wort, »sterbend zu ihr aufblickend«, und ihrem elektrisierten »Ha!« im Piano ist er gestorben. Der Tristan-Akkord, nicht erst die Generalpause, besiegelt's ohne die erlösende Auflösung, nach der er schreit als Doppel-Leittonklang von H-Dur (Notenbeispiel XII).

Schönberg hat in seiner *Harmonielehre* darauf hingewiesen, daß a-Moll, die Tonart des Vorspiels, nur imaginär, nicht leibhaftig als Bezugsrahmen des Klanggewebes in Frage komme, das, ohne zu schließen, in jener Baßlinie zerrinnt, indem die einzelnen Töne des Tristan-Akkords in eine melodische Folge umgeklappt werden. So kann's beginnen mit der Musik-Geschichte unstillbarer Sehnsucht. Und wenn sie am Ende, in strahlendem H-Dur gestillt scheint im Liebestod, ist die Liebe tot und weg, was sie in Gang hielt: qualvoller Mangel. Was bleibt, ist reine Struktur der Harmonik, aus der Subjektivität vertrieben worden ist. Damit werden die Zurückbleibenden abgespeist. Das ist *ihre*, zu Lebzeiten Tristans und Isoldes mit allen Mitteln aufgeschobene Sprache der Todesverklärung, endgültige ›Kadenz‹ der »Lust«, die

Wagner. Tristan und Isolde (Notenbeispiel XII)

Isolde gegen alles Pathos des Versinkens und Ertrinkens noch einmal mit ihrer letzten Oktave in die Höhe wirft:
»Isolde sinkt, wie verklärt, in Brangänes Armen sanft auf Tristans Leiche. Große Rührung und Entrücktheit unter den Umstehenden. Marke segnet die Leichen.«
Fermate, Vorhang, »langsam«. So bricht am Ende der Code, den Wagner voraussetzt, um dagegen anzukomponieren, als die Wahrheit des Unbewußt-Unvermittelten siegreich hervor. Auf dem Grund der individuellen »Lust« wartet das Allgemeine als Tod.

VIII.

Der Abschied ist die Muse Gustav Mahlers. Er hält ihn dehnend aus, um ihn nicht zu vollziehen, tönelang, werkelang. So wird in der zweiten, der sogenannten »Auferstehungssymphonie« nicht das Sterben, wie bei Wagner, sondern das Nichtsterben, wenn auch anders als bei Brahms, gefeiert. Nach dem Angstaufschrei, in dem die Musik zerbricht – fünftaktiges Crescendo, acht ohrenbetäubende Takte einer Tutti-Dissonanz in b-Moll auf C mit Paukenwirbel, Tremolo, Arpeggien und anschließendem Zusammenbruch –, nach dem Dies-irae-Thema, dem ›Marsch‹ zum Jüngsten Gericht, erfährt der Klangkörper eine spektakuläre Gewichtsabnahme, wird durchlässig für die Vorausahnung auf das Motto des Finale, das die Hörner piano intonieren: fallender Quintruf mit diatonisch feierlichem Quintaufstieg, der sich im Sext-Vorhalt, nachher, wenn der Chor es verbalisiert, in der Septime auf »leben« überhöht (»Sterben werd ich, um zu leben«) (Notenbeispiel XIII).

Dann folgt ein körperloses Zwischenspiel ohne Tiefen, als wäre aller irdische Ballast abgeworfen, nur mit leisem Zittern der Trommel. Mahler hat es im Partiturautograph mit dem Vermerk »Der große Appell« versehen. Als hätte der Hörer anzutreten und sich zu melden auf die Hörner- und Trompetenrufe, die die folgende »Auferstehung« ankündigen. Dabei löst sich der Raum auf, insofern diese Signale von jenseits des Orchesterraums, gleichsam von außerhalb der materiell-leibhaftig sichtbaren Musikquelle kommen: »aus weiter Ferne«, »Echo«, »viel näher und stärker (links).« Auch das Zeitgerüst löst sich auf, ohne daß der Dirigent den Taktstock bewegen müßte. Statt dessen die Anmerkungen wie: »lang«, »sehr lang«, »schnell und schmetternd«, »nicht schleppen.«

G. Mahler. 2. Symphonie (Notenbeispiel XIII)

G. Mahler. 2. Symphonie (Notenbeispiel XIV)

Auch harmonisch bewegt sich die Passage mit ihren enharmonischen Verwechslungen in einem Niemandsland, was auch aus dem Notenbild durch fehlende Vorzeichen sinnfällig wird. Piccolo und Flöte versuchen – heikel wie sooft bei Mahler – Naturlaut hereinzuholen als das Andere des musikalischen Kunstaufwands, zu dem dieser zurück möchte, überdröhnend oft, daß er, je mehr, desto stärker von ihm abgeschnitten ist: »wie eine Vogelstimme«, »leicht und duftig zu spielen«. Es ist niemandem benommen, hier Nachtigallen zu hören, zitatweise. Was dabei nicht überhört werden darf, ist die Anstrengung der Musik, sich selbst zu transzendieren in der Vorbereitung der »Auferstehung«, die ruckartig, a cappella, als sprachlich gefestigte Vollwertkost in die klangliche Lichtung zwischen immaterialisierendem Verebben und neuem Erwachen hineintritt. Die Trompete – man muß sich verkneifen, an die davonfliegende Seele zu denken, um nicht zu verpassen, was man gerade noch hört – »immer feiner«, »sich verlierend«, »lang und verklingend«. Solche Übergänglichkeit läßt sich nicht lange auskosten. Nachher kann's nur noch dick kommen, wenn auch leise, langsam, »misterioso«, Klopstock variierend und erweiternd:

> Auferstehn', ja auferstehn wirst du,
> Mein Staub, nach kurzer Ruh!
> Unsterblich Leben wird, der dich rief, dir geben.
> Wieder aufzublühn, wirst du gesät.
> Der Herr der Ernte geht und sammelt Garben
> Uns ein, die starben.

(Notenbeispiel XIV)
In den von Natalie Bauer-Lehner überlieferten Erläuterungen Mahlers (vom 3. 1. 1896) heißt es: »Die Steigerung und der Aufschwung, der jetzt bis zum Schlusse folgt, ist ein so ungeheurer, daß ich selbst hinterher nicht weiß, wie ich dazu

gelangen konnte.« Vor allem aber scheint er nicht gewußt zu haben, wie damit Schluß zu machen ist, ohne abzustürzen. Mit einem Geniestreich greift er dem Ende vor. »Mit größter Kraftanstrengung«, Tuba, Glocken, Tamtam, Orgel, schwimmen die letzten Takte auf der Stelle gegen den Strom. Zum letzten, der mit einem Achtel eben nur angerissen wird, bemerkt die Partitur: »scharf abreißen«. Lieber vorher aufhören als aufhören und eine Grenze anerkennen, die schneidet.

So wird etwa auch im letzten der *Kindertotenlieder* alles Endgültige umspielt, das Ende geradezu zerspielt. Nach einem Beginn in »ruhelos schmerzvollem Ausdruck«, »stetig steigernd«, folgt eine Flaute im orchestralen Sturm, ein befremdliches Flimmern im Zusammenhang mit dem sicheren Ende der Kinder, das die Angst vor dem Ende unterläuft:

In diesem Wetter, in diesem Graus,
Nie hätt ich gelassen die Kinder hinaus,
Ich sorgte, sie stürben morgen,
Das ist nun nicht zu besorgen.

»Langsam wie ein Wiegenlied« klingt das Sturmlied aus. Daß die Kinder draußen zur Ruhe kommen, mag den Aufruhr der Mutter innen beschwichtigen. Die Begräbnismusik der Natur, die die Toten nicht, nicht mehr erschreckt, kommt musikalisch aus dem Interieur:

In diesem Wetter, in diesem Saus, in diesem Braus,
Sie ruhn als wie in der Mutter Haus,
von keinem Sturm erschrecket,
Von Gotteshand bedecket.

Aber Ruhe haben die Toten in dem Wiegenrequiem nur, solange Musik als Mimesis ihres Sterbens erklingt, als bräche sonst Ewigkeit herein, tiefe, tote Ewigkeit. Deshalb löscht

G. Mahler. Kindertotenlieder (Notenbeispiel XV)

das Totenlied noch die Spur seines Verschwindens, endet in scheinbarer Endlosigkeit, »gänzlich verklingend«, morendo, con sordino. In der Dur-Aufhellung mit Harfen und Glocken setzt sich in den zweiten Violinen das flutende Motiv aus dem stürmischen Teil wiegend fort und wird am Ende, sinkend, versickernd in seine sich vergrößernden Teile regelrecht aufgelöst. In der wiegenden, einschlafenden Abwärtsbewegung werden allmählich die Taktschläge fallengelassen, erst der dritte, dann der zweite, dann der erste und zweite. Dann der dritte und vierte, so daß der letzte Akkord wirkt, als wäre die Zeit, an der sein Ende meßbar wäre, längst herausgerieselt aus ihm. Wer so sterben könnte, möchte man meinen, hätte es gut (Notenbeispiel XV).

»Die Abschied nehmende Musik«, hat Adorno in bezug auf die *Neunte Symphonie* gesagt, »kommt nicht los.« In der Tat knüpfen sich die Taue, und nicht nur dort bei Mahler, in dem Maße fester, wie sie sich kompositorisch lösen sollen, als sollten sie's nicht. Das gilt besonders für den Schluß des »Abschieds«-Teils im *Lied von der Erde*:

> Ich suche Ruhe für mein einsam Herz.
> Ich wandle nach der Heimat! Meiner Stätte.
> Ich werde niemals in die Ferne schweifen.
> Still ist mein Herz und harret seiner Stunde!
> Die liebe Erde allüberall blüht auf im Lenz und grünt
> Aufs neu! Allüberall und ewig blauen licht die Fernen!
> Ewig... ewig... ewig... ewig... ewig... ewig... ewig.

Nichttonale Vogelrufe, lineare Tonarabesken sind es, die sich pentatonisch auf »Ewig« in langgedehnten Vorhalten von Harmonie und Metrum lösen, wunderlich bleich werden, während ein Schlagzeug mit hohlem Widerhall den Eindruck von krümelndem Gips vermittelt, bis Mahler schließlich der Ewigkeit der leerlaufenden Pentatonik dadurch ein Ende macht, daß er die Skala in die Vertikale kippt und als grundtonlosen Quartsextakkord stehen läßt, »gänzlich ersterbend«. Ende der Stange. Ein Fakir, wer hochklettert, bloß weil's horizontal nicht mehr weitergeht. Ein effektvoller Versuch, durch Selbstaufhebung der Musik und ohne Rückgriff auf schließende Formeln, Ewigkeit zu komponieren in

G. Mahler. Das Lied von der Erde (Notenbeispiel XVI)

der Verabschiedung der Zeitlichkeit, auch der des fortschreitenden Klingens. Grenzenloser Abschied (Notenbeispiel XVI).

IX.

Wo der Tod von vornherein schon auf Verklärung hin angelegt, ja nur als deren Motor eingesetzt ist wie in *Tod und Verklärung* von Richard Strauss, verdeckt und signalisiert zugleich ein musikalisch angedrehtes Klanggetue durch den Schein des Hinübergehens eine Grenze, die nur um des Übergangs willen da ist, aus dem sie, zirkulär, als Bedingung seiner Möglichkeit folgt. »Mach die Schranke dir zur Staffel! Immer höher nur hinauf!« So heißt es in der sprachlichen Rückübersetzung dieser »Tondichtung für großes Orchester« von Alexander Ritter, die der Druckpartitur vorangestellt und vom Komponisten als armseliges Programm, das seine Musik angeblich erfüllt, zirkulär auch das, autorisiert wurde: das Dahinsiechen eines Todkranken, an dem, während sein Auge bricht, noch einmal in der Rückschau die Stationen seines Lebens vorbeiziehen.

Eben hat er mit dem Tod
Wild verzweifelnd noch gerungen.
Nun sank er erschöpft in Schlaf,
Und der Wanduhr leises Ticken
Nur vernimmst du im Gemach,
Dessen grauenvolle Stille
Todesnähe ahnen läßt.

Und leise tickend, con sordino, beginnt denn auch das musikalische Cardiogramm, das den Zuhörer zum Zeugen eines zur Himmelfahrt verklärten Exitus macht. Die betonten Taktteile fallen synkopisch aus, womit von Anfang an eine die melancholische Starre der Klangfolge belebend in Frage stellende Gegenzeit ins Spiel kommt, die erst mit der Ausdünnung des gleichsam entleibten Klangkörpers ihre Artikulationskraft verliert und, wie aus einem Leck auslaufend in den rieselnden Harfen und Streichern sich in jenem körperlos vollen, vom Höchsten bis zum Tiefsten ausgespannten C-Dur-Akkord am Schluß endgültig verausgabt haben wird. Was der Sterbende, unterstellt der Programmtext, ein Leben lang und »noch im Todesschweiß« suchte, kann er »doch erschöpfen nie«, er »kann es nicht im Geist vollenden«, damit die Musik, die es da zu hören gibt und vorzustellen aufgibt, stellvertretend erst recht in den himmlischen Hafen einfahren darf:

> Aber mächtig tönet ihm
> Aus dem Himmelsraum entgegen,
> Was er sehnend hier gesucht:
> Welterlösung, Weltverklärung.

Vorher »erdröhnt der letzte Schlag«. Tödlicher »Eisenhammer«; das ganze Blech in kreischender Lautstärke, dann, in wenigen Takten, ein stürzender Kräfte- und Spannungsabfall, und wieder die Klopfzeichen vom Anfang, und noch einmal ein Auf- und Abschwellen in großflächigen Klangteppichen. Das mag sein, was es will, nur nicht das Ende. Daß »der Erdenleib entzwei« bricht, ist auch mit bestem Willen nicht aus der chromatisch beschleunigten, nach oben stürzenden und doch wieder in sich retardierten Bewegung herauszuhören, die in eine blutleere mehrtaktige Eintönigkeit mündet: Pizzicati in den Bässen, Tremolo-Matratze in den Pauken. Und vor allem: der verklärte Tod als »Tamtam« (Notenbeispiel XVII).

R. Strauss. Tod und Verklärung (Notenbeispiel XVII)

poco ritard.
Moderato.
des vorigen Tempo.
1.2. Fl.
3. Fl.
1.2. Ob.
Englh.
1.2. Kl.
B.-Kl.
1.2. Fag.
K.-Fag.
1.2. H.
3.4. H.
1.2. Trp.
3. Trp.
1.2. Pos.
3. Pos. Tb.
Pk.
Tamtam.
1. Vl.
2. Vl.
Br.
Vlc.
Kb.
dim.
pizz.
gut

X.

Die Grenze schleifen im Drüberwegsingen: das geht auch im Chanson und Schlager nur, solange es ankommt. Und kommt nur an, solang die Klischees noch tragen, die den Bruch durch Extrapolation von hier hinüber verkleistern helfen. Zum Heulen ist nicht, daß gestorben wird, das ist nur Mittel zum Zweck, sondern daß sich darüber so schön untröstlich sein läßt. »Schade, daß Du gehen mußt/vor der Erdbeerzeit«, schnalzt Reinhard Mey und gibt dem lieben Frühverblichenen – schnoddrig, damit man nicht hört, wie er sich schneuzt – den Kinderwunsch mit, er möge doch bei dem, »der unsre Wege lenkt«, mal unverbindlich anfragen, was er sich bei so was denkt:

Sicher geht es Dir bei ihm
eher recht als schlecht
sicher sucht er grade wen
der dort mit ihm zecht
hoch auf Deiner Wolkenbank
bei Tabak und Wein
leg zwischen zwei Flaschen mal
ein Wort für uns ein.

Tödliche Himmelfahrt ist auch der Trip, an dem »Conny Kramer starb«. Juliane Werding besingt ihn nach dem Anti-Rauschgiftsong der Joan Baez:

Beim letzten Mal sagte er,
nun kann ich den Himmel sehn;
ich schrie ihn an: komm zurück!
Er konnte es nicht mehr verstehn.

Fast, könnte man meinen, gelingt in dem Chanson »Komm großer schwarzer Vogel«, das Ludwig Hirsch aus der Rolle eines Sterbenden schmachtet und schmettert, die Mythisierung des Todes noch einmal, um den Preis der Infantilisierung freilich, verzückt, verzuckert. Beerdigungsmusik eines schluchzenden Kleinkirchenharmoniums als weicher Background:

> [...] Komm großer schwarzer Vogel, komm zu mir!
> Spann' Deine weiten, sanften Flügel aus
> und legs' auf meine Fieberaugen!
> Bitte, hol' mich weg von da!
> Und dann fliegen wir rauf,
> mitten in Himmel rein,
> In a neue Zeit, in a neue Welt,
> und ich werd' »das gibt's net« schreien,
> weil ich werd' auf einmal kapieren,
> worum sich alles dreht.

Um sich selbst wie der schwarze Plattenteller, der am Ende den ewigen Umlauf machen müßte mit springender Nadel, würde da nicht ausgeblendet. Das ist der springende, der tödliche Punkt, daß er übersprungen wird in einem verzweifelt futurisch fordernden Reden, ja Schreien schließlich zwischen noch nicht und nicht mehr: »Ich werd' singen, ich werd' lachen/ich werd' endlich glücklich sein.« Zehnmal mit redundanter Orchesterbegleitung: »Ich.« Das Subjekt, das sich die schwarzen Flügel leiht, will um alles im Leben den Tod überleben und kann schon deswegen nicht abheben: »Du, mein Mädel, und du Mama, Baba!/Bitte, vergeßt's mich nicht!« Testamentarisch, ex post vorweg, wird Trost gespendet, im Elternton: »Auf geht's großer schwarzer Vogel, auf geht's [...] nicht traurig sein, na, na, na, ist kein Grund zum Traurigsein!« Solche Sachlichkeit eben ist der Kitsch, der dem selbstgebastelten Schleudersitz die Federung gibt für den Todesflug ins Glück und zugleich ihn kritisch entlarvt. Nachher, sagt er vorher, wird er »endlich kapieren«, warum's kein Jetzt mehr gibt. Die hilflos saloppe Wendung aus dem Diesseits, die das vorausgenommene Staunen über den Wunschfilm ›Jenseits‹ meint, flüstert, im Nirgendwo dazwischen hängend, obwohl sie geschrien wird, die Wahrheit: »des gibt's net!« So wird denn auch die beste, weil schwächste und durchlässigste Stelle – Ästhetisierung des Todes im Sprechgesang – nachträglich wieder zunichte: Kitschig beim zweiten Hören, auch das, zum Knieerweichen:

> Ja, großer schwarzer Vogel, endlich!
> Ich hab' dich gar nicht reinkommen g'hört,
> wie lautlos Du fliegst,
> mein Gott, wie schön Du bist!

Dem Sterben als problemlosem Eingehen ins subjekttranszendente »vergiß mein nicht« eines dankbaren Kollektivgedächtnisses hat auch Wolf Biermann singend den Stachel zu ziehen versucht. Gestützt durch einen marxistischen Glaubenshorizont, in dem der Tod als Gespenst umgeht, das immer wieder das Individuum gegen das gesellschaftliche Ganze stark zu machen droht. Dem gilt auch die *Ballade vom Kameramann*:

> Genossen, nun sagt was,
> Erinnert sich keiner?
> Mensch, wenigstens einer!
> 's muß ja doch einer den Namen noch wissen und
> wo und wann er starb in Chile,
> der Kameramann.

Der Film, den er dreht, hat den Hergang seines Todes aufgezeichnet. Das Lied zeichnet's nach. Nach der lyrischen Einlage, mit süßen Tränen – »In Santiago im blutigen Jahr, da fielen so viele zuviel« –, nach der laut dazu kontrastierenden plakativen Passage, die in der »bitteren Wahrheit der Unidad popular« verhalten austropft – »Ach, Macht kommt aus den Fäusten, und nicht aus dem guten Gesicht, aus Mündungen kommt die Macht ja, und kommt aus den Mündern nicht« – folgt, atemlos, klirrend begleitet und von Schlägen auf die Gitarre durchschossen als monotoner Rezitativrapport, was die Kamera damals noch festhielt, bevor sie ihr Auge schließt: »wie die Gewehre die Straße fegen – wie sich die Proleten hinlegen zum Sterben – und wie sich die Frauen auf die Toten schmeißen.« »Bilder, die jeder kennt«, »besonders dieser Bulle mit Stahlhelm – und wie er sich Zeit läßt zum Zielen – zum Zielen«:

> Der Kameramann zielt genau auf den Mann.
> Der Mann legt genau auf die Kamera an –
> Dann wackelt das Bild, der Film reißt ab ...
> Das ist es, was ich gesehen hab –

Einen Filmstreifen, und wie er reißt. Aber das – der Tod, metonymisch auf die Kamera verschoben – ist selber nicht zu sehen. Abbildung tötet nicht, auch wenn sie das Töten abbildet. Auch in der gesungenen Reprise des Gefilmten gilt der Tod am Ende nur einem Darstellungsverfahren. Das anästhetisiert, wie erschütternd auch immer, die appellative Wucht des Blackout, der den Kampf weitergehen läßt, wo der Film reißt, über den Kopf eines anonymen Toten hinweg: Glissando übers ganze Brett bis zur Quinte unter der Oktav, hohl, und unten, Endgültigkeitssignal aus akustischer Verlegenheit, nachgezupft.

Bedenkenswert, bedenklich anders gelten die verfremdeten, synthetisierten Schüsse des *Killerautomaten* im Spielsalon, dessen brennende Kälte die Gruppe ›Cat's TV‹ (1982) im hard metal rock hörbar simuliert, einem Feindbild, das nicht umzubringen ist und am Ende piepsend den frustrierenden Leerlauf des Tötungsspiels verhöhnt. Konsequenzloses Spiel, das, mit fiktivem Risiko, den höchsten Einsatz fordert, Leben, und den Spieler um die Möglichkeit des Siegs und des Verlierens betrügt, Tod. Neue Münze einwerfen, Repeat-Taste. Der einzige Überlebende bei alledem: die Maschine. Die aber ist selbsttätig, sieht man vom »roten Knopf« ab, dem Drücker, der sich auf »klaren Kopf« reimt. Von wegen. »Abends nach der Arbeit, da fängt's erst richtig an«, und hat also längst begonnen. Indessen ist das Killen so »munter« nicht, wie's klingt, und die Allmachtsphantasie im ort- und zeitlosen Simulationsraum des Hörens – schüttelnd-geschüttelt der »Chora«, jenem Magmazustand vergleichbar, den Platon im Timaios beschreibt, bevor Materie dem Subjekt als Objekt zugänglich und verfügbar wird – schlägt japsend um in einen Hilfeschrei: »Ich kämpfe bis zum Letzten – als Einzelkämpfer ohne Zeit und Raum – ich rette die Welt im Sternennebel, im Meteoritenschwarm – ich komm nicht mehr raus – ich bin verloren: Killerautomat!« Auch die Gruppe ›Spliff‹ läßt in ihrer Nummer *Kill!* (1982) – ein weiteres Beispiel für die Nekrophilie der sogenannten ›Neuen deutschen Welle‹ – die Bildschirmtötungsmaschine im Kopf des hörenden Mitspielers als Enzephalogramm ausklingen. Und zugleich mit den Frequenzen eines in den Bässen geschlagenen metallischen Herzens. Ihr Lockverfahren: das zum Platzen volle Aggressionsmagazin leerzuschießen, Gewaltabfuhr zu versprechen durch imaginäres Auftanken von Gewalt, zirkulär. »Zerstör die Feinde in deiner Lust – schieß sie ab – dann geht's dir gut – auf dich kommt's an – die sehn wie Russen aus – mach sie nieder – der Feind verreckt – in zehn Minuten bist du schlapp – du bist schneller – drück ab, drück ab ...«

Daß es sich dabei um eine – maschinell – unter Wiederholungszwang inszenierte zielende Selbstverfehlung handelt, legt das folgende Beispiel, das den Spieß umdreht, nahe.

Kehrseite derselben Medaille: *Erschießen* (1981, Ideal). Der Suchtfaktor ›Tod‹, diesmal in aggressiver Passivität: »Komm, wir lassen uns erschießen – mit dem Kopf an der Wand ...« Frauenstimme, rasch, monoton, buchstäblich eingekesselt von der rhythmischen Motorik: »Alles geht heut so langsam – mir ist heut so gewaltsam, mir ist heut nach Schüssen zumut.«

Wenn sich hier, gestochen schlicht, das Lebensgefühl einer no-future- und no-presence-Jugend artikuliert und konsumierbar wiedererkennen sollte, hört sich die proklamierte Aggressivität der vorigen Beispiele wie herausgestülpte Schwäche an und der hartgesottene Ausdruck der Ausweglosigkeit hier wie aus dem letzten Loch gepfiffen, mit dem überhöhter gesellschaftlicher Außendruck ein dümpelndes Lebensschiff leck geschlagen hat. Der »Killerautomat« in seiner Blitzableiterfunktion für den reflexiven Tötungswunsch verkehrt sich dabei zum Induktionsapparat eines Todeswunsches, der in dem Maße noch Lust erzeugt, als er das Leben derer, von denen sich der mitwippende Hörer abgeschnitten fühlt, noch schockiert. Nicht anders mag sich das fragwürdige Vergnügen erklären, das Punkbräute darin sehen, in Särgen zu übernachten. Wo nichts auf dem Spiel steht, so verplappert sich triftig der Text, bringt auch der Treffer keinen Gewinn: »Zwei Schüsse mitten ins Gehirn – ich hab' nichts zu verlieren.« Am Ende wird die tödliche Wirkung folgenlos von der Ursache abgekoppelt, die sich als ihr Echo sprachlich und klanglich verliert: »na komm – na, komm – nach Schüssen – nach Schüssen – nach Schüssen ...« Als wollte das Lied, wo es aufhört, nicht vom Tod und den erzielten Schüssen zu reden anfangen, die ausbleiben und nur vorgeschobenes Vehikel eines anderen, stummen Wunschziels sind, sondern vom Leben und warum es beschissen ist.

XI.

Weiter läßt sich's wohl schwerlich treiben mit der Vertonung des Sterbens als in Alban Bergs *Wozzeck*. Marie: »Wie der Mond rot aufgeht« – Wozzeck: »Wie ein blutig Eisen« – »zieht ein Messer« – Marie: »Was zitterst?« – Wozzeck springt auf: »Was willst?« – »Ich nicht Marie! und kein anderer auch nicht« – gewaltiges Crescendo im Streichertremolo – »packt sie an und stößt ihr das Messer in den Hals.« Nur ein Pfeil in der Partitur auf Maries ersterbendem Hilferuf – auffallend, daß sich dieses Hilfe-h durch die folgende Ausdünnung hindurch durchhält bis zum tiefsten h, das zu haben ist – nur ein Pfeil markiert, was in geradezu kreischender, musikalischer Dramatik überdonnert wird. Und dann, im Zuge äußersten musikalischen Verlöschens, noch einmal ein Pfeil mit dem Vermerk: »stirbt.« Auch die folgenden drei Pfeile unterbrechen einen Geschehensablauf, gegentaktlich, in »drei Etappen«. Wer den Todesmoment hört, zahlt einen Taler (Beispiel XVIII).

Hörbar wird das Ende nicht, nicht als Unterbrechung des metronomisch meßbaren Zeitverlaufs, sondern höchstens, stellt man sich darauf ein, als dessen Unterlaufen insgesamt, als zeitliche Verrückung, als glissement, als Aufhebung des raumzeitlichen Ticktacks in fließende Zeit. Die Pauken, die das Kardiogramm der Sterbenden pungieren, setzen, mit je zwei Schlägen, gegenrhythmisch aus: Wozzeck »beugt sich über sie« und stellt – hohl und trocken vor Schmerz und synkopisch – fest: »tot!« Die Achtelspause, die der Pfeil bezeichnet, ist keine. Das Todeszeichen ist hier nicht ein Zeichen des zeitlich Eingrenzbaren oder Ausgegrenzten wie bei Bach, Mozart und noch bei Schubert, sondern ein Zeichen der Aufhebung dieser Alternative, Aufhebung mithin der

A. Berg. Wozzeck (Notenbeispiel XVIII)

accel.
wieder ritard.
nehmen 4 gr. Fl.
1. 2. 3. 4. Picc.
a 4
kreischend
1. 2. 3. 4. Ob.
a 2
1. 2.
Kl. in B
3. 4.
Bkl. in B
1.
Fg.
2. 3.
gestopft Schalltrichter hoch
1. 2.
Hr. in F o. D.
3. 4.
1. 3.
Trp. in F m. D.
2. 4.
2. 4. Dpf. ab
1.
Pos. m. D.
3. 4.
Dpf. ab
2 Pk.
dimin.
Xyl.
Marie
sinkt nieder
sinks down
col legno geschlagen
gew.
get.
1. Vl.
2. Vl.
Vla
Vlc.

105
Bkl. in B
dim.
p
1.
Fg.
2. 3.
dim.
p
3. 4. Pos. m. D.
dim.
pp
Dpt. ab
2 Pk.
(f)
pp
Marie
105
1. Vl.
meno ff
dimin.
f
mf
2. Vl.
Vla
Vlc.

quasi Tempo I (♩ = 40)
1. 2. a 2
3. 4. a 2
pp
nehmen 4 Picc.
verlöschen
1.2.3.4. Fl
1.2.3. Fg.
a 3
f flüchtig
1.2. a 2
f
Kfg.
f
(o. Dpf.) 1. 2. a 2 (offen)
3. 4. a 2 (offen)
pp
1. nimmt rasch Dpf.
1.2.3.4. Hr. in F o. D.
verlöschen
beide Dpf. ab
1. 3. Trp. in F m. D.
pp
verlöschen
Pk.
(dim.)
pp
Hfe
pp aber deutlich
dimin.
pppp
stirbt
dies
Marie
beugt sich über sie
bends over her
richtet sich scheu auf
He rises to his feet anxiously,
und stürzt geräuschlos
and then rushes silently
davon
away
Wozz.
p
Tot!
Dead!
(u. zwar in 3 Etappen)
Vorhang zu
Curtain
quasi Tempo I (♩ = 40)
molto
nehmen rasch Dpf.
m. Dpf.
Flag.
pp
alle (bis auf 1 Solo Vl.) Dpf. ab
1 Vl.
p
molto
verlöschen
(o. Dpf.)
2. Vl.
molto
pp
verlöschen
Vla
molto
Vlc.
p
molto

Grenze selbst, ein Zeichen der Nichthaltbarkeit, des Nichtfesthaltenkönnens, des ins Gleitengeratens des Raumzeitgefüges, innerhalb dessen der Tod lokalisierbar wäre. Dessen Auflösung ist vielmehr ein Zeichen des Todes. Todesmusik also, der der eigene Saft entzogen wird: Zeitlichkeit. In eins mit dem Sterben herausdestilliert. Darstellung des Endes also als kontrolliertes, komponiertes Ende der Darstellung. Kunst des Endens diesmal nicht als Kunst, aus dem Ende noch einmal Kunst zu machen, sondern: das Ende der Kunst als Schwanengesang auszuprobieren.

Aus aller Musik, nicht nur aus solcher, die dem Tode gilt, läßt sich heraushören, daß er mitkomponiert, immer schon, im treibenden Herzschlag des musikalischen Geschehens, prozeßhaft und nicht erst am Ende, als käme dieses von außen, und anders, als das Schaltermodell vom eingeknipsten Anfang und vom Ende als der Unterbrechung eines einsinnigen Stromkreislaufs es vorsieht. In ihrem bilderlosen Fließen, ihrer Gestaltwerdung angehaltenen Vergehens ist sie die Unterbrechung solcher Unterbrechung, pulsierendes Zwischenspiel, zwischen Anfang und Ende, Ton und Ton. Auf der Leere solcher Intervalle gründet das differentielle, dynamische, offene System, das sie ist, aus ihr schöpft sie ihre ganze Fülle, mit ihr betreibt musikalische Darstellung den Motor ihrer gegenläufigen Fortbewegung, ihre Durchgänge und Übergänge vom Alten zum Neuen, in denen Altes, wenn es sich rückwirkend in tödlicher Pünktlichkeit, Trivialfall des Zusammenfalls von Idealität und Realität, als Abschluß einer Erwartung erfüllt, altert und ebenso abstirbt wie Neues, wenn es, als Neuanfang daraus hervorgehend, sich nicht als Widerlager eines neuen Spannungsbogens erneuert über den Zwischenraum aus nichts als Nichts hinweg: Klangraum, ausdehnungsloser Punkt strömender Gegenwärtigkeit, der

Tarot-Karte XIII (Abb. 50)

Platz hat fürs Vorher und Nachher, Platz genug auch fürs Subjekt des Hörens, um, wenn es zu zergehen meint, hindurchzuschlüpfen. Öffnung, durch die Musik atmet wie ein Lebewesen, hinsterbend sich erneuernd in der Individuation ihrer Formwerdung, sich verhärtend auflösend und umgekehrt, vorwärts, rückwärts, Aufstrich, Abstrich, ein und aus. Eine alte Geschichte, dieses Eins in Allem, die schon Heraklit erzählte: »Es lebt das Feuer der Erde Tod, und die Luft lebt des Feuers Tod; das Wasser lebt den Tod der Luft, die Erde den Tod des Wassers.« Gegen die Parzen-Vorstellung des Todes, der so ein leichenblasses Abstraktum bleibt, setzte Georg Simmel in seiner Rembrandt-Studie den Gedanken: »Wir sind nicht ›dem Tode verfallen‹; all solches kann nur aufkommen, wo das funktionelle und immanente Element des Todes zu etwas Substanziellem und zu einer selbständigen Sondergestalt hypostasiert wird, sondern von vornherein wäre unser Leben und sein gesamtes Phänomen gänzlich anders, wäre es nicht von dem durchwaltet, was wir nach seinem Definitivum den Tod nennen.«

Ein Wink, scheint's, jedesmal, wenn eine Glocke schlägt: was zählt, erklingt unzählbar verspätet nur im Verklingen des einen Tons, mit dem sich der nächste ankündigt, der den vorletzten nachträglich erst definitiv und zählbar macht, während für den letzten das definiens ausfällt, Tropfen, die sich gravitierend formen bis der Faden reißt, sich kugeln im freien Fall und gravitierend sich verformen wieder eine kurze Lebensweile lang, die längst vorüber ist, bevor hörbar wird, daß sie vorüber ist.

Wenn es zwölf schlägt, hat das Enden schon begonnen, und zuletzt kommt nicht das Letzte, sondern – bei allem, was lebt, weil es sich darstellt – die Bedingung der Möglichkeit des Anfangs.

XII.

Abbildungen

Abb. 1 Nicolas Poussin. Die arkadischen Schäfer. Um 1640. Louvre, Paris.

Abb. 2 Pieter Brueghel. Landschaft mit dem Sturz des Ikarus. 1567. Musées Royaux des Beaux-Arts de Bélgique, Brüssel.

Abb. 3 Jacques-Louis David. Der Tod des Marat. 1793. Musées Royaux des Beaux-Arts de Bélgique, Brüssel.

Abb. 4 Francisco Goya. Die Erschießung der Aufständischen am 3. Mai 1808. 1814. Prado, Madrid.

Abb. 5 Edouard Manet. Der tote Torero. 1864. National Gallery, Washington, D. C.

Abb. 6 Ferdinand Hodler. Die sterbende Valentine Godé-Darel, 24. 1. 1915. 1915. Kunsthaus Zürich.

Abb. 7 Ferdinand Hodler. Die sterbende Valentine Godé-Darel, 24. 1. 1915. 1915. Öffentliche Kunstsammlung Basel.

Abb. 8 Ferdinand Hodler. Die tote Valentine Godé-Darel, 26. 1. 1915. 1915. Rudolf Stächlin'sche Familienstiftung.

Abb. 9 Ferdinand Hodler. Sonnenuntergang am Genfersee von Vevey aus. 1915. Privatbesitz Schweiz.

Abb. 10 Andy Warhol. 5 deaths 11 times in orange. 1963. Galleria Civica d'Arte Moderna, Turin. © VG Bild-Kunst, Bonn, 1989.

Abb. 11 Fra Angelico. Der Tod des Heiligen Franziskus. Staatliche Museen Berlin.

Abb. 12 Hieronymus Bosch. Erscheinungen aus dem Jenseits. Ausschnitt aus: Aufstieg ins Empyreum. 1500–1504. Palazzo Ducale, Venedig.

Abb. 13 Giovanni Segantini. Glaubenstrost. 1895–96. Kunsthalle Hamburg.

Abb. 14 William Blake. Die Seele schwebt über dem Körper, der widerwillig vom Leben Abschied nimmt. 1808. Westminster City Libraries, London.

Abb. 15 Fernando Botero. Der Tod von Luis Chalmeta. 1984. Im Besitz von Mr. & Mrs. Carlos Haime. © F. Botero/VAGA, New York, 1989.

Abb. 16 Roy Lichtenstein. Whaam! 1963. Tate Gallery, London. © VG Bild-Kunst, Bonn, 1989.
Abb. 17 Tardi. Faucheux dans le trou. © Casterman, Tournai, 1989.
Abb. 18 Wilhelm Busch. Max und Moritz. 1865. Wilhelm-Busch-Museum, Hannover.
Abb. 19 Wilhelm Busch, Der Eispeter. 1864. Wilhelm-Busch-Museum, Hannover.
Abb. 20a Niklas Manuel gen. Deutsch. Der Tod und die Jungfrau. 1517. Kunstmuseum Basel.
Abb. 20b Käthe Kollwitz. Der Tod packt eine Frau. 1934. Staatsgalerie Stuttgart. © VG Bild-Kunst, Bonn, 1989.
Abb. 20c Edvard Munch. Der Tod und das Mädchen. 1894. Kupferstichkabinett Basel. © Munch-Museet, Oslo, 1989.
Abb. 21 Tomi Ungerer. Siesta. 1980. Wilhelm-Busch-Museum, Hannover. © Diogenes Verlag, Zürich, 1989.
Abb. 22a Pieter Brueghel. Der Triumph des Todes. 1562/63. Prado, Madrid.
Abb. 22b James Ensor. Der Triumph des Todes. 1896. Koninklijk Museum voor Schone Kunsten. © VG Bild-Kunst, Bonn 1989.
Abb. 22c Max Klinger. Dritte Zukunft (Der Pflasterer nach Jean Paul). 1880.
Abb. 23 Edvard Munch. Am Sterbebett. 1896. © Munch-Museet, Oslo, 1989.
Abb. 24 Arnulf Rainer. Totenmaske. 1978. Galerie Six Friedrich, München. © VG Bild-Kunst, Bonn, 1989.
Abb. 25 Arnulf Rainer. Totengesicht. 1979. Im Besitz von Dieter Giesing, Hamburg. © VG Bild-Kunst, Bonn, 1989.
Abb. 26 Horst Janssen. Ich sterbe nicht, ich bin der Tod. 1981. © Horst Janssen, 1989.
Abb. 27 Gian Pedretti. Ohne Titel. 1978. © Gian Pedretti, 1989.
Abb. 28 Albrecht Dürer. Ritter, Tod und Teufel. 1513. Kupferstichkabinett, Staatliche Museen West-Berlin.
Abb. 29 Francisco Goya. Der Schlaf der Vernunft gebiert Ungeheuer. 1797/98. Prado, Madrid.
Abb. 30 Théodore Grandville. Aus: Die Reise nach der Ewigkeit.

Noten

I. Johann Sebastian Bach. Messe in h-Moll. BWV 232. Hrsg. Friedrich Smend, in: Neue Ausgabe sämtlicher Werke, hrsg. J. S. Bach-Institut Göttingen, Bach-Archiv Leipzig, Serie II, Bd. 1. Bärenreiter Verlag Kassel und Basel 1954.

II. Christoph Willibald Gluck. Orpheus und Erydike. (Pariser Fassung von 1774.) Hrsg. Ludwig Finscher. Bärenreiter Kassel, Basel, Paris, London, New York.

III. Wolfgang Amadeus Mozart. Don Giovanni. Neue Ausgabe sämtlicher Werke, hrsg. Internationale Stiftung Mozarteum Salzburg, Serie II, Werkgruppe 5, Band 17, Bärenreiter Kassel, Basel, Paris, London, New York 1968.

IV. Wolfgang Amadeus Mozart. Requiem. Neue Ausgabe sämtlicher Werke, Serie I, Werkgruppe 1, Abteilung 2, Bärenreiter 1965.

V. ebd.

VI. Franz Schubert. Der Erlkönig. Op. 1, 4. Fassung. Neue Ausgabe sämtlicher Werke, hrsg. von der Internationalen Schubert-Gesellschaft, Serie IV, Band 1, Teil a, Bärenreiter 1970.

VII. Franz Schubert. Schwanengesang. Op. 23,3, a. a. O., Serie IV, Band 2, Teil a.

VIII. Giuseppe Verdi. La Traviata. Opera in tre atti. G. Ricordi & C., Milano, Rom, Neapel, Palermo, London, Buenos Aires, New York 1914.

IX. ebd.

X. Johannes Brahms. Ein Deutsches Requiem. Op. 45, Sämtliche Werke, hrsg. Gesellschaft der Musikfreunde in Wien, Band 17. Breitkopf und Härtel, Wiesbaden o. J.

XI. Richard Wagner. Tristan und Isolde. Complete Orchestral Score. Dover Publications, Inc., New York 1973.

XII. ebd.

XIII. Gustav Mahler. Symphonie Nr. 2 in c-Moll in fünf Sätzen für großes Orchester, Sopran- und Altsolo und gemischten Chor. Kritische Gesamtausgabe, Band II, hrsg. Internationale

Gustav Mahler Gesellschaft, Wien, Universal Edition, Wien 1970.
XIV. ebd.
XV. Gustav Mahler. Kindertotenlieder. Gedichte von Friedrich Rückert. Wiener Philharmonischer Verlag A.G., Wien o.J.
XVI. Gustav Mahler. Das Lied von der Erde. Eine Symphonie für eine Tenor- und eine Alt-(oder Bariton-)Stimme und Orchester (nach Hans Bethges »Die chinesische Flöte«), Kritische Gesamtausgabe, Band IX. Universal Edition, Wien 1964.
XVII. Richard Strauss. Tod und Verklärung. Tondichtung, op. 24. Ernst Eulenburg. Leipzig o.J.
XXIII. Alban Berg. Wozzeck. Op. 7, nach den hinterlassenen endgültigen Korrekturen des Komponisten revidiert von H.E. Apostel (1955). Universal Edition, Wien o.J.

Register

Anthologien
im insel taschenbuch

Alle Jahre wieder. Ein Weihnachtsbuch mit Geschichten, Liedern und Bildern. Ausgewählt von Gottfried Natalis. it 1362

Alt-Prager Geschichten. Gesammelt von Peter Demetz. Mit Illustrationen von Hugo Steiner- Prag. it 613

Alt-Wiener Geschichten. Gesammelt von Joseph Peter Strelka. Mit sechs farbigen Abbildungen. it 784

Das andere Ferienbuch. Herausgegeben von Vera Pagin und Hans-Joachim Simm. it 1174

Arm und Reich. Geschichten und Gedichte. Ausgewählt von Ralf Borchers. it 1031

Bäume. Das Insel-Buch der Bäume. Gedichte und Prosa. Ausgewählt und herausgegeben von Gottfried Honnefelder. Mit sechzehn Farbtafeln. it 1041

Briefe berühmter Frauen. Von Liselotte von der Pfalz bis Rosa Luxemburg. Herausgegeben von Claudia Schmölders. it 1505

Das Buch der Liebe. Gedichte und Lieder, ausgewählt von Elisabeth Borchers. it 82

Ermutigungen. Das Insel-Buch der Tröstungen. Gedichte und Prosa. Ausgewählt von Rainer Malkowski. it 1053

Das Ferienbuch. Literarische Souvenirs, aufgelesen von Vera Pagin und Hans-Joachim Simm. it 1082

Das Frühlingsbuch. Gedichte und Prosa. Herausgegeben von Hans Bender und Nikolaus Wolters. it 914

Geheimnisse des Wassers. Märchen und Geschichten. Gesammelt von Felix Karlinger. it 1331

Geschichten aus dem alten Prag. Sippurim-Geschichten. Ausgewählt und mit einem Nachwort versehen von Peter Demetz. it 1519

Geschichten vom Sport. Gesammelt und in Form gebracht von Bernd Goldmann und Bernhard Schwank. it 1535

Das Gespensterbuch. Herausgegeben von Johann August Apel und Friedrich Laun. Ausgewählt von Robert Stockhammer. it 1388

Glück. Erkundigungen, eingeholt von Gottfried Honnefelder. it 1459

Der Golem. Geschichten um eine Legende. Herausgegeben von Franz-Heinrich Hackel. it 1036

Das Herbstbuch. Gedichte und Prosa. Herausgegeben von Hans Bender. it 657

Das Hundebuch. Geschichten und Gedichte von Hunden und ihren Herren. Gesammelt von Gottfried Honnefelder. it 785

Ich wollt in Liedern oft Dich preisen. Gedichte an den Lebensgefährten. Herausgegeben von Cordula Gerhard. it 1552

163/1/11.93

Anthologien
im insel taschenbuch

Imaginäre Reisen. Herausgegeben von Joseph Peter Strelka. it 1306

Die Insel-Weihnachtskassette. Das Weihnachtsbuch. Das Weihnachtsbuch für Kinder. Das Weihnachtsbuch der Lieder. 3 Bde. in Kassette. it 45/156/157

Gerhard Kaiser: Augenblicke deutscher Lyrik. Von Martin Luther bis Paul Celan. it 978

Das Katzenbuch. Von Katzen und ihren Freunden. Geschichten, Gedichte, Bilder. Gesammelt von Hans Bender und Hans Georg Schwark. it 567

Liebe Mutter. Eine Sammlung von Elisabeth Borchers. it 230

Liebe und Tod in Wien. Geschichten aus einer Stadt. Herausgegeben von Jean Gyory. it 815

Lieber Vater. Eine Sammlung von Gottfried Honnefelder. it 231

Mütter berühmter Männer. Zwölf biographische Portraits. Herausgegeben von Luise F. Pusch. it 1356

Friedrich Nietzsche: ›Wie man wird, was man ist.‹ Ermutigungen zum kritischen Denken. Herausgegeben von Ursula Michels-Wenz. it 1096

Das Poesiealbum. Verse zum Auf- und Abschreiben. Mit Bildern und Vignetten. Ausgewählt und zusammengestellt von Elisabeth Borchers. it 414

Schlimme Hexengeschichten. Herausgegeben von Franz Rottensteiner. it 1380

Schwestern berühmter Männer. Zwölf biographische Porträts. Herausgegeben von Luise F. Pusch. Redaktionelle Mitarbeit: Jutta Wasels. it 796

Das Sommerbuch. Gedichte und Prosa. Herausgegeben von Hans Bender. it 847

Sommerferien. Geschichten für den Reisekoffer gepackt von Götz Silatan. it 1415

Sommerreise. Geschichten für den Urlaubskoffer. Gepackt von Götz Silatan. it 1506

Die Spinne. Ein Lesebuch mit schaurigen und schönen Geschichten. Mit Überlegungen zur Spinnenfurcht. Herausgegeben von Hanne Kulessa. it 1338

Über die Liebe. Gedichte und Interpretationen aus der ›Frankfurter Anthologie‹. Herausgegeben von Marcel Reich-Ranicki. it 794

Valentinstag. Ein Liebesgruß zum 14. Februar. Geschichten, Gedichte und Bilder. Herausgegeben von Klaus Thiele-Dohrmann. it 1381

Der versiegelte Engel. Erzählungen zu Ikonen. Mit farbigen Abbildungen. Ausgewählt und mit einem Nachwort versehen von Angela Martini-Wonde. it 1132

163/2/11.93

Anthologien
im insel taschenbuch

Vom Abschied. Eine Gedichtsammlung. Herausgegeben von Margot Litten. Originalausgabe. it 694

Vom mönchischen Leben. Geschichte einer Sehnsucht. Herausgegeben von Johannes Werner. it 1473

Vom Tod. Ein Lesebuch für jedermann. Herausgegeben von Werner Koch. it 1037

Warum in die Ferne? Das Lesebuch vom Daheimbleiben. Eingerichtet von Hans Christian Kosler. it 1332

Weihnachten. Erzählungen aus alter und neuer Zeit. Ausgewählt von Gottfried Natalis. Mit zahlreichen Abbildungen und Initialen. it 946

Das Weihnachtsbuch. Mit alten und neuen Geschichten, Gedichten und Liedern. Ausgewählt von Elisabeth Borchers. it 46

Das Weihnachtsbuch der Lieder. Mit alten und neuen Liedern zum Singen und Spielen. Ausgewählt von Gottfried Natalis. Mit einem Nachwort von Ernst Klusen. it 157

Wien im Gedicht. Herausgegeben von Gerhard C. Krischker. it 1488

Das Wiener Kaffeehaus. Herausgegeben von Kurt J. Heering. Mit zahlreichen Abbildungen. it 1318

Das Winterbuch. Gedichte und Prosa. Herausgegeben von Hans Bender und Hans Georg Schwark. it 728

Wundersame Geschichten von Engeln. Gesammelt von Felix Karlinger. it 1226

163/3/11.93

Philosophie
im insel taschenbuch

Alain: Sich beobachten heißt sich verändern. Betrachtungen. Auswahl, Übersetzung und Nachwort von Franz Josef Krebs. Neuübersetzung. it 1559

Augustinus: Bekenntnisse. Lateinisch und deutsch. Eingeleitet, übersetzt und erläutert von Joseph Bernhart. Mit einem Vorwort von Ernst Ludwig Grasmück. it 1002

Franz von Baader: Erotische Philosophie. Aus den Schriften Franz von Baaders. Herausgegeben von Gerd-Klaus Kaltenbrunner. it 1320

Francis Bacon: Essays. Herausgegeben und mit einem Nachwort versehen von Helmut Winter. it 1514

Jakob Böhme: Aurora oder Morgenröte im Aufgang. Herausgegeben von Gerhard Wehr. it 1411

– Christosophia. Ein christlicher Einweihungsweg. Herausgegeben von Gerhard Wehr. it 1411

Boethius: Trost der Philosophie. Zweisprachige Ausgabe. Lateinisch und deutsch. Mit einem Nachwort von Ernst Ludwig Grasmück. it 1215

Marcus Tullius Cicero: Von den Pflichten. Lateinisch und deutsch. Neu übertragen und herausgegeben von Harald Merklin. Mit einem Nachwort von Manfred Fuhrmann. Zweisprachige Ausgabe. it 1273

Epiktet: Wege zum glücklichen Handeln. Aus dem Lateinischen von Wilhelm Capelle. it 1458

Epikur: Philosophie der Freude. Briefe, Hauptlehrsätze, Spruchsammlung, Fragmente. Übertragen und mit einem Nachwort versehen von Paul M. Laskowsky. it 1057

Erasmus von Rotterdam: Das Lob der Torheit. Mit den Randzeichnungen von Hans Holbein dem Jüngeren. Übersetzt und herausgegeben von Uwe Schultz. it 369

Horst Günther: Montaigne. Ein Essay. Mit zeitgenössischen Abbildungen. it 1419

Kant-Brevier. Ein philosophisches Lesebuch für freie Minuten. Herausgegeben von Wilhelm Weischedel. it 61

Sören Kierkegaard: Tagebuch des Verführers. Aus dem Dänischen von Helene Ritzerfeld. it 405

Niccolò Machiavelli: Der Fürst. Aus dem Italienischen von Friedrich von Oppeln-Bronikowski. Mit einem Nachwort von Horst Günther. it 1207

Marc Aurel: Selbstbetrachtungen. Aus dem Lateinischen von Otto Kiefer. Mit einem Vorwort von Klaus Sallmann. it 1374

167/1/11.93

Philosophie
im insel taschenbuch

Meister Eckhart: Das Buch der göttlichen Tröstung. Ins Neuhochdeutsche übertragen von Josef Quint. it 1005

Michel de Montaigne: Essais. Herausgegeben und mit einem Nachwort versehen von Ralph-Rainer Wuthenow. Revidierte Fassung der Übertragung von Johann Joachim Bode. it 220

Thomas Morus: Utopia. Mit einem Nachwort von Norbert Elias. it 1206

Friedrich Nietzsche: Also sprach Zarathustra. Ein Buch für alle und keinen. Thomas Mann, Die Philosophie Nietzsches im Lichte unserer Erfahrung. it 145

– Der Antichrist. Versuch einer Kritik des Christentums. it 947

– Briefe. Ausgewählt von Richard Oehler. Mit einem Nachwort von Ralph-Rainer Wuthenow. it 1546

– Ecce homo. Mit einem Vorwort von Raoul Richter und einem Nachwort von Ralph-Rainer Wuthenow. it 290

– Die fröhliche Wissenschaft. Mit einem Nachwort von Ralph-Rainer Wuthenow. it 635

– Die Geburt der Tragödie aus dem Geiste der Musik. Mit einem Nachwort von Peter Sloterdijk. it 1012

– Zur Genealogie der Moral. Eine Streitschrift. it 1308

– Götzen-Dämmerung oder Wie man mit dem Hammer philosophiert. it 822

– Jenseits von Gut und Böse. Mit der Streitschrift ›Zur Genealogie der Moral‹ und einem Nachwort von Ralph-Rainer Wuthenow. it 762

– Menschliches, Allzumenschliches. Ein Buch für freie Geister. Mit einem Nachwort von Ralph-Rainer Wuthenow. it 614

– Morgenröte. Gedanken über die moralischen Vorurteile. Mit einem Nachwort von Ralph-Rainer Wuthenow. it 678

– Über die Frauen. Herausgegeben und mit einem Nachwort versehen von Klaus Goch. it 1335

– Unzeitgemäße Betrachtungen. Mit einem Nachwort von Ralph-Rainer Wuthenow. it 509

– Vom Nutzen und Nachteil der Historie für das Leben. it 1236

– ›Wie man wird, was man ist.‹ Ermutigungen zum kritischen Denken. Herausgegeben von Ursula Michels-Wenz. it 1096

– Der Wille zur Macht. Versuch einer Umwertung. it 1445

Raimundo Panikkar: Rückkehr zum Mythos. Aus dem Englischen von Bettina Bäumler. it 1386

Blaise Pascal: Größe und Elend des Menschen. Aus den »Pensées«. Auswahl, Übersetzung und Nachwort von Wilhelm Weischedel. it 441

167/2/11.93

Philosophie
im insel taschenbuch

Blaise Pascal: Über die Religion und über einige andere Gegenstände. Aus dem Französischen übertragen und mit einem Nachwort herausgegeben von Ewald Wasmuth. it 1008

Platon: Sämtliche Werke. Griechisch und deutsch. Nach der Übersetzung Friedrich Schleiermachers, ergänzt durch Übersetzungen von Franz Susemihl u.a. Griechischer Text nach der letztgültigen Gesamtausgabe der Association Guillaume Budé. Herausgegeben von Karlheinz Hülser. Zehn Bände in Kassette. it 1401-1410

– Apologie. Protagoras. Sämtliche Werke I. Ion. Protagoras. Apologie. Kriton. Laches. Lysis. Charmides. Griechisch und deutsch. it 1401

– Euthyphron. Gorgias. Sämtliche Werke II. Euthyphron. Alkibiades I. Gorgias. Menexenos. Griechisch und deutsch. it 1402

– Menon. Kratylos. Sämtliche Werke III. Menon. Kratylos. Euthydemos. Hippias maior. Griechisch und deutsch. it 1403

– Symposion. Phaidon. Sämtliche Werke IV. Hippias minor. Symposion. Phaidon. Griechisch und deutsch. it 1404

– Politeia. Sämtliche Werke V. Politeia. Griechisch und deutsch. it 1405

– Theaitetos. Phaidros. Sämtliche Werke VI. Phaidros. Theaitetos. Griechisch und deutsch. it 1406

– Sophistes. Politikos. Sämtliche Werke VII. Parmenides. Sophistes. Politikos. Griechisch und deutsch. it 1407

– Timaios. Kritias. Sämtliche Werke VIII. Philebos. Timaios. Kritias. Griechisch und deutsch. it 1408

– Nomoi. Sämtliche Werke IX. Nomoi. Griechisch und deutsch. it 1409

– Briefe. Sämtliche Werke X. Briefe. Unechtes. Griechisch und deutsch. it 1410

– Phaidon. In der Übersetzung von Rudolf Kassner. Mit einem Nachwort von Karl Hielscher. it 379

– Das Trinkgelage oder Über den Eros. Übertragung, Nachwort und Erläuterungen von Ute Schmidt-Berger. Mit einer Wirkungsgeschichte von Jochen Schmidt und griechischen Vasenbildern. it 681

Jean-Jacques Rousseau: Bekenntnisse. Aus dem Französischen von Ernst Hardt. Mit einer Einführung von Werner Krauss. it 823

Arthur Schopenhauer: Aphorismen zur Lebensweisheit. Vollständige Ausgabe mit Erläuterungen und Übersetzung der fremdsprachigen Zitate. Mit einem Nachwort von Hermann von Braunbehrens. Mit 16 Daguerreotypen und Fotos und Bilderläuterungen von Arthur Hübscher. it 223

Arthur Schopenhauer. Leben und Werk in Texten und Bildern. Herausgegeben von Angelika Hübscher. it 1059

167/3/11.93

Philosophie
im insel taschenbuch

Seneca: Vom glücklichen Leben. Philosophische Schriften und Briefe. Herausgegeben und aus dem Lateinischen übertragen von Heinz Berthold. it 1457

– Von der Seelenruhe. Philosophische Schriften und Briefe. Herausgegeben und aus dem Lateinischen übertragen von Heinz Berthold. it 743

Voltaire: Candide oder der Optimismus. Mit Zeichnungen von Paul Klee. it 11

167/4/11.93

Religion und Mystik im insel taschenbuch

Augustinus: Bekenntnisse. Lateinisch und Deutsch. Eingeleitet, übersetzt und erläutert von Joseph Bernhart. Mit einem Vorwort von Ernst Ludwig Grasmück. it 1002

Franz von Baader: Erotische Philosophie. Aus den Schriften Franz von Baaders. Herausgegeben von Gerd-Klaus Kaltenbrunner. it 1320

Die Blümlein des heiligen Franziskus von Assisi. Aus dem Italienischen nach der Ausgabe der Tipografia Metastasio, Assisi 1901, von Rudolf G. Binding. Mit Initialen von Carl Weidemeyer. it 48

Jakob Böhme: Aurora oder Morgenröte im Aufgang. Herausgegeben von Gerhard Wehr. it 1411

– Christosophia. Ein christlicher Einweihungsweg. Herausgegeben von Gerhard Wehr. it 1412

Buddhistische Legenden. Übertragen und herausgegeben von Heinrich Zimmer. Mit einem Vorwort von Friedrich Wilhelm. it 820

Dante: Die Göttliche Komödie. Mit fünfzig Holzschnitten von Botticelli. Deutsch von Friedrich Freiherr von Falkenhausen. 2 Bde. it 94

Geschichten aus dem Talmud. Herausgegeben und übertragen von Emanuel bin Gorion. it 860

Geschichten der Bibel. Herausgegeben von Heinz Mode unter Mitarbeit von Ralf Tröger. it 1460

Hermann Hesse: Franz von Assisi. Mit Fresken von Giotto und einem Essay von Fritz Wagner. it 1069

Das Hohe Lied Salomos. Nachdichtungen und Übersetzungen aus sieben Jahrhunderten. Herausgegeben von Hermann Timm. Mit zwölf Bildern von Anatoli L. Kaplan. it 600

Lao-Tse: Führung und Kraft aus der Ewigkeit. Das Tao-te-king in der Übertragung aus dem chinesischen Urtext von Erwin Rousselle. it 849

Meister Eckhart: Das Buch der göttlichen Tröstung. Ins Neuhochdeutsche übertragen von Josef Quint. it 1005

– Mystische Schriften. Aus dem Mittelhochdeutschen übertragen und mit einem Nachwort versehen von Gustav Landauer. it 1302

Blaise Pascal: Über die Religion und über einige andere Gegenstände. Aus dem Französischen übertragen und mit einem Nachwort herausgegeben von Ewald Wasmuth. it 1008

Der tanzende Tod. Mittelalterliche Totentänze. Herausgegeben, eingeleitet und übersetzt von Gert Kaiser. it 647

Tschuang-Tse: Reden und Gleichnisse des Tschuang-Tse. Ausgewählt und mit einem Nachwort versehen von Martin Buber. Großdruck. it 2317

171/1/11.93

Religion und Mystik
im insel taschenbuch

Der versiegelte Engel. Erzählungen zu Ikonen. Mit farbigen Abbildungen. Ausgewählt und mit einem Nachwort versehen von Angela Martini-Wonde. it 1132

Wundersame Geschichten von Engeln. Gesammelt von Felix Karlinger. it 1226

171/2/11.93